中華文化促進會主持編纂

國家"十一五"~"十四五"重點圖書出版規劃項目

中國社會科學院哲學社會科學創新工程學術出版資助項目

出品人 王石 段先念

今注本二十四史

舊五代史

宋　薛居正等　撰

陳智超　紀雪娟　主持校注

中國社會科學出版社

二二

附録

舊五代史　附録一

不能確定位置之增傳與補傳

劉行琮

劉行琮，[1]乾化時爲後梁蔡州右厢指揮使。[2]蔡人久習叛逆，蔡州刺史張慎思又衰斂無狀，太祖追慎思至洛陽，[3]而久未命代。右厢指揮使行琮乘虛作亂，因縱火驅擁，爲渡淮計。順化軍指揮使王存儼誅行琮，[4]而撫遏其橐，都將鄭遵與其下奉存儼爲主，[5]而以聚情馳奏。時東京留守博王友文不先請，[6]遂討其亂。兵至鄢陵，[7]太祖聞之，曰：“誅行琮，功也。然存儼方懼，若臨之以兵，蔡必速飛矣。”遂馳使還軍。乾化元年二月甲子，以存儼權知蔡州事，[8]蔡人安之。[9]

[1]劉行琮：籍貫、家世不詳。
[2]乾化：五代後梁太祖朱温年號（911—912），末帝朱友貞沿用（913—915）。　蔡州：州名。治所在今河南汝南縣。　右厢指揮使：官名。所部統兵將領。　乾化時爲後梁蔡州右厢指揮使：《輯本舊史》卷六《梁太祖紀六》乾化元年（911）二月條。
[3]刺史：官名。漢武帝時始置。州一級行政長官，總掌考核官吏、勸課農桑、地方教化等事。唐中期以後，節度、觀察使轄州

而設，刺史爲其屬官，職任漸輕。從三品至正四品下。　張慎思：人名。清河（今河北清河縣）人。後梁將領。傳見本書卷一五。　太祖：即後梁太祖朱温。宋州碭山（今安徽碭山縣）人。五代後梁太祖。紀見本書卷一至卷七、《新五代史》卷一至卷二。　洛陽：地名。即今河南洛陽市。

　　[4]順化軍：方鎮名。治所在楚州（今江蘇淮安市）。　指揮使：官名。唐末、五代軍隊、州軍多置都指揮使、指揮使，爲統兵將領。　王存儼：人名。籍貫、事跡不詳。本書僅此一見。　順化軍指揮使王存儼誅行琮：明本《册府》卷二一四《閏位部·權略門》載：“開平五年二月，以蔡州順化軍指揮使王存儼權知軍州事。”

　　[5]都將：官名。唐、五代時節度使屬將。　鄭遵：人名。籍貫、事跡不詳。本書僅此一見。

　　[6]東京：地名。即今河南開封市。　留守：官名。古代皇帝出巡或親征時指定親王或大臣留守京城，綜理國家軍事、行政、民事、財政等事務，稱京城留守。在陪都或軍事重鎮也常設留守，以地方長官兼任。　友文：人名。朱温養子，後被朱友珪所殺。傳見本書卷一二、《新五代史》卷一三。

　　[7]鄢陵：縣名。治所在今河南鄢陵縣。

　　[8]存儼權知蔡州事：《通鑑》卷二六七後梁太祖乾化元年二月條。

　　[9]蔡人安之：《輯本舊史》卷六《梁太祖紀六》。

張源德

　　張源德者，不知其世家，或曰本晉人也。少事晉，無所稱。從李罕之以潞州叛晉降梁，罕之遣源德見梁太祖。太祖時，源德自金吾衞將軍爲蔡州刺史。[1]

[1]李罕之：人名。陳州項城（今河南沈丘縣）人。唐末、五代軍閥。傳見《新唐書》卷一八七、本書卷一五、《新五代史》卷四二。　潞州：州名。治所在今山西長治市。　金吾衛將軍：官名。唐置，掌宮禁宿衛。唐代置十六衛，即左右衛、左右驍衛、左右武衛、左右威衛、左右領軍衛、左右金吾衛、左右監門衛、左右千牛衛。各置上將軍，從二品；大將軍，正三品；將軍，從三品。

“張源德者”至“源德自金吾衛將軍爲蔡州刺史”：《新五代史》卷三三《張源德傳》。《宋本册府》卷四五《帝王部・謀略門》載魏人向唐莊宗進言云“源德比是吾人”，則源德或爲晋人。

　　梁貞明元年，[1]魏博節度使楊師厚卒，[2]末帝分魏、相等六州爲兩鎮，[3]懼魏軍不從，乃遣劉鄩將兵萬人，[4]屯于魏以虞變。魏軍果叛，迫其節度使賀德倫以魏、博二州降晋。[5]當是時，源德爲鄩守貝州。[6]

　　[1]貞明：後梁末帝朱友貞年號（915—921）。
　　[2]魏博：方鎮名。治所在魏州貴鄉縣（今河北大名縣）。節度使：官名。唐時在重要地區所設掌握一州或數州軍事、民事、財政的長官。　楊師厚：人名。潁州斤溝（今安徽太和縣阮橋鎮斤溝村）人。唐末、五代將領。傳見本書卷二二、《新五代史》卷二三。
　　[3]末帝：即朱友貞。後梁皇帝。913年至923年在位。乾化三年（913）發動政變，誅殺朱友珪，即皇帝位。在位期間，對晋王李存勗的戰爭節節失利，河北諸州悉入於晋。魏博軍又迫節度使賀德倫降晋。加之戰事頻繁，賦役不止，民生凋敝。貞明六年（920），陳州（今河南淮陽縣）發生毋乙、董乙起義。龍德三年（923），後唐軍渡河進逼開封，末帝勢窮自殺。後梁遂亡。紀見本書卷八至卷一〇、《新五代史》卷三。　魏：州名。治所在今河北

大名縣。　相：州名。治所在今河南安陽市。

[4]劉鄩：人名。密州安丘（今山東安丘市）人。後梁將領。傳見本書卷二三、《新五代史》卷二二。

[5]賀德倫：人名。先世爲河西部落人，後居滑州（今河南滑縣）。五代後梁、後唐將領。傳見本書卷二一、《新五代史》卷四四。　博：州名。治所在今山東聊城市。

[6]貝州：州名。治所在今河北清河縣。　“梁貞明元年”至“源德爲鄩守貝州”：《新五代史》卷三三《張源德傳》。“貞明元年”，原作“貞明三年”，中華書局本《新五代史》有校勘記云：“本書卷三《梁本紀》、本書卷八《梁末帝紀上》、卷二三《劉鄩傳》、《通鑑》卷二六九皆繫其事於貞明元年。”但未改，今據上述諸書改。

張彦之以魏博歸晋也，[1]貝州刺史張源德不從，北結滄、德，[2]南連劉鄩以拒晋，數斷鎮、定糧道。[3]或説晋王：[4]“請先發兵萬人取源德，然後東兼滄景，[5]則海隅之地皆爲我有。”晋王曰：“不然。貝州城堅兵多，未易猝攻。德州隸於滄州而無備，若得而戍之，則滄、貝不得往來，二壘既孤，然後可取。”乃遣騎兵五百，晝夜兼行，襲德州。刺史不意晋兵至，踰城走，遂克之，以遼州守捉將馬通爲刺史。[6]八月，晋王遣李存審將兵五千擊貝州。[7]張源德有卒三千，每夕分出剽掠，州民苦之，請塹其城以安耕耘。存審乃發八縣丁夫塹而圍之。[8]

[1]張彦：人名。籍貫不詳。五代後梁軍校。事見本書卷八。
[2]滄：州名。治所在今河北滄縣舊州鎮。　德：州名。治所

在今山東德州市陵城區。

[3]鎮：州名。治所在今河北正定縣。　定：州名。治所在今河北定州市。

[4]晉王：指李存勗。代北沙陀部人。後唐開國皇帝。紀見本書卷二七至卷三四、《新五代史》卷四至卷五。

[5]滄景：方鎮名。即橫海軍。治所在滄州（今河北滄縣舊州鎮）。

[6]遼州：州名。治所在今山西左權縣。　守捉將：官名。《新唐書》卷五〇《兵志》：“唐初，兵之戍邊者，大曰軍，小曰守捉，曰城，曰鎮……武德至天寶以前邊防之制，其軍、城、鎮、守捉皆有使。”　馬通：人名。籍貫不詳。五代將領。事見本書本卷。

[7]李存審：人名。陳州宛丘（今河南淮陽縣）人。原姓符名存。五代後唐將領。傳見本書卷五六、《新五代史》卷二五。

[8]“張彥之以魏博歸晉也”至“存審乃發八縣丁夫塹而圍之”：《通鑑》卷二六九貞明元年（915）六月、八月條。《輯本舊史》卷二八《唐莊宗紀二》天祐十二年（915）六月條：“是時，以貝州張源德據壘拒命，南通劉鄩，又與滄州首尾相應，聞德州無備，遣別將襲之，遂拔其城。命遼州將馬通爲德州刺史，以扼滄、貝之路。”同年八月條：“八月，梁將賀瓌襲取澶州，帝遣李存審率兵五千攻貝州，因塹而圍之。”《宋本册府》卷四五《帝王部・謀略門》：“既定魏州，梁將劉鄩據洹水而軍。魏人上言曰：‘張源德擅據我貝州，源德比是吾人，事急必來歸我。貝州若下，北面無虞，可以東出兵師，徇地滄海，先收郡縣，控扼河津，不出半年，濱海以西皆爲吾土矣。’帝曰：‘吾策則不然。貝州，魏之邊郡，壁壘完堅。張源德託附劉鄩，勢難卒解。昨投來者説，已又添軍，必若攻之，未見其可。德州是橫海支郡，西接貝州，張源德每用軍機，又與滄帥共爲首尾。昨偵德州無備，可以輕騎取之。我若在彼駐軍，二賊自然勢解。滄州門外，是我戰場。待二豎各保孤城，然後乃圖進擊。’于是遣騎軍五百，晝夜兼行襲之。郡將不意我師至，

踰垣而遁，遂拔其城，以遼州守捉將馬通爲刺史。"明本《册府》卷三四七《將帥部·佐命門八》符存審條：天祐十二年，"八月，率師攻張源德於貝州"。《新五代史》卷三三《張源德傳》："晋王入魏，諸將欲先擊貝州，晋王曰：'貝城小而堅，攻之難卒下。且源德雖恃劉鄩之兵，然與滄州相首尾，今德州居其中而無備，不如先取之，則滄、貝之勢分而易圖也。'乃先襲破德州，然後以兵五千攻源德，源德堅守不下，晋軍壘而圍之。"

　　已而劉鄩大敗于故元城，[1]南走黎陽，[2]晋軍攻破洺州，[3]而衛州刺史來昭、[4]邢州節度使閻寶皆以城降晋，[5]磁州刺史靳昭、[6]相州張筠、[7]滄州戴思遠皆棄城走。[8]晋人圍貝州踰年，張源德聞河北諸州皆爲晋有，[9]欲降；謀於其衆，衆以窮而後降，恐不免死，不從；共殺源德，嬰城固守。城中食盡，噉人爲糧，乃謂晋將曰："出降懼死，請擐甲執兵而降，事定而釋之。"晋將許之，其衆三千出降，既釋甲，圍而殺之，盡殪。晋王以毛璋爲貝州刺史。[10]

　　[1]元城：縣名。治所在今河北大名縣。
　　[2]黎陽：縣名。治所在今河南浚縣。
　　[3]洺州：州名。治所在今河北邯鄲市永年區。
　　[4]衛州：州名。治所在今河南衛輝市。　來昭：中華書局本《新五代史》校勘記云，本書卷二八、《新五代史》卷五、《通鑑》卷二六九俱作"米昭"。當是。米昭，後梁將領。事見本書卷二八、《新五代史》卷五。
　　[5]邢州：州名。治所在今河北邢臺市。　閻寶：人名。鄆州（今山東東平縣）人。後梁、後唐將領。傳見本書卷五九、《新五

[6]磁州：州名。治所在今河北磁縣。　靳昭：人名。籍貫不詳。後梁將領，後被李存勗所殺。事見《新五代史》卷五。

[7]張筠：人名。海州（今江蘇連雲港市海州區）人。後梁、後唐軍閥。傳見本書卷九〇、《新五代史》卷四七。

[8]戴思遠：人名。籍貫不詳。後梁、後唐將領。傳見本書卷六四。　"已而劉鄩大敗于故元城"至"滄州戴思遠皆棄城走"：《新五代史》卷三三《張源德傳》。此事詳見《宋本冊府》卷四五《帝王部·謀略門》、《通鑑》卷二六九貞明二年（916）二月壬寅條後。

[9]河北：即河北道。唐貞觀十道、開元十五道之一。開元以後治魏州（今河北大名縣）。轄境相當於今北京、天津、河北、遼寧大部，河南、山東古黃河以北地區。

[10]毛璋：人名。滄州（今河北滄縣舊州鎮）人。後唐將領。傳見本書卷七三、《新五代史》卷二六。　"晉人圍貝州踰年"至"晉王以毛璋爲貝州刺史"：《通鑑》卷二六九貞明二年九月條。《輯本舊史》卷八《梁末帝紀上》貞明二年九月條："晉人陷貝州。"《新五代史》卷三《梁末帝紀》貞明二年九月條："九月，晉人取滄州，橫海軍節度使戴思遠奔于京師。晉人克貝州，守將張源德死之。"同書卷五《唐莊宗紀下》天祐十三年（916）八月條："八月，圍邢州，降其節度使閻寶。梁張筠棄相州、戴思遠棄滄州而逃，遂取二州，而貝州人殺梁守將張源德，以城降。"同書卷三三《張源德傳》："當此時，晉已先下全燕，而鎮、定皆附于晉，自河以北、山以東，四面千里，六鎮數十州之地皆歸晉，獨貝一州，圍之踰年不可下。源德守既堅，而貝人聞晉已盡有河北，城中食且盡，乃勸源德出降，源德不從，遂見殺。源德已死，貝人謀曰：'晉圍吾久，吾窮而後降，懼皆不免也。'乃告于晉曰：'吾欲被甲執兵而降，得赦而後釋之，如何？'晉軍許諾，貝人三千出降，已釋甲，晉兵四面圍而盡殺之。"其事亦見《輯本舊史》卷五六《符

存審傳》、《宋本册府》卷三六九《將帥部·攻取門二》符存審條。

張漢傑　從兄漢倫　漢融

張漢傑，末帝德妃之兄，歸霸之子也。[1]

[1]末帝：即朱友貞。朱温第三子。鳳曆元年（913）殺其兄友珪自立。即位後連年與河東李存勗爭戰，龍德三年（923），後唐軍陷洛陽，友貞自殺，後梁亡。紀見《舊五代史》卷八至卷一○、《新五代史》卷三。　德妃：人名。即張德妃。張歸霸之女。傳見本書卷一一。　歸霸：人名。即張歸霸。清河（今河北清河縣）人。後梁將領。傳見《舊五代史》卷一六、《新五代史》卷二二。
　“張漢傑”至“歸霸之子也”：明本《册府》卷三○六《外戚部·專恣門》。

貞明元年，康王友孜作亂，末帝由是疏忌宗室，專任趙巖及德妃兄弟漢鼎、漢傑、從兄弟漢倫、漢融，咸居近職，參預謀議，每出兵必使之監護。巖等依勢弄權，賣官鬻獄，離間舊將相，敬翔、李振雖爲執政，所言多不用。振每稱疾不預事，以避趙、張之族，政事日紊。[1]

[1]友孜：人名。即朱友孜，朱温第八子。傳見《舊五代史》卷一二、《新五代史》卷一三。“友孜”，《通鑑》及《會要》卷二諸王條作“友敬”，《輯本舊史》卷一二有《康王友孜傳》，《新五代史》卷一三有《康王友孜傳》，今從《舊五代史》改。　趙巖：人名。陳州宛丘（今河南淮陽縣）人。唐忠武軍節度使趙犨之子。

五代後梁大臣。事見《舊五代史》卷一四、《新五代史》卷四二。

漢鼎：人名。即張漢鼎。張歸霸之子。早亡。事見本書卷一六。

敬翔：人名。同州馮翊（今陝西大荔縣）人。唐末朱温謀士，後梁大臣。傳見《舊五代史》卷一八、《新五代史》卷二一。　李振：人名。西州（今新疆吐魯番市）人。祖、父在唐皆官郡守。五代後梁大臣。傳見《舊五代史》卷一八、《新五代史》卷四三。

“貞明元年”至“政事日紊”：《通鑑》卷二六九貞明元年（915）十月辛亥、壬子條。《新五代史·康王友孜傳》：“康王友孜，目重瞳子，嘗竊自負，以爲當爲天子。貞明元年，末帝德妃薨，將葬，友孜使刺客夜入寢中。末帝方寐，夢人害己，既寤，聞榻上寶劍鏘然有聲，躍起，抽劍曰：‘將有變邪！’乃索寢中，得刺客，手殺之，遂誅友孜。明日，謂趙巖、張漢傑曰：‘幾與卿輩不相見。’由此遂疎弱宗室，而信任趙、張，以至於敗亡。”

當貞明、龍德之際，漢傑昆仲分掌權要，藩鎮除拜多出其門，段凝因之遂竊兵柄。[1]

[1]龍德：後梁末帝朱友貞年號（921—923）。　段凝：人名。開封（今河南開封市）人。其妹爲朱温美人，因其妹而爲朱温親信。五代後梁將領，後投後唐。傳見《舊五代史》卷七三、《新五代史》卷四五。　“當貞明、龍德之際”至“段凝因之遂竊兵柄”：明本《册府》卷三〇六《外戚部·專恣門》，亦見《輯本舊史》卷一六《張歸霸傳》。

龍德元年夏四月，陳州刺史惠王友能反，舉兵趣大梁，[1]詔漢傑與陝州留後霍彥威、宣義節度使王彥章將兵討之。[2]友能至陳留，[3]兵敗，走還陳州，諸軍圍之。[4]

[1]陳州：州名。治所在今河南淮陽縣。　友能：人名。朱全昱之子。傳見《舊五代史》卷一二、《新五代史》卷一三。　大梁：地名。今河南開封市。

[2]陝州：州名。治所在今河南三門峽市陝州區。　留後：官名。唐五代節度册府使多以子弟或親信爲留後，以代行節度使職務，亦有軍士、叛將自立爲留後者。掌一州或數州軍政。　霍彦威：人名。洺州曲周（今河北曲周縣）人。五代後梁將領霍存養子。後梁、後唐將領。傳見《舊五代史》卷六四、《新五代史》卷四六。　宣義：方鎮名。治所在滑州（今河南滑縣）。　王彦章：人名。鄆州壽張（今山東梁山縣壽張集）人。後梁將領。傳見《舊五代史》卷二一、《新五代史》卷三二。

[3]陳留：縣名。治所在今河南開封市祥符區陳留鎮。

[4]“龍德元年夏四月”至“諸軍圍之”：《通鑑》卷二七一龍德元年（921）四月條。《輯本舊史》卷一〇《梁末帝紀下》龍德元年四月條：“夏四月，陳州刺史惠王友能反，舉兵向闕，帝命將出師逆擊，敗之。友能走保陳州。詔張漢傑率兵進討。”同年五月丁亥條：“丁亥，詔曰：‘郊禋大禮，舊有渥恩；御殿改元，比無賞給。今則不循舊例，別示特恩。其行營將士賞賚已給付本家，宜令招討使霍彦威、副招討使王彦章、陳州行營都指揮使張漢傑曉示諸軍知委。’”詔書亦見《宋本册府》卷一九七《閏位部·慶賜門》。

三年七月甲子，王彦章疾趙、張亂政，及爲招討使，謂所親曰：‘待我成功還，當盡誅姦臣以謝天下！’趙、張聞之，私相謂曰：‘我輩寧死於沙陀，不可爲彦章所殺。’相與協力傾之。段凝素疾彦章之能而諂附趙、張，在軍中與彦章動相違戾，百方沮橈之，惟恐其有功，潛伺彦章過失以聞於梁主。每捷奏至，趙、張悉歸功於凝，由是彦章功竟無成。及歸楊村，[1]梁主信讒，猶恐彦章旦夕成功難制，徵還大梁。使將兵會董璋攻澤州。[2]

[1]楊村：地名。位於今河南濮陽縣西南。
[2]董璋：人名。籍貫不詳。五代後梁、後唐將領。傳見《舊五代史》卷六二、《新五代史》卷五一。　澤州：州名。治所在今山西澤州縣。　"三年七月甲子"至"使將兵會董璋攻澤州"：《通鑑》卷二七二同光元年（923）七月甲子條。按，同光元年即梁末帝龍德三年，據改。

八月戊子，末帝命王彦章將保鑾騎士及他兵合萬人，屯兗、鄆之境，謀復鄆州，以漢傑監其軍。[1]初，末帝遣段凝監大軍於河上，敬翔、李振屢請罷之，末帝曰：'凝未有過。'振曰：'俟其有過，則社稷危矣。'至是，凝厚賂趙、張求爲招討使，翔、振力爭以爲不可；趙、張主之，竟代王彦章爲北面招討使，於是宿將憤怒，士卒亦不服。[2]

[1]保鑾騎士：皇帝的護衛兵。皇帝的車駕叫鑾駕，故稱其衛士爲保鑾。　兗：州名。治所在今山東濟寧市兗州區。　鄆：州名。治所在今山東東平縣。
[2]北面招討使：官名。不常置，爲一路或數路地區統兵官。掌招撫、討伐等事。兵罷則省。　"八月戊子"至"士卒亦不服"：《通鑑》卷二七二同光元年（923）七月甲子條。按，同光元年即梁末帝龍德三年；"末帝"，原作"梁主"，據《舊史》體例

改。《宋本册府》卷四四三《將帥部·敗衄門三》條亦載張漢傑爲王彦章監軍事。

　　十月，晋主至鄆州，擒彦章、漢傑、曹州刺史李知節、裨將趙廷隱、劉嗣彬等二百餘人，斬首數千級。[1]

　　[1]曹州：州名。治所在今山東曹縣西北。　　李知節：人名。籍貫不詳。五代將領。事件本書卷一〇、卷三〇。　　趙廷隱：人名。天水（今甘肅天水市）人。五代十國後蜀將領。事見《新五代史》卷六四。　　劉嗣彬：人名。徐州沛縣（今江蘇沛縣）人。劉知俊之族子。傳見《册府元龜》卷四三八《將帥部·奔亡》。"十月"至"斬首數千級"：《通鑑》卷二七二同光元年（923）十月壬申、癸酉、甲戌條，原作："壬申，帝以大軍自楊劉濟河。癸酉，至鄆州，中夜進軍踰汶，以李嗣源爲前鋒。甲戌旦，遇梁兵，一戰敗之，追至中都，圍其城。城無守備，少頃，梁兵潰圍出，追擊，破之。王彦章以數十騎走，龍武大將軍李紹奇單騎追之，識其聲，曰：'王鐵槍也！'拔稍刺之，彦章重傷，馬躓，遂擒之，并擒都監張漢傑、曹州刺史李知節、裨將趙廷隱、劉嗣彬等二百餘人，斬首數千級。"《輯本舊史》卷三〇《唐莊宗紀四》同光元年十月甲戌條："甲戌，帝攻之，中都素無城守，師既雲合，梁衆自潰。是日，擒梁將王彦章及都監張漢傑、趙廷隱、劉嗣彬、李知節、康文通、王山興等將吏二百餘人，斬馘二萬，奪馬千匹。"明本《册府》卷二〇《帝王部·功業門二》同光元年，"十月癸酉，莊宗親御六師至鄆州。是夜，命帝以騎軍爲前鋒大將繼進。詰朝，遇賊軍，一戰敗之，追至中都。俄而大圍合，城無所備，賊潰圍而出，擊之，大破，生擒大將王彦章及監軍張漢傑、趙廷隱等。"《新五代史》卷六《唐明宗紀》同光元年條："梁軍攻破德勝南栅，莊宗退保楊劉，王彦章急攻鄆州，莊宗悉軍救之，嗣源爲前鋒擊敗梁軍，

追至中都，擒彥章及梁監軍張漢傑。”

漢倫，漢傑之從兄也。[1]

[1]“漢倫漢傑之從兄也”：《通鑑》卷二六九貞明元年十月壬子條、明本《册府》卷三〇六《外戚部·專恣門》。

末帝遣漢倫馳騎追段凝軍，漢倫至滑州，墜馬傷足，復限水不能進。[1]段凝、杜晏球上言：“僞梁要人趙巖、趙鵠、張希逸、張漢倫、張漢傑、張漢融、朱珪等，竊弄威福，殘蠹羣生，不可不誅。”[2]詔曰：“其張漢傑昨于中都與王彥章同時俘獲，此際未詳行止，偶示哀矜。今既上將陳詞，羣情激怒，往日既彰於僭濫，此時難漏于網羅，宜置國刑，以塞羣論。除妻兒骨肉外，其他疎屬僕使，並從釋放。”是日，趙巖、張希逸、張漢傑、張漢倫、張漢融、朱珪、敬翔、李振及契丹撒剌阿撥等并其妻孥，皆斬於汴橋下。[3]

[1]滑州：州名。治所在今河南滑縣。 “末帝遣漢倫馳騎追段凝軍”至“復限水不能進”：《通鑑》卷二七二同光元年（923）十月丁丑條。《輯本舊史》卷一〇《梁末帝紀下》龍德三年（923）十月甲戌條：“甲戌，唐帝引師襲中都，王彥章兵潰，於是彥章與監軍張漢傑及趙廷隱、劉嗣彬、李知節、康文通、王山興等皆爲唐人所獲。翌日，彥章死于任城。帝聞中都之敗，唐軍長驅將至，遣張漢倫馳驛召段凝於河上，漢倫墜馬傷足，復限水潦，不能進。”
[2]杜晏球：人名。原名王宴球。後唐莊宗時賜名紹虔。洛陽（今河南洛陽市）人。少遇亂，汴人杜氏畜之爲子，因冒姓杜氏，

又名杜晏球。五代將領。傳見本書卷六四、《新五代史》卷四六。

趙鵠：人名。籍貫不詳。五代官員。事見本書卷二九、卷三〇。

張希逸：人名。籍貫不詳。後梁官員。事見本書卷九、卷三〇、卷五九。　朱珪：人名。籍貫不詳。五代後梁將領，時爲後梁檢校太傅、匡國軍節度觀察留後、行營諸軍馬步都虞候。傳見本書附錄。　“段凝、杜晏球上言”至“不可不誅”：《通鑑》卷二七二同光元年十月丙戌條。

[3]中都：縣名。治所在今山東汶上縣。　契丹：古部族、政權名。公元四世紀中葉宇文部爲前燕攻破，始分離而成單獨的部落，自號契丹。唐貞觀中，置松漠都督府，以其首領爲都督。唐末強盛，916年迭剌部耶律阿保機建立契丹國（遼）。先後與五代、北宋並立，保大五年（1125）爲金所滅。參見張正明《契丹史略》，中華書局1979年版。　撒剌阿撥：人名。契丹人。又名剌葛。耶律阿保機之弟。謀亂於契丹，後奔晋。晋王厚遇之，養爲假子，任爲刺史。胡柳之戰，携妻子投於後梁。傳見本書附錄。“詔曰”至“皆斬於汴橋下”：《宋本册府》卷一五四《帝王部·明罰門三》。此事亦見《輯本舊史》卷三〇《唐莊宗紀四》同光元年十月丙戌條、卷五九《王瓚傳》，《宋本册府》卷九二七《總録部·讒佞門》段凝條，《新五代史》卷五《唐莊宗紀下》同光元年十月丙戌條。

漢融，歸霸弟歸弁之子也。[1]

[1]歸弁：人名。即張歸弁。清河人。唐末將領。傳見《舊五代史》卷一六。　“漢融，歸霸弟歸弁之子也”：《輯本舊史》卷一六《張歸弁傳》。明本《册府》卷三〇一《外戚部·封拜門》：“梁張歸霸者，末帝德妃之父也。歸霸子漢傑、漢倫、漢融，皆以外戚之故，咸居大任，掌大權。”

撒剌阿撥

撒剌阿撥，字率懶。[1] 德祖之元子是爲太祖天皇帝，[2] 次曰剌葛，[3] 曰迭剌，[4] 曰寅底石，[5] 曰安端，[6] 曰蘇。[7] 撒剌阿撥爲惕隱，[8] 討涅烈部，破之。[9] 性愚險。破涅烈部而驕，與弟迭剌、安端等謀亂。事覺，按問，具伏，太祖令誓而捨之。太祖曰："汝謀此事，不過欲富貴爾。"出爲迭剌部夷離菫。[10] 從太祖親征，統本部兵攻下平州。[11] 復謀爲亂，誘群弟據西山以阻歸路，[12] 太祖聞而避之，次赤水城。[13] 剌葛詐降，復使神速焚明王樓，[14] 大掠而去。至擘只、喝只二河，[15] 與追兵戰，衆潰。及鴨里河，[16] 女骨部人邀擊之，[17] 剌葛輕騎遁去。至榆河，[18] 先鋒敵魯生擒之。[19] 太祖念其同氣，不忍加刑，杖而釋之。[20] 神册二年南奔，[21] 爲人所殺。[22] 子賽寶、拔里、麻答。[23]

[1]撒剌阿撥，字率懶：《遼史》卷六四《皇子表》。撒剌阿撥，《遼史》作"剌葛""剌哥"不一。

[2]德祖：即遼德祖耶律撒剌的。遼太祖耶律阿保機之父。事見《遼史》卷一、卷二。　元子：長子。　太祖天皇帝：即遼太祖耶律阿保機。紀見《遼史》卷一、卷二。

[3]剌葛：即傳主撒剌阿撥。

[4]迭剌：人名。契丹人。遼太祖之弟。傳見《遼史》卷六四。

[5]寅底石：人名。契丹人。遼太祖之弟。傳見《遼史》卷六四。

[6]安端：人名。契丹人。遼太祖之弟。傳見《遼史》卷

六四。

［7］蘇：人名。契丹人。遼太祖之弟。傳見《遼史》卷六四。

"德祖之元子是爲太祖天皇帝"至"曰蘇"：《遼史》卷四五《百官志一》。

［8］惕隱：官名。"大内惕隱"的簡稱。掌皇族教化和户籍。參見鞠賀《遼朝惕隱研究》，《西北民族大學學報》2019年第1期。

爲惕隱：《遼史》卷六四《皇子表》。《遼史》卷一《太祖本紀上》太祖二年（908）春正月："辛巳，始置惕隱，典族屬，以皇弟撒剌爲之。"卷六九《部族表》太祖二年五月："皇弟惕隱撒剌討烏丸及黑車子室韋。"

［9］涅烈部：部族名。契丹之一部。　討涅烈部，破之：《遼史》卷六四。

［10］迭剌部：部族名。耶律阿保機所屬契丹八部之一。　夷離堇：官名。契丹各部落首領稱謂。　"性愚險"至"出爲迭剌部夷離堇"：《遼史》卷六四。《遼史》卷一太祖五年五月："皇弟剌葛、迭剌、寅底石、安端謀反。安端妻粘睦姑知之，以告，得實。上不忍加誅，乃與諸弟登山刑牲，告天地爲誓而赦其罪。出剌葛爲迭剌部夷離堇，封粘睦姑爲晉國夫人。"

［11］平州：州名。治所在今河北盧龍縣。　從太祖親征，統本部兵攻下平州：《遼史》卷六四。《遼史》卷一太祖六年七月："命弟剌葛分兵攻平州。"

［12］西山：地名。今地不詳。

［13］赤水城：地名。今地不詳。

［14］神速：人名。契丹人。事見《遼史》卷一。　明王樓：樓名。位於遼上京臨潢府（今内蒙古巴林左旗）。

［15］擘只、喝只：河流名。今地不詳。"至擘只、喝只二河"，中華書局本有校勘記："按《紀》太祖二年四月作培只河、柴河。"

［16］鴨里河：河流名。今地不詳。

［17］女骨部：契丹部落名。

[18]榆河：河流名。位於今内蒙古科爾沁右翼前旗西北。

[19]敵魯：人名。即蕭敵魯。遼朝大臣。傳見《遼史》卷七三。

[20]"復謀爲亂"至"杖而釋之"：《遼史》卷六四《皇子表》。《遼史》卷一太祖六年："冬十月戊寅，剌葛破平州，還，復與迭剌、寅底石、安端等反。"同月："壬辰，（太祖）還次北阿魯山，聞諸弟以兵阻道，引軍南趨十七濼。是日燔柴。翼日，次七渡河，諸弟各遣人謝罪。上猶矜憐，許以自新。"同卷太祖七年春正月："甲寅，王師次赤水城，弟剌葛等乞降。上素服，乘赭白馬，以將軍耶律樂姑、轄剌僅阿鉢爲御，解兵器、肅侍衛以受之，因加慰諭。剌葛等引退，上復數遣使撫慰。"同年："三月癸丑，次蘆水，弟迭剌哥圖爲奚王，與安端擁千餘騎而至，紿稱入覲。上怒曰：'爾曹始謀逆亂，朕特恕之，使改過自新，尚爾反覆，將不利於朕！'遂拘之。以所部分隸諸軍。而剌葛引其衆至乙室菫淀，具天子旗鼓，將自立，皇太后陰遣人諭令避去。會弭姑乃、懷里陽言車駕且至，其衆驚潰，掠居民北走，上以兵追之。剌葛遣其黨寅底石引兵徑趨行宫，焚其輜重、廬帳，縱兵大殺。皇后急遣蜀古魯救之，僅得天子旗鼓而已。其黨神速姑復劫西樓，焚明王樓。上至土河，秣馬休兵，若不爲意。諸將請急追之，上曰：'俟其遠遁，人各懷土。懷土既切，其心必離，我軍乘之，破之必矣！'盡以先所獲資畜分賜將士，留夷離畢直里姑總政務。"同年："夏四月戊寅，北追剌葛。己卯，次彌里，問諸弟面木葉山射鬼箭厭禳，乃執叛人解里向彼，亦以其法厭之。至達里淀，選輕騎追及培只河，盡獲其黨輜重、生口。先遣室韋及吐渾酋長拔剌、迪里姑等五人分兵伏其前路，命北宰相迪里古爲先鋒進擊之。剌葛率兵逆戰，迪里古以輕兵薄之。其弟遏古只臨陣，射數十人斃，衆莫敢前。相拒至晡，衆乃潰。追至柴河，遂自焚其車乘廬帳而去。前遇拔剌、迪里姑等伏發，合擊，遂大敗之。剌葛奔潰，遺其所奪神帳於路，上見而拜奠之。所獲生口盡縱歸本土。其黨庫古只、磨朵皆面縛請罪。師次札

堵河，大雨暴漲。"同年："五月癸丑，遣北宰相迪輦率驍騎先渡。甲寅，奏擒剌葛、涅里袞阿缽於榆河，前北宰相蕭實魯、寅底石自到不殊。遂以黑白羊祭天地。壬戌，剌葛、涅里袞阿缽詣行在，以槀索自縛，牽羊望拜。上還至大嶺。時大軍久出，輜重不相屬，士卒煮馬駒、採野菜以爲食，孳畜道斃者十七八，物價十倍，器服資貨委棄于楚里河，狼籍數百里，因更剌葛名暴里。"同卷太祖八年春正月條："首惡剌葛，其次迭剌哥，上猶弟之，不忍置法，杖而釋之。以寅底石、安端性本庸弱，爲剌葛所使，皆釋其罪。前于越赫底里子解里、剌葛妻轄剌已實預逆謀，命皆絞殺之。寅底石妻涅離脅從，安端妻粘睦姑嘗有忠告，並免。因謂左右曰：'諸弟性雖敏黠，而蓄姦稔惡。嘗自矜有出人之智，安忍兇狠，谿壑可塞而貪黷無厭。求人之失，雖小而可恕，謂重如泰山；身行不義，雖入大惡，謂輕於鴻毛。昵比群小，謀及婦人，同惡相濟，以危國祚。雖欲不敗，其可得乎？北宰相實魯妻餘盧覩姑於國至親，一旦負朕，從於叛逆，未置之法而病死，此天誅也。解里自幼與朕常同寢食，眷遇之厚，冠於宗屬，亦與其父背大恩而從不軌，茲可恕乎！'"以上所引《遼史·太祖紀》，中華書局本有校勘記："'皇后急遣蜀古魯救之'，蜀古魯，《儀衛志》作曷古魯，是。"又："'問諸弟面木葉山射鬼箭厭禳'，馮家昇《遼史初校》云：'問當作聞。'"《遼史》卷五六《儀衛志二》："弔服：太祖叛弟剌哥等降，素服受之。"卷五八《儀衛志四》："諸弟剌哥等叛，匀德實縱火焚行宮，皇后命曷古魯救之，止得天子旗鼓。"

[21]神册：遼太祖耶律阿保機年號（916—922）。　神册二年南奔：《遼史》卷六四《皇子表》。《遼史》卷一神册二年（917）六月條："剌葛與其子賽保里叛入幽州。"《通鑑》卷二七〇梁均王貞明四年（918）十二月條："初，契丹主之弟撒剌阿撥號北大王，謀作亂於其國。事覺，契丹主數之曰：'汝與吾如手足，而汝興此心，我若殺汝，則與汝何異！'乃因之期年而釋之。撒剌阿撥帥其衆奔晋，晋王厚遇之，養爲假子，任爲刺史；胡柳之戰，以其妻子

來奔。"

[22]爲人所殺:《遼史》卷六四。《輯本舊史》卷三〇《唐莊宗紀四》同光元年十月丙戌:"詔曰:'……契丹撒剌阿撥,既棄其母,又背其兄。朕比重懷來,厚加恩渥,看同骨肉,錫以姓名,兼分符竹之榮,疊被頒宣之渥。而乃輒幸重惠,復背明廷,罔顧欺違,竄歸僞室,既同梟獍,難貸刑章,可并妻子同戮于市……'是日,趙巖、張希逸、張漢傑、張漢倫、張漢融、朱珪、敬翔、李振及契丹撒剌阿撥等,并其妻孥,皆斬於汴橋下。"

[23]子賽寶、拔里、麻答:《遼史》卷六六《皇族表》及《通鑑》卷二八七胡注。"賽寶",前引《遼史》作"賽寶里"。"拔里",《遼史》卷七六有傳,作"拔里得"。《遼史·皇族表》祇云撒剌阿撥二子,未見麻答。《通鑑》卷二八七漢高祖天福十二年(947)五月乙巳條胡注:"《薛史》曰:麻答,耶律德光之從弟;其父曰薩剌,阿保機時,自蕃中奔唐莊宗,尋奔梁,莊宗平梁,獲之,磔於市。"此句未見於《輯本舊史》。麻答事蹟,今散見《輯本舊史》《新五代史》《通鑑》《契丹國志》等書。

張希逸[1]

[1]張希逸:不知何許人也,其家世、事蹟無可輯補,今略輯其相關記載於下。《輯本舊史》卷九《梁末帝紀中》貞明四年(918)九月甲午條:"崇政院副使張希逸加金紫光禄大夫,行祕書少監。"同書卷三〇《唐莊宗紀四》同光元年(923)十月丙戌條:"是日,以梁將段凝上疏奏:'梁朝權臣趙巖等,並助成虐政,結怨於人,聖政惟新,宜誅首惡。'……是日,趙巖、張希逸、張漢傑、張漢倫、張漢融、朱珪、敬翔、李振及契丹撒剌阿撥等,并其妻孥,皆斬於汴橋下。"同書卷五九《王瓚傳》:"居數日,段凝上疏奏:'梁朝掌事權者趙巖等,並助成虐政,結怨於人,聖政惟新,

宜誅首惡，以謝天下。’於是張漢傑、張漢融、張漢倫、張希逸、趙毅、朱珪等並族誅，家財籍没。”《宋本册府》卷一五四《帝王部·明罰門三》：“後唐莊宗同光元年十月入汴州……趙巖、張希逸、張漢傑、張漢倫、張漢融、朱珪、敬翔、李振及契丹撒剌阿撥等并其妻孥，皆斬於汴橋下。”同書卷九二七《總録部·讒佞門》段凝條：“後唐段凝，初爲梁將，後降莊宗，莊宗以爲滑州兵馬留後。凝上疏奏：‘梁朝掌事權者趙巖等，並助成虐政，結怨於人，聖政惟新，宜誅首惡，以謝天下。’於是張漢傑、張漢融、張漢倫、張希逸、趙毅、朱珪等並族誅，家財籍没。”《通鑑》卷二七二後唐莊宗同光元年十月丙戌條：“段凝、杜晏球上言：‘僞梁要人趙巖、趙鵠、張希逸、張漢倫、張漢傑、張漢融、朱珪等，竊弄威福，殘蠹群生，不可不誅。’詔：‘敬翔、李振首佐朱温，共傾唐祚；契丹撒剌阿撥叛兄棄母，負恩背國，宜與巖等並族誅於市；自餘文武將吏一切不問。’”

朱珪

朱珪，貞明中爲行營馬步都虞候、曹州刺史。[1]晉王欲趣大梁，而梁軍扼其前，堅壁不戰百餘日。貞明四年十二月，晉王進兵，據梁軍十里而舍。初，北面行營招討使賀瓌善將步兵，[2]排陣使謝彦章善將騎兵，[3]瓌惡其與己齊名。一日，瓌與彦章治兵於野，瓌指一高地曰：“此可以立栅。”至是，晉軍適置栅於其上，瓌疑彦章與晉通謀。瓌屢欲戰，謂彦章曰：“主上悉以國兵授吾二人，社稷是賴。今强寇至吾門，而逗遛不戰，可乎！”彦章曰：“强寇憑陵，利在速戰。今深溝高壘，據其津要，彼安敢深入！若輕與之戰，萬一蹉跌，則大事去矣。"瓌益疑之,密譖之於帝,與珪謀。[4]珪與彥章有隙,乃誣彥章以爲將反。[5]因享士伏甲,殺彥章及濮州刺史孟審澄、別將侯温裕,[6]以謀叛聞。丁未,以珪爲匡國留後,[7]癸丑,又以爲平盧節度使兼行營馬步副指揮使以賞之。[8]

[1]行營馬步都虞候:官名。五代出征軍隊馬步軍統兵官,僅次於馬步軍都指揮使、副都指揮使。《輯本舊史》卷九《梁末帝紀中》貞明四年(918)十二月丁未、癸丑條作"行營諸軍馬步都虞候",同書卷二三《賀瓌傳》作"諸軍都虞候",明本《册府》卷四四〇《將帥部·忌害門》賀瓌條作"行營馬步軍都虞候"。　朱珪,貞明中爲行營馬步都虞候、曹州刺史:《通鑑》卷二七〇貞明四年十二月庚子朔條。朱珪,不知何許人也,其家世無可輯補。《輯本舊史》卷八《梁末帝紀上》乾化三年(913)六月十七日條載,諸將請末帝爲王,"帝乃遣人告趙巖、袁象先、傅暉、朱珪等"。

[2]行營招討使:官名。唐始置。戰時任命,兵罷則省。常以大臣、將帥或地方軍政長官兼任。掌招撫討伐等事務。　賀瓌:人名。濮陽(今河南濮陽市)人。後梁將領。傳見本書卷二三、《新五代史》卷二三。

[3]排陣使:官名。唐節度使所屬武官中有排陣使,五代後梁以後設於諸軍,爲先鋒之職。參見王軼英《中國古代排陣使述論》,《西北大學學報》2010年第6期。　謝彥章:人名。許州(今河南許昌市)人。後梁將領。傳見本書卷一六、《新五代史》卷二三。

[4]"晋王欲趣大梁"至"與珪謀":《通鑑》卷二七〇後梁末帝貞明四年十二月庚子朔條。

[5]珪與彥章有隙,乃誣彥章以爲將反:《新五代史》卷二三《謝彥章傳》。

[6]濮州：州名。治所在今山東鄄城縣。　孟審澄：人名。籍貫不詳。後梁將領。事見本書卷九、卷一六、卷二三。　別將：官名。一般也作偏將代稱。唐軍設有別將一職，各折衝府亦設別將。

侯溫裕：人名。籍貫不詳。五代後梁將領。事見本書卷九、卷一六、卷二三。

[7]匡國：方鎮名。乾寧二年（895）升同州爲匡國軍節度使，治所在同州（今陝西大荔縣）。

[8]平盧：方鎮名。治所在青州（今山東青州市）。　行營馬步副指揮使：官名。五代軍隊統兵官。　“因享士伏甲”至“又以爲平盧節度使兼行營馬步副指揮使以賞之”：《通鑑》卷二七〇後梁末帝貞明四年十二月丁未、癸丑條。《輯本舊史》卷九《梁末帝紀中》貞明四年十二月庚子、丁未、癸丑條：“十二月庚子朔，晋王領軍迫行臺寨，距寨十里結營而止。北面招討使賀瓌殺許州節度使謝彦章、濮州刺史孟審澄、別將侯溫裕等於軍，以謀叛聞，爲行營馬步都虞候朱珪搆之也。晋王聞之，喜曰：‘彼將帥不和，亡無日矣。’丁未，以行營諸軍馬步都虞候、光禄大夫、檢校太保、曹州刺史朱珪爲檢校太傅，充匡國軍節度觀察留後，依前行營諸軍馬步都虞候。癸丑，詔曰：‘行營諸軍馬步都虞候、匡國軍節度觀察留後朱珪，昨以寇戎未滅，兵革方嚴，所期朝夕之間，克弭烟塵之患，每於將帥，別注憂勞。而謝彦章、孟審澄、侯溫裕忽搆異圖，將萌逆節，賴朱珪挺施貞節，密運沈機，果致梟擒，免資讎敵。特加異殊之命，用旌忠孝之謀，便委雄藩，俾荷隆渥。可檢校太傅，充平盧軍節度、淄青登萊等州觀察處置、押新羅渤海兩番等使、兼行營諸軍馬步軍副都指揮使，仍進封沛國郡開國侯。’”害謝彦章事，亦見《輯本舊史》卷一六《謝彦章傳》、卷二三《賀瓌傳》，明本《册府》卷三九三《將帥部·威名門二》謝彦章條、卷四四〇《將帥部·忌害門》賀瓌條，《宋本册府》卷四五六《將帥部·不和門》謝彦章條。

龍德三年冬十月，晋軍發中都，時城中尚有控鶴軍數千，朱珪請帥之出戰；梁主不從，命開封尹王瓚驅市人乘城爲備。[1]晋主入汴州，[2]段凝、杜晏球上言：“僞梁要人趙巖、趙鵠、張希逸、張漢倫、張漢傑、張漢融、朱珪等，竊弄威福，殘蠹群生，不可不誅。”[3]詔曰：“朱珪素聞狡蠹，唯務讒邪，鬭惑人情，枉害良善，將清内外，須切去除，況衆狀指陳，亦宜誅戮。”是日，趙巖、張希逸、張漢傑、張漢倫、張漢融、朱珪、敬翔、李振及契丹撒剌阿撥等并其妻孥，皆斬於汴橋下。[4]

[1]控鶴：後梁禁軍番號。　開封尹：官名。五代除後唐外均定都開封，因置開封府尹。執掌京師政務。從三品。　王瓚：人名。太原祁（今山西祁縣）人。唐河中節度使王重盈之子。五代後梁將領，官至開封尹。傳見本書卷五九。　“龍德三年冬十月”至“命開封尹王瓚驅市人乘城爲備”：《通鑑》卷二七二後唐莊宗同光元年（923）十月乙亥、丁丑條。《輯本舊史》卷一〇《梁末帝紀下》龍德三年十月甲戌條：“甲戌，唐帝引師襲中都，王彦章兵潰，於是彦章與監軍張漢傑及趙廷隱、劉嗣彬、李知節、康文通、王山興等皆爲唐人所獲。翌日，彦章死于任城。帝聞中都之敗，唐軍長驅將至，遣張漢倫馳驛召段凝於河上，漢倫墜馬傷足，復限水潦，不能進。時禁軍尚有四千人，朱珪請以拒唐軍，帝不從，登建國門召開封尹王瓚，謂之曰：‘段凝未至，社稷繫卿方略。’瓚即驅軍民登城爲備。”

[2]汴州：州名。治所在今河南開封市。　晋主入汴州：《宋本册府》卷一五四《帝王部·明罰門三》，原作“後唐莊宗同光元年十月入汴州”，據本書體例改。

[3]張漢傑：人名。清河（今河北清河縣）人。張歸霸之子。五代後梁將領。傳見本書附錄、《新五代史》卷二二。　“段凝、杜晏球上言”至“不可不誅”：《通鑑》卷二七二後唐莊宗同光元年十月丙戌條。

[4]“詔曰”至“皆斬於汴橋下”：《宋本冊府》卷一五四。《輯本舊史》卷三〇《唐莊宗紀四》同光元年十月丙戌條：“是日，以梁將段凝上疏奏：‘梁朝權臣趙巖等，並助成虐政，結怨於人，聖政惟新，宜誅首惡。’乃下詔曰：‘朱珪素聞狡蠹，唯務讒邪，鬭惑人情，枉害良善，將清內外，須切去除，況衆狀指陳，亦宜誅戮。’是日，趙巖、張希逸、張漢傑、張漢倫、張漢融、朱珪、敬翔、李振及契丹撒剌阿撥等，并其妻孥，皆斬於汴橋下。”同書卷五九《王瓚傳》：“居數日，段凝上疏奏：‘梁朝掌事權者趙巖等，並助成虐政，結怨於人，聖政惟新，宜誅首惡，以謝天下。’於是張漢傑、張漢融、張漢倫、張希逸、趙毅、朱珪等並族誅，家財籍沒。”《宋本冊府》卷九二七《總録部·讒佞門》段凝條：“後唐段凝，初爲梁將，後降莊宗，莊宗以爲滑州兵馬留後。凝上疏奏：‘梁朝掌事權者趙巖等，並助成虐政，結怨於人，聖政惟新，宜誅首惡，以謝天下。’於是張漢傑、張漢融、張漢倫、張希逸、趙毅、朱珪等並族誅，家財籍沒。”《新五代史》卷五《唐莊宗紀下》同光元年十月丙戌條：“殺李振、趙巖、張漢傑、朱珪，滅其族。”

裴迪[1]

[1]《新輯會證》：“裴迪，清輯本未輯其傳。今檢《新五代史》卷四三有其傳，殿本考證云：‘案《歐陽史》有《裴迪》《韋震傳》，今原文已佚，無可採補。’案《册府元龜》有其事三則，應即本書佚文，清臣失察。謹據以補録其傳，得三百二十字。”

裴迪，字昇之，河東聞喜人也。[1]爲人明敏，善治財賦，精於簿書。唐司空裴璩判度支，[2]辟爲出使巡官。[3]都統王鐸鎮滑州，[4]奏迪汴、宋、鄆等州供軍院使。[5]鐸爲租庸使，[6]辟租庸招納使。[7]

[1]河東：方鎮名。治所在太原（今山西太原市）。　聞喜：縣名。治所在今山西聞喜縣。

[2]司空：官名。與太尉、司徒並爲三公，唐後期、五代多爲大臣、勳貴加官。正一品。　裴璩：人名。籍貫不詳。唐後期大臣。事見《通鑑》卷二五三、卷二五六。　度支：財政官署。掌管天下租賦物産，歲計所出而支調之，故名。安史亂後，因軍事供應浩繁，以宰相爲度支使，由户部尚書、侍郎或他官兼領度支事務，稱度支使或判度支、知度支事，權任極重，與鹽鐵使、判户部或户部使合稱“三司”。

[3]巡官：官名。鹽鐵使屬官。地位在判官、推官之下，掌巡察及有關事務。

[4]都統：官名。此處指諸道行營都統。唐末設此職，作爲各道出征兵士的統帥。　王鐸：人名。太原人。唐末軍閥，曾積極參與平定黃巢起義。傳見《新唐書》卷一八五。

[5]宋：州名。治所在今河南商丘市睢陽區。　供軍院使：官名。唐、五代置供軍院，掌供應出征軍隊的衣、糧等軍需給養。分南、北二院，南供軍院由度支掌管，負責輸送給養至軍前；北供軍院設於行營，負責分發給養。供軍院使當爲供軍院之長官。

[6]租庸使：官名。唐代爲主持催徵租庸地稅的財政官員。後梁、後唐時，租庸使取代鹽鐵、度支、户部，爲中央財政長官。

[7]租庸招納使：官名。租庸使屬官。負責催徵租庸地稅事宜。

“裴迪，字昇之”至“辟租庸招納使”：《新五代史》卷四三《裴迪傳》。

太祖至汴，延在賓席，恩禮甚優。厥後每統帥出征，咸命主留事。迪亦勤瘁夙夜，不失所委，累遷職至節度判官，[1] 官至檢校僕射。光化初，[2] 太祖牓於院曰："謬膺重委，總授三藩，軍機雖罄於拙謀，民政全繫於右席。節度裴判官詳明吏理，首冠賓筵，冰蘗不渝，始終如一，自此應諸州錢穀、刑獄等事，並請指揮。" 乃遍報管內，咸遣知委。[3]

[1] 節度判官：官名。唐末、五代藩鎮僚佐，位行軍司馬下。

[2] 光化：唐昭宗李曄年號（898—901）。

[3] "太祖至汴" 至 "咸遣知委"：明本《册府》卷七一六《幕府部・倚任門》。同書卷二一一《閏位部・求舊門》："迪敏事慎言，達吏治，明籌筭。帝初建節旄於夷門，迪一謁見，如故知，乃辟爲從事。自是之後，歷三十年，委四鎮租賦、兵籍、帑廩、官吏、獄訟、賞罰、經費、運漕，事無巨細，皆得專之。帝每出師，即知軍州事，逮于二紀，不出梁之闃闠，甚有裨贊之道。"《新五代史》卷四三《裴迪傳》："梁太祖鎮宣武，辟節度判官。太祖用兵四方，常留迪以調兵賦。太祖乃牓院門，以兵事自處，而以貨財獄訟一切任迪。"

天復中，[1] 太祖駐軍于岐下，[2] 忽有青州健步苗公立者，[3] 齎其帥王師範書問至府，[4] 迪召之，詢以東事，微覺色動，因去左右，密徵其説，公立乃具述師範稱兵之狀。時太祖猶子友寧爲馬步軍指揮使，[5] 迪不俟命，遽請友寧統在府諸軍至兗、鄆巡警，以示軍威。及昭宗還長安，[6] 太祖歸梁邸，凡府僚並被命遷秩，兼錫功臣之號。迪獨轉官爲檢校司徒，[7] 號寧鑾叶贊功臣。一日，賓佐集謁，太祖目迪曰："叶贊之名，唯司徒獨有之，他人莫及也。"其見重如此。[8]

[1]天復：唐昭宗李曄年號（901—904）。

[2]岐下：地名。岐山之下，代指鳳翔。

[3]青州：州名。治所在今山東青州市。 健步：或稱"健卒""急足"。指趕路送信的人。 苗公立：人名。籍貫不詳。王師範部下負責送信之人。本書僅此一見。

[4]王師範：人名。青州人。唐末、五代軍閥。傳見本書卷一三、《新五代史》卷四二。

[5]猶子：侄子。 友寧：人名。即朱友寧。朱溫之侄，唐末、五代將領。傳見本書卷一二、《新五代史》卷一三。 馬步軍指揮使：官名。所部軍統兵將領。

[6]昭宗：即唐昭宗李曄，888年至904年在位。紀見《舊唐書》卷二〇上、《新唐書》卷一〇。 長安：地名。即今陝西西安市。

[7]檢校司徒：官名。爲散官或加官，以示恩寵加此官，無實際執掌。

[8]"天復中"至"其見重如此"：明本《册府》卷七二一《幕府部·謀畫門二》。《新五代史》卷四三《裴迪傳》："太祖西攻岐，王師範謀襲汴，遣健卒苗公立持書至汴，陰伺虛實。迪召公立問東事，公立色動，乃屏人密詰之，具得其事。迪不暇啓，遣朱友寧以兵巡充、鄆，以故師範雖竊發而事卒不成。太祖自岐還，將吏皆賜'迎鑾叶贊功臣'，將吏入見，太祖目迪曰：'叶贊之功，惟裴公有之，佗人不足當也。'"《續世說》卷五《賞譽類》裴迪條："裴迪，昭宗時爲梁祖賓席，轉檢校司徒，賜號迎鑾協贊功臣。一日，賓佐集謁，梁祖目迪曰：'協贊之名，惟司徒獨有之，它人濫處也。'其知重如此。"《通鑑》卷二六三唐昭宗天復三年（903）

正月丙午條："全忠留節度判官裴迪守大梁，師範遣走卒齎書至大梁，迪問以東方事，走卒色動。迪察其有變，屏人問之，走卒具以實告。迪不暇白全忠，亟請馬步都指揮使朱友寧將兵萬餘人東巡兗、鄆。友寧召葛從周於邢州，共攻師範。全忠聞變，亦分兵先歸，使友寧並將之。"裴迪與友寧討王師範事，亦見《輯本舊史》卷一二《安王友寧傳》、《宋本册府》卷二九一《宗室部·立功門二》安王友寧條。

　　唐末太常卿。[1]受禪之歲，拜尚書右僕射。[2]以户部尚書致仕。開平二年四月，迪復爲右僕射。[3]上章告老，爲司空致仕。[4]卒于家。[5]

　　[1]太常卿：官名。太常寺長官。掌祭祀禮儀等事。正三品。唐末太常卿：《宋本册府》卷八九九《總録部·致政門》。《新五代史》卷四三《裴迪傳》："迪入唐，累遷太常卿。"《文苑英華》卷四〇〇《中書制誥類二一》有薛廷珪授裴迪太僕卿、元鎬京兆少尹、盧批國子司業等制。《舊唐書》卷二〇下《哀帝紀》天祐二年（905）二月壬子條："壬子，制以汝州刺史裴迪爲刑部尚書。"同年十一月戊辰條："戊辰，宰相已下於南郊壇習儀，而裴迪自大梁迴，言全忠怒蔣玄暉、張廷範、柳璨等謀延唐祚，而欲郊天改元。"同年十二月辛卯條："先是，北院宣徽使王殷使壽州行營，構蔣玄暉於全忠，全忠怒，急歸大梁。上令刑部尚書裴迪齎詔慰勞全忠，全忠忿恨，語極不遜，故行相國百揆之命以悦其心。蔣玄暉自至大梁陳訴，全忠怒猶不解。帝憂之。"《通鑑》卷二六五唐哀帝天祐二年十一月丙辰、丁卯、庚午條："先是，全忠急於傳禪，密使蔣玄暉等謀之。玄暉與柳璨等議：以魏、晋以來皆先封大國，加九錫、殊禮，然後受禪，當次第行之。乃先除全忠諸道元帥，以示有漸，仍以刑部尚書裴迪爲送官告使，全忠大怒。宣徽副使王殷、趙殷衡

疾玄暉權寵，欲得其處，因譖之於全忠曰：'玄暉、璨等欲延唐祚，故逗遛其事以須變。'玄暉聞之懼，自至壽春，具言其狀。全忠曰：'汝曹巧述閒事以沮我，借使我不受九錫，豈不能作天子邪！'玄暉曰：'唐祚已盡，天命歸王，愚智皆知之。玄暉與柳璨等非敢有背德，但以今兹晋、燕、岐、蜀皆吾勍敵，王遽受禪，彼心未服，不可不曲盡義理，然後取之，欲爲王創萬代之業耳。'全忠叱之曰：'奴果反矣！'玄暉惶遽辭歸，與璨議行九錫。時天子將郊祀，百官既習儀，裴迪自大梁還，言全忠怒曰：'柳璨、蔣玄暉等欲延唐祚，乃郊天也。'璨等懼，庚午，敕改用來年正月上辛。"

[2]尚書右僕射：官名。秦始置。隋、唐前期以左、右僕射佐尚書令總理六官，綱紀庶務，如不置尚書令，則總判省事，爲宰相之職。唐後期多爲大臣加銜。從二品。　受禪之歲，拜尚書右僕射：《宋本册府》卷八九九《總録部・致政門》。

[3]户部尚書：官名。户部長官。掌管全國土地、户籍、賦税、財政收支諸事。正三品。　致仕：官員告老辭官。　開平：後梁太祖朱温年號（907—911）。　右僕射：官名。秦始置。隋、唐前期以左、右僕射佐尚書令總理六官，綱紀庶務，如不置尚書令，則總判省事，爲宰相之職。唐後期多爲大臣加銜。從二品。　以户部尚書致仕。開平二年四月，迪復爲右僕射：明本《册府》卷二一一《閏位部・求舊門》："開平二年四月，以户部尚書致仕裴迪復爲右僕射……禪代之歲，命爲太常卿，屬年已耆耋，視聽昏塞，不任朝謁，遂請老，許之。期月復起，師長庶官焉。"《新五代史》卷四三《裴迪傳》："太祖即位，召拜右僕射，居一歲告老，以司空致仕。"據此二則可知，裴迪曾先以户部尚書致仕後於開平二年四月起復，終以司空致仕，故改之。

[4]上章告老，爲司空致仕：《宋本册府》卷八九九《總録部・致政門》。

[5]卒于家：《新五代史》卷四三《裴迪傳》。

盧匪躬

盧匪躬，[1]嘗爲劉知俊同州觀察判官。[2]知俊反，不偕行，爲亂兵所害。開平三年八月，贈工部尚書。[3]

[1]盧匪躬：籍貫、家世不詳。

[2]劉知俊：人名。徐州沛縣（今江蘇沛縣）人。唐末、五代將領。先後隸時溥、朱溫、李茂貞、王建。傳見本書卷一三、《新五代史》卷四四。　同州：州名。治所在今陝西大荔縣。　觀察判官：官名。唐肅宗以後置，五代沿置。觀察使屬官，參理田賦事，用觀察使印、署狀。

[3]工部尚書：官名。尚書省工部主官。掌百工、屯田、山澤之政令。正三品。　"嘗爲劉知俊同州觀察判官"至"贈工部尚書"：明本《册府》卷二一〇《閏位部·旌表門》原文爲："開平三年八月，贈故同州觀察判官盧匪躬工部尚書……匪躬嘗爲劉知俊判官，知俊反，不偕行，爲亂兵所害。"

王班

王班，故河陽將，累以軍功爲郡守。[1]爲澤州刺史，素失人心，衆不爲用。[2]開平二年五月，周德威、李存璋乘勝進趣澤州，[3]攻圍甚急，堙溝攀堞，晝夜不息數日。班善於拒捍，懸重賞以激勇士，蕃賊之屍堆積於池隍，周回數里。于時，劉知俊自晋、絳引兵來救，賊衆乃遁。[4]

[1]王班：人名。籍貫不詳。故河陽將領，累以軍功爲郡守，

主留事於襄陽，被小將王求所殺。傳見本書附録。　河陽：縣名。
治所在今河南孟州市。　王班，故河陽將，累以軍功爲郡守：明本
《册府》卷二一〇《閏位部·旌表門》。

〔2〕爲澤州刺史，素失人心，衆不爲用：《通鑑》卷二六六後
梁太祖開平二年（908）五月己巳條。

〔3〕周德威：人名。朔州馬邑（今山西朔州市朔城區東北）
人。唐末、五代河東將領。傳見本書卷五六、《新五代史》卷二五。
李存璋：人名。雲中（今山西大同市）人。五代後唐將領。傳見
本書卷五三、《新五代史》卷三六。　開平二年五月，周德威、李
存璋乘勝進趣澤州：《通鑑》卷二六六後梁太祖開平二年五月己巳
條。《宋本册府》卷四〇〇《將帥部·固守門二》：“開平二年五月，
蕃賊奔突澤州。”

〔4〕“攻圍甚急”至“賊衆乃遁”：《宋本册府》卷四〇〇。
《輯本舊史》卷二七《唐莊宗紀一》天祐五年（908）五月條：“是
月，周德威乘勝攻澤州，刺史王班登城拒守，梁將劉知俊自晋、絳
將兵赴援，德威退保高平。”《通鑑》卷二六六後梁太祖開平二年
五月己巳條：“周德威、李存璋乘勝進趣澤州，刺史王班素失人心，
衆不爲用。龍虎統軍牛存節自西都將兵應接夾寨潰兵，至天井關，
謂其衆曰：‘澤州要害地，不可失也；雖無詔旨，當救之。’衆皆不
欲，曰：‘晋人勝氣方鋭，且衆寡不敵。’存節曰：‘見危不救，非
義也；畏敵强而避之，非勇也。’遂舉策引衆而前。至澤州，城中
人已縱火諠譟，欲應晋王，班閉牙城自守，存節至，乃定。晋兵尋
至，緣城穿地道攻之，存節晝夜拒戰，凡旬有三日；劉知俊自晋州
引兵救之，德威焚攻具，退保高平。”

初，太祖召山南東道節度使楊師厚，〔1〕欲使督諸將
攻潞州，以前兖海留後班爲留後，鎮襄州。〔2〕師厚屢爲
班言牙兵王求等凶悍，〔3〕宜備之。班自恃左右有壯士，

不以爲意，每衆辱之。開平三年七月戊寅，譎求戍西境，是夕，作亂，殺班，推都指揮使雍丘劉玘爲留後；[4]玘僞從之，明日，與指揮使王延順逃詣帝所。[5]亂兵奉平淮指揮使李洪爲留後，[6]附於蜀。未幾，房州刺史楊虔亦叛附于蜀。[7]八月，贈太保。[8]

[1]太祖：原作“帝”，據本書體例改。　山南東道：方鎮名。治所在襄州（今湖北襄陽市）。

[2]兗海：方鎮名。又稱沂海。治所在沂州（今山東臨沂市）。襄州：州名。治所在今湖北襄陽市。

[3]牙兵：五代時期藩鎮親兵。參見來可泓《五代十國牙兵制度初探》，《學術月刊》1995年第11期。　王求：人名。籍貫不詳。唐末將領。事見《通鑑》卷二六七。

[4]都指揮使：官名。唐末、五代軍隊多置都指揮使、指揮使，爲統兵將領。　雍丘：縣名。治所在今河南杞縣。　劉玘：人名。汴州雍丘（今河南杞縣）人。五代後梁、後唐將領。傳見本書卷六四、《新五代史》卷四五。

[5]王延順：人名。籍貫不詳。唐末將領。事見《通鑑》卷二六七。

[6]李洪：人名。籍貫不詳。事見本書卷四、卷五，《通鑑》卷二六七。

[7]房州：州名。治所在今湖北房縣。　楊虔：人名。籍貫不詳。事見本書卷五。　“初”至“房州刺史楊虔亦叛附于蜀”：《通鑑》卷二六七後梁太祖開平三年（909）七月戊寅條。《輯本舊史》卷六四《劉玘傳》：“開平中，襄帥王班爲帳下所害，亂軍推玘爲留後，玘詭從之，翌日受賀，衙庭享士，伏甲幕下，盡斬其亂將。”明本《册府》卷六九四《牧守部·武功門二》張敬方條：“張敬方，開平中爲均州刺史。時襄陽小將王求殺留後王班，間使

附于蜀。房州聞之，亦叛，敬方能完其郡，又移兵赳房陵。"《新五代史》卷二《梁太祖紀下》繫王班被殺於開平三年七月甲申："甲申，襄州軍亂，殺其留後王班。"同書卷四五《劉玘傳》："山南節度使王班爲亂軍所殺，亂軍推玘爲留後，玘僞許之，明日饗士于庭，伏甲幕中，酒半，擒爲亂者殺之。"王班被殺時官職，明本《册府》卷二一〇《閨位部·旌表門》作山東道節度使留後，《新五代史》卷四五《劉玘傳》作山南節度使，《通鑑》卷二六七則作山南東道節度留後。

[8]太保：官名。與太師、太傅並爲三師。唐後期、五代多爲大臣、勳貴加官。正一品。　八月，贈太保：明本《册府》卷二一〇《閨位部·旌表門》。

尹皓

尹皓，[1]爲夾馬指揮使。[2]開平元年，令於山北捉生。[3]先時并寇屢擾邊州，太祖欲擒俘以挫其勢，皓首出應召，遂獎而遣焉。[4]十一月甲申，皓攻晋江猪嶺寨，拔之。[5]二年十月，皓爲輝州刺史，以解晋州圍之功也。[6]

[1]尹皓：人名。籍貫不詳。後梁將領。傳見本書附錄。

[2]夾馬指揮使：官名。所部統兵將領，"夾馬"爲部隊番號。爲夾馬指揮使：《宋本册府》卷三八九《將帥部·請行門》。其官職，《通鑑》卷二六六後梁太祖開平元年（907）十一月甲申條同，《輯本舊史》卷四《梁太祖紀四》開平二年十月丙午條作"夾馬都指揮使"，明本《册府》卷二一〇《閨位部·明賞門》開平二年十月條作"左天武軍夾馬指揮使"。

[3]山北：地名。一般指終南、太華二山以北地區。　捉生：抓俘虜。

[4]"開平元年"至"遂獎而遣焉"：《宋本册府》卷三八九。

[5]江猪嶺寨：地名。位於今山西長子縣西。　十一月甲申，皓攻晉江猪嶺寨，拔之：《通鑑》卷二六六後梁太祖開平元年十一月甲申條。

[6]輝州：州名。治所在今安徽碭山縣。　二年十月，皓爲輝州刺史，以解晉州圍之功也：《宋本册府》卷二一〇《閏位部·明賞門》。《册府》原文："梁太祖開平二年十月，以行營左厢步軍指揮使賀瓌爲左龍虎統軍，以左天武軍夾馬指揮使尹皓爲輝州刺史，以右天武都頭韓塘爲神捷指揮使，左天武第三都頭胡賞爲右神捷指揮使，仍賜帛有差，以解晉州圍之功也。"《輯本舊史》卷四《梁太祖紀四》開平二年十月條："以尹皓部下五百人爲神捷軍。"同月丙午條："丙午，御毬場殿，宣夾馬都指揮使尹皓、韓塘以下將士五百人，賜酒食。"解晉州之圍事，見《輯本舊史》卷二七《唐莊宗紀一》天祐五年（即梁開平二年）九月條："九月，邠、岐、蜀三鎮復大舉攻長安，遣李嗣昭、周德威將兵三萬攻晉州以應之。德威與梁將尹皓戰于神山北，梁人大敗。是時，晉之騎將夏侯敬受以一軍奔于梁，德威乃退保隰州。"明本《册府》卷八《帝王部·創業門四》天祐五年："九月，邠、岐、蜀三鎮復大舉攻長安，帝遣李嗣昭、周德威將兵三萬攻晉州以應之。三鎮攻長安，梁祖懼，自雒率親軍屯於陝州，令其將尹皓將兵赴援平陽，周德威與尹皓之師戰於神山北，梁人大敗。"

貞明元年八月，絳州刺史皓攻晉之隰州，又攻慈州，皆不克。[1]五年三月，皓爲華州節度使。[2]六年，河東道招討使劉鄩與皓攻取同州。[3]

[1]隰州：州名。治所在今山西隰縣。　慈州：州名。治所在今山西吉縣。　"貞明元年八月"至"皆不克"：《通鑑》卷二六九後梁末帝貞明元年（915）八月條。明本《册府》卷三八七《將帥部·褒異門一三》："（天祐）十二年，從盟朱友謙於猗氏，授汾州刺史。汴將尹皓攻慈州，逆戰敗之。"尹皓攻州城事，《輯本舊史》卷五三《李存璋傳》《李存賢傳》亦有載。按天祐十二年即貞明元年。

[2]華州：州名。治所在今陝西渭南市華州區。　五年三月，皓爲華州節度使：明本《册府》卷四四〇《將帥部·忌害門》。"五年三月"原闕，按《輯本舊史》卷九《梁末帝紀中》載，貞明四年八月辛酉，以絳州刺史尹皓爲感化軍節度觀察留後，貞明五年三月己卯，以華州感化軍留後尹皓爲華州節度使，加檢校太保、同平章事，據補。《太平廣記》卷四二四《龍類七》引《玉堂閒話》："朱梁尹皓鎮華州。夏將半，出城巡警。時蒲雍各有兵戈相持故也。因下馬，於荒地中得一物如石，又如卵，其色青黑，光滑可愛。命左右收之。又行三二十里，見村院佛堂。遂置於像前。其夜雷霆大震，猛雨如注，天火燒佛堂，而不損佛像。蓋龍卵也。院外柳樹數百株，皆倒植之。其卵已失。"

[3]六年，河東道招討使劉鄩與皓攻取同州：明本《册府》卷四四〇《將帥部·忌害門》。《輯本舊史》卷一〇《梁末帝紀下》貞明六年六月條："六月，遣兖州節度使劉鄩、華州節度使尹皓、崇州節度使溫昭圖、莊宅使段凝領軍攻同州。先是，河中朱友謙襲陷同州，節度使程全暉單騎奔京師。友謙以其子令德爲同州留後，表求節旄，不允。既而帝慮友謙怨望，遂命兼鎮同州。制命將下而友謙已叛，遣使求援於晉，故命將討之。"同書卷二九《唐莊宗紀三》天祐十七年（920）七月條："秋七月，梁將劉鄩、尹皓寇同州。先是，河中節度使朱友謙取同州，以其子令德主留務，請梁主降節。梁主怒，不與，遂請旄節於帝。梁主乃遣劉鄩與華州節度使尹皓帥兵圍同州。友謙來告難，帝遣蕃漢總管李存審、昭義節度使

李嗣昭、代州刺史王建及率師赴援。”同年九月條：“九月，師至河中，朝至夕濟。梁人不意王師之至，望之大駭。明日約戰，與朱友謙謀。遲明，進軍距梁壘，梁人悉衆以出，蒲人在南，王師在北。騎軍既接，蒲人小却，李嗣昭以輕騎抗之，梁軍奔潰，追斬二千餘級。是夜，劉鄩收餘衆保營，自是閉壁不出。數日，鄩遂宵遁。王師追及於渭河，所棄兵仗輜重不可勝計。劉鄩、尹皓單騎獲免。未幾，鄩憂恚發病而卒。”《通鑑》卷二七一後梁末帝貞明六年六月丁巳條後：“帝以泰寧節度使劉鄩爲河東道招討使，帥感化節度使尹皓、靜勝節度使溫昭圖、莊宅使段凝攻同州。”同年七月條：“劉鄩等圍同州，朱友謙求救于晋；秋，七月，晋王遣李存審、李嗣昭、李建及、慈州刺史李存質將兵救之。”同卷龍德元年（921）五月丙戌條後：“初，劉鄩與朱友謙爲婚。鄩之受詔討友謙也，至陝州，先遣使移書，諭以禍福；待之月餘，友謙不從，然後進兵。尹皓、段凝素忌鄩，因譖之於帝曰：‘鄩逗遛養寇，俾俟援兵。’帝信之。鄩既敗歸，以疾請解兵柄，詔聽於西都就醫，密令留守張宗奭酖之，丁亥，卒。”討朱友謙事，亦見《輯本舊史》卷二三《劉鄩傳》、卷五三《李存璋傳》《李存賢傳》、卷五六《符存審傳》、卷六三《朱友謙傳》，《宋本册府》卷一六六《帝王部·招懷門四》，《新五代史》卷二二《劉鄩傳》等。《宋史》卷二六二《王易簡傳》：“華帥李保衡復辟從事。踰年，尹皓代保衡，易簡仍在幕府。會朱友謙以河中叛歸莊宗，攻華州甚急，城中危懼，咸請築月城以自固。皓恃勇不聽，下令曰：‘有敢復言者斬。’易簡固請，乃許。板築始畢，外城果壞，軍民賴之。會夜不能攻，友謙遂遁去。皓卒，易簡歸田里。”

韋震

韋震，字東卿，雍州萬年人也。爲人彊敏，有口辯。[1]仕唐爲右武衛將軍。歸于太祖，表爲揚州左司馬，[2]又表爲殿中監、蔡州四面都統判官。[3]初，申叢縛秦宗權，[4]折足而囚之，雖納款於太祖，欲自獻於長安以邀旌鉞。及姦謀不就，乃欲復奉宗權以接取其柄，爲其將郭璠所殺，[5]縶宗權送于太祖，即以璠爲留後。[6]太祖遣都統判官韋震奏事，且疏時溥之罪，[7]願委討伐，仍請降滄、兗二帥之命。[8]溥既以都統破黃巢功居第一，[9]又與兗鄆連衡，結中官爲内援，時宰之忌太祖者復佑之。左拾遺徐彦樞亦疏請所在斬宗權，[10]不必至京師陳獻俘之儀，蓋以時溥獻黃巢止函首故也。震往復論列於天子前，敢大言，亦能協附執政，所請事多允。[11]尋奏授檢校左僕射，充宣武節度副使。[12]

[1]雍州：州名。治所在今陝西西安市。　萬年：縣名。治所在今陝西西安市萬年區。　“韋震，字東卿”至“有口辯”：《新五代史》卷四三《韋震傳》。“爲人彊敏”前原有“初名肇”三字，因後文述及韋震改名緣由，故删。

[2]右武衛將軍：官名。唐置十六衛之一，掌宮禁宿衛。從三品。　揚州：州名。治所在今江蘇揚州市。　左司馬：官名。即行軍左司馬。與行軍右司馬同掌弼戎政，專器械、糧糒、軍籍。

[3]殿中監：官名。殿中省長官。掌宮廷供奉之事。從三品。“殿中監”三字，《宋本册府》卷七二九原闕，據《宋本册府》卷六五三《奉使部・稱旨門》補。　都統判官：官名。行營都統屬官。佐都統處理行營軍政事務。　“仕唐爲右武衛將軍”至“蔡州四面都統判官”：《宋本册府》卷七二九《幕府部・辟署門四》。

[4]申叢：人名。籍貫不詳。事見本書卷一、卷二〇。　秦宗權：人名。河南郡許州（今河南許昌市）人。唐末軍閥。傳見

《舊唐書》卷二〇〇下、《新唐書》卷二二五下。

[5]郭璠：人名。籍貫不詳。事見《新五代史》卷一、卷四三。

[6]"初，申叢縛秦宗權"至"即以璠爲留後"：《通鑑》卷二五八唐昭宗龍紀元年（889）正月壬子條《考異》引薛居正《五代史》，"秦宗權"原闕"秦"字，據《新五代史》卷四三《韋震傳》、《新唐書》卷一〇《昭宗紀》文德元年（888）十一月辛酉條補。申叢執宗權，《舊唐書》卷二〇上《昭宗紀》繫於文德元年十二月甲子朔條，《輯本舊史》卷二〇《劉捍傳》繫於文德元年十一月，《新五代史》卷一《梁太祖紀上》繫於龍紀元年正月，《新唐書》卷一〇《昭宗紀》繫於文德元年十一月辛酉，《通鑑》繫於文德元年十二月。《新五代史·韋震傳》："申叢執秦宗權，欲送于太祖，又欲自獻於京師，又欲挾宗權奪其兵。太祖遣震入蔡州視之，叢遣騎兵三百迎震，欲殺之，震以計得免。還白太祖曰：'叢不足慮，爲其謀者牙將裴涉，妄庸人也。'叢後果爲郭璠所殺。"

[7]時溥：人名。徐州彭城（今江蘇徐州市）人。唐末地方武裝割據，平定了黃巢之亂，後割據徐州。傳見《舊唐書》卷一八二、《新唐書》卷一八八。

[8]"太祖遣都統判官韋震奏事"至"仍請降濟、兗二帥之命"：《通鑑》卷二五八唐昭宗龍紀元年正月壬子條《考異》引薛居正《五代史》。《宋本册府》卷六五三："時蔡將郭璠縶秦宗權送于太祖。太祖復請震奏事，且疏時溥之罪，願委討伐，仍請降濟、兗二帥之命。"

[9]黃巢：人名。曹州冤句（今山東菏澤市）人。唐末農民起義領袖。傳見《舊唐書》卷二〇〇下、《新唐書》卷二二五下。

[10]左拾遺：官名。唐代門下省所屬諫官。掌規諫、薦舉人才。從八品上。　徐彥樞：人名。籍貫不詳。唐末、五代官員。事見《新五代史》卷四三。

[11]"溥既以都統破黃巢功居第一"至"所請事多允"：《宋

本册府》卷六五三。《新五代史》卷四三《韋震傳》："璠以宗權歸于太祖，太祖欲大其事，請獻俘于唐。唐以時溥破黃巢，獻馘而已，宗權不足俘，左拾遺徐彥樞亦疏請所在斬決。"

[12]檢校左僕射：官名。左僕射爲隋唐宰相名號。檢校左僕射爲散官或加官，以示恩寵，無實際執掌。　宣武：方鎮名。治所在汴州（今河南開封市）。　節度副使：官名。唐、五代方鎮屬官。位於行軍司馬之下、判官之上。　尋奏授檢校左僕射，充宣武節度副使：《宋本册府》卷七二九《幕府部·辟署門四》。《舊唐書》卷二〇上《昭宗紀》景福二年（893）六月條："幽州節度使李匡籌遣使檄王鎔，訊殺匡威之罪。二藩結怨，朱全忠遣判官韋震使幽州和解之。"

　　乾寧二年七月，[1]昭宗狩于石門，[2]震奉表由虢略山中間道奔問，[3]進獻于行在。[4]昭宗大悦，復命授檢校司徒。震本名肇，至是賜名震，太祖特爲制字，其優遇如此。[5]光化元年三月，太祖遣震入奏事，求兼鎮天平，朝廷未之許，震力爭之。朝廷不得已，以太祖爲宣武、宣義、天平三鎮節度使。太祖以震爲天平留後。[6]昭宗遷洛，震入爲河南尹、六軍諸衛副使。[7]以病瘡，守太子太保致仕。[8]太祖受禪，改太子太傅。[9]末帝即位，加太師，卒。[10]

　　[1]乾寧：唐昭宗李曄年號（894—898）。　七月：明本《册府》卷七五九《總録部·忠門二》作"七月内"。
　　[2]石門：地名。位於今陝西三原縣。
　　[3]虢略：略，境界。虢略，指虢國的境界。位於今河南嵩縣西北。

[4]行在："行在所"的簡稱。指古代帝王所在的地方。後以此專指皇帝所到的地方。 "乾寧二年七月"至"進獻于行在"：《宋本册府》卷八二五《總録部·名字門二》。《新五代史》卷四三《韋震傳》："昭宗幸石門，太祖遣震由虢略間道奉表行在，昭宗賜其名震。"

[5]"昭宗大悦"至"其優遇如此"：明本《册府》卷七五九。《宋本册府》卷八二五："帝大悦，賜名震，太祖特爲制字。"

[6]太祖：原作"朱全忠""全忠"，《通鑑》卷二六一"太祖遣"後原有"副使萬年韋"五字，依本書體例删改。 天平：方鎮名。治所在鄆州（今山東東平縣）。 "光化元年三月"至"太祖以震爲天平留後"：《通鑑》卷二六一唐昭宗光化元年（898）三月己丑條後。《舊唐書》卷二〇上《昭宗紀》光化元年正月條："朱全忠遣判官韋震奏事，求兼領鄆州。"《宋本册府》卷一八七《閏位部·勳業門五》："（光化元年）三月，昭宗以帝兼領天平軍節度使，餘如故。"《新五代史》卷四三《韋震傳》："太祖已破兗、鄆，遂攻吳，大敗于清口。太祖懼諸鎮乘間圖己，乃諷杜洪、鍾傳、王師範、錢鏐等薦己爲元帥，且求兼領鄆州。昭宗初不許，震彊辯，敢大言，語數不遜，昭宗卒許梁以鄆州，太祖遂兼四鎮，表震鄆州留後。"

[7]河南尹：官名。唐開元元年（713）改洛州爲河南府，治所在今河南洛陽市。以河南府尹總其政務。從三品。 六軍諸衛副使：官名。後唐沿唐代舊制，置六軍、諸衛。以判六軍諸衛事爲禁軍六軍與諸衛的最高統帥，六軍諸衛副使爲其副貳。 昭宗遷洛，震入爲河南尹、六軍諸衛副使：《新五代史》卷四三《韋震傳》，《通鑑》卷二六四繫於唐昭宗天祐元年（904）四月戊申條。《輯本舊史》卷六三《張全義傳》："昭宗至洛陽，梁祖將圖禪代，慮全義心有異同，乃以判官韋震爲河南尹。"《舊唐書》卷二〇下《哀帝紀》天祐元年九月己巳條敕："權知河南尹韋震充橋道使。"同年十二月癸卯條："光禄大夫、檢校司徒、河東縣開國子、食邑五百户、

充山陵副使、權知河南尹、天平軍節度副使韋震權知鄆州軍州事。"《新唐書》卷一八七《李罕之傳》云："全忠懼言異己，乃徙節天平，以韋震爲河南尹。"

[8]太子太保：官名。與太子太師、太子太傅統稱太子三師。隋唐以後多作加官或贈官。從一品。

[9]太子太傅：官名。與太子太師、太子太保統稱太子三師。隋唐以後多作加官或贈官。從一品。　"以病瘠"至"改太子太傅"：《宋本册府》卷八九九《總録部·致政門》、《新五代史》卷四三《韋震傳》。

[10]末帝即位，加太師，卒：《新五代史·韋震傳》。

司空圖[1]

[1]《通鑑》卷二六五唐昭宗天祐二年（905）八月條云"圖，臨淮人也"，《宋本册府》卷七二九《幕府部·辟署門四》、卷八四一《總録部·文章門五》、卷八四三《總録部·知人門二》，明本《册府》卷八一三《總録部·退迹門》均有司空圖條，可證《舊五代史》有《司空圖傳》，今據增。

司空圖，字表聖，[1]臨淮人。[2]父輿，[3]有風幹。當大中時，盧弘正管鹽鐵，表爲安邑兩池榷鹽使。[4]先是，法疏闊，吏輕觸禁，輿爲立約數十條，莫不以爲宜。以勞再遷户部郎中。[5]

[1]司空圖，字表聖：《新唐書》卷一九四《司空圖傳》，亦見《舊唐書》卷一九〇下《司空圖傳》、《五代史闕文》司空圖條。

[2]臨淮：縣名。治所在今江蘇泗洪縣東南。　臨淮人：《通

鑑》卷二六五唐昭宗天祐二年（902）八月條。《舊唐書》卷一九〇下《司空圖傳》作"本臨淮人"，《五代史闕文》司空圖條作"自言泗州人"，《新唐書》卷一九四《司空圖傳》、《宣和書譜》卷九司空圖條作"河中虞鄉人"。按，《舊唐書》卷三八《地理志一》："泗州中，隋下邳郡。武德四年，置泗州，領宿預、徐城、淮陽三縣……長安四年，置臨淮縣。開元二十三年，自宿預移治所於臨淮。天寶元年，改爲臨淮郡。乾元元年，復爲泗州……今領縣三：臨淮、漣水、徐城。"同書卷三九《地理志二》："河中府，隋河東郡。武德元年，置蒲州，治桑泉縣，領河東、桑泉、猗氏、虞鄉四縣……開元八年，置中都，改蒲州爲河中府。"知臨淮爲泗州屬縣，虞鄉爲河中屬縣。《舊唐書》卷一九〇下《司空圖傳》云"圖有先人別墅在中條山之王官谷"。《通鑑》卷二六五唐昭宗天祐二年八月條"禮部員外郎知制誥司空圖棄官居虞鄉王官谷"，胡注：王官谷在虞鄉縣中條山。據此知，司空圖當爲臨淮人，晚年居虞鄉王官谷，故《舊唐書》作"本臨淮人"，《新唐書》作"河中虞鄉人"。

［3］興：人名。即司空興。司空圖之父。唐朝官員。事見《新唐書》卷五四、卷一七七。

［4］大中：唐宣宗李忱年號（847—860）。　盧弘正：人名。籍貫不詳。唐朝官員。事見《舊唐書》卷一九〇下。　安邑兩池榷鹽使：官名。掌安邑（今山西運城市東北）、解縣（今山西運城市西南）鹽池事務。

［5］户部郎中：官名。即尚書省户部頭司户部司郎中。掌户口、土田、賦役、貢獻、優復、婚姻、繼嗣等事。從五品上。　"父興"至"以勞再遷户部郎中"：《新唐書·司空圖傳》。《舊唐書》卷一九〇下《司空圖傳》："曾祖遂，密令。祖象，水部郎中。父興，精吏術。大中初，户部侍郎盧弘正領鹽鐵，奏興爲安邑兩池榷鹽使、檢校司封郎中。先是，鹽法條例疏闊，吏多犯禁。興乃特定新法十條奏之，至今以爲便。入朝爲司門員外郎，遷户部郎中，卒。"

圖，咸通末擢進士，[1]禮部侍郎王凝特所獎待，[2]俄而凝坐法貶商州，[3]圖感知己，往從之。凝起拜宣歙觀察使，[4]乃辟置幕府。召爲殿中侍御史，[5]不忍去凝府，臺劾，左遷光禄寺主簿，分司東都。[6]盧攜以故宰相居洛，[7]嘉圖節，常與游。攜還朝，過陝虢，[8]屬於觀察使盧渥曰：[9]"司空御史，高士也。"渥即表爲僚佐。會攜復執政，召拜禮部員外郎，[10]尋遷郎中。[11]

[1]咸通：唐懿宗李漼年號（860—874）。

[2]禮部侍郎：官名。尚書省禮部次官。協助禮部尚書掌禮儀、祭享、貢舉之政。正四品下。　王凝：人名。籍貫不詳。唐末官員。事見《舊唐書》卷一九〇下、《新唐書》卷一九四。

[3]商州：州名。治所在今陝西商洛市商州區。

[4]宣：州名。治所在今安徽宣城市。　歙：州名。治所在今安徽歙縣。　觀察使：官名。唐代後期出現的地方軍政長官。唐玄宗開元二十一年（733）置十五道採訪使，唐肅宗乾元元年（758）改爲觀察使。無旌節，地位低於節度使。掌一道州縣官的考績及民政。

[5]殿中侍御史：官名。三國魏始置。唐前期屬御史臺之殿院，掌宮門、庫藏及糾察殿庭供奉朝會儀式，及分掌左、右巡，負責京師治安、京畿軍兵。唐後期常爲外官所帶憲銜。從七品下。

[6]光禄寺主簿：官名。西漢始置。管理光禄寺文書簿籍，參議事務。正八品上。　分司：唐代職官制度之一。中央官員分在陪都執行職務的，稱爲分司。　東都：指洛陽（今河南洛陽市）。

[7]盧攜：人名。范陽（今河北涿州市）人。唐末宰相。傳見《舊唐書》卷一七八、《新唐書》卷一八四。

[8]陝虢：方鎮名。治所在陝州（今河南三門峽市陝州區），唐龍紀元年（889）改爲保義軍。

[9]盧渥：人名。籍貫不詳。唐末官員。事見《新唐書》卷二二三下。

[10]禮部員外郎：官名。尚書省禮部頭司禮部司副長官。從六品上。

[11]郎中：官名。此處指禮部郎中。尚書省禮部頭司禮部司長官。掌禮樂、學校等事。從五品上。　“圖，咸通末擢進士”至“尋遷郎中”：《新唐書》卷一九四《司空圖傳》。《舊唐書》卷一九〇下《司空圖傳》：“圖咸通十年登進士第，主司王凝於進士中尤奇之。凝左授商州刺史，圖請從之，凝加器重，洎廉問宣歙，辟爲上客。召拜殿中侍御史，以赴闕遲留，責授光禄寺主簿，分司東都。乾符六年，宰相盧攜罷免，以賓客分司，圖與之遊，攜嘉其高節，厚禮之。嘗過圖舍，手題于壁曰：‘姓氏司空貴，官班御史卑。老夫如且在，不用念屯奇。’明年，攜復入朝，路由陝虢，謂陝帥盧渥曰：‘司空御史，高士也，公其厚之。’渥即日奏爲賓佐。其年，攜復知政事，召圖爲禮部員外郎，賜緋魚袋，遷本司郎中。其年冬，巢賊犯京師，天子出幸，圖從之不及，乃退還河中。時故相王徽亦在蒲，待圖頗厚。數年，徽受詔鎮潞，乃表圖爲副使，徽不赴鎮而止。”《宋本册府》卷七二九《幕府部·辟署門四》：“圖咸通中登進士第。主司王凝於進士中尤奇之，凝廉問宣歙，爲上客，召拜殿中侍御史，以赴闕遲留，責授光禄寺主簿，分司東都。宰相盧攜罷免，以賓客分司，嘉其高節。攜入朝路，由分陝，謂陝帥盧渥曰：‘司空御史，高士也，公其厚之。’渥即日奏爲賓佐，後爲禮部郎中。”明本《册府》卷三二四《宰輔部·薦賢門》：“盧攜爲相，以司空圖爲禮部員外郎。先是，圖寓居洛下，會攜與鄭畋左遷太子賓客，分司皆厚遇之。及攜再入相，因有是命。”

　　黃巢陷長安，將奔，不得前。圖弟有奴段章者，[1]陷賊，執圖手曰：“我所主張將軍喜下士，可往見之，無虛死溝中。"圖不肯往，章泣下。遂奔咸陽，間關至河中。[2] 僖宗次鳳翔，[3] 即行在拜知制誥，遷中書舍人。[4] 後狩寶雞，[5] 不獲從，又還河中。龍紀初，復拜舊官，以疾解。景福中，[6] 拜諫議大夫，不赴。後再以戶部侍郎召，[7] 身謝闕下，數日即引去。昭宗在華，召拜兵部侍郎，[8] 以足疾固自乞。會遷洛陽，柳璨希賊臣意，[9] 誅天下才望，助喪王室，詔圖入朝，圖陽瘖笃，趣意野牦。璨知無意於世，乃聽還。[10]

[1]段章：人名。籍貫不詳。本書僅此一見。

[2]咸陽：縣名。治所在今陝西咸陽市。 河中：府名。治所在今山西永濟市蒲州鎮。

[3]僖宗：即唐僖宗李儇。873 年至 888 年在位。黃巢起義後，於廣明元年（880）占據長安，唐僖宗被迫奔蜀。紀見《舊唐書》卷一九下、《新唐書》卷九。 鳳翔：方鎮名。治所在鳳翔府（今陝西鳳翔縣）。

[4]知制誥：官名。掌起草皇帝詔、誥之事，原爲中書舍人之職。唐開元末置學士院，翰林學士入院一年，則加知制誥銜，專掌任免宰相、冊立太子、宣布征伐等特殊詔令，稱爲內制。而中書舍人所撰擬的詔敕稱爲外制。兩種官員總稱兩制官。 中書舍人：官名。中書省屬官。掌起草文書、呈遞奏章、傳宣詔命等。正五品上。

[5]寶雞：縣名。治所在今陝西寶雞市陳倉區。

[6]龍紀：唐昭宗李曄年號（889）。 景福：唐昭宗李曄年號（892—893）。

[7]諫議大夫：官名。秦始置，掌朝政議論。隋、唐仍置，有左、右諫議大夫各四人，分屬門下、中書二省。掌諫諭得失、侍從

贊相。唐後期、五代多以本官領他職。正四品下。　户部侍郎：官名。尚書省户部次官。協助户部尚書掌天下田户、均輸、錢穀之政。正四品下。

[8]華：州名。治所在今陝西渭南市華州區。　兵部侍郎：官名。尚書省兵部次官。協助兵部尚書掌武官銓選、勳階、考課之政。正四品下。

[9]柳璨：人名。河東（今山西永濟市）人。唐末宰相、文學家、史學家。傳見《舊唐書》卷一七九、《新唐書》卷二二三下。

[10]"黄巢陷長安"至"乃聽還"：《新唐書》卷一九四《司空圖傳》。《舊唐書》卷二〇下《哀帝紀》天祐二年（905）八月壬寅條：敕："前太中大夫、尚書兵部侍郎、賜紫金魚袋司空圖俊造登科，朱紫升籍，既養高以傲代，類移山而釣名。志樂漱流，心輕食祿。匪夷匪惠，難居公正之朝；載省載思，當徇幽棲之志。宜放還中條山。"同書卷一九〇下《司空圖傳》："僖宗自蜀還，次鳳翔，召圖知制誥，尋正拜中書舍人。其年僖宗出幸寶雞，復從之不及，還退河中。龍紀初，復召拜舍人，未幾又以疾辭。河北亂，乃寓居華陰。景福中，又以諫議大夫徵。時朝廷微弱，紀綱大壞，圖自深惟出不如處，移疾不起。乾寧中，又以户部侍郎徵，一至闕廷致謝，數日乞還山，許之。昭宗在華，徵拜兵部侍郎，稱足疾不任趨拜，致章謝之而已。昭宗遷洛，鼎欲歸梁，柳璨希賊旨，陷害舊族，詔圖入朝。圖懼見誅，力疾至洛陽，謁見之日，墮笏失儀，旨趣極野。璨知不可屈，詔曰：'司空圖俊造登科，朱紫升籍，既養高以傲代，類移山以釣名，心惟樂于漱流，仕非專於祿食。匪夷匪惠，難居公正之朝。載省載思，當徇棲衡之志。可放還山。'"《宋本册府》卷一七八《帝王部·姑息門三》："（乾寧四年）九月癸酉，詔以太子太師盧知猷撰韓建德政碑文，前户部侍郎司空圖爲頌。建累表堅讓，從之。初，是歲春，華人表請爲建立碑，時建上第三表讓，至是，知猷與圖詞成，帝令琢其二碑。建又面奏，堅乞寢敕，其碑竟不立。"同書卷七二九《幕府部·辟署門四》："故相

王徽鎮澤潞，乃表圖爲副使，徽不赴鎮而止。"同書卷八四三《總録部·知人門二》："司空圖，爲兵部侍郎。姚顗少蠢敦厚，靡事容貌，任其自然，流輩未之重，唯圖深器之，以女妻焉。"明本《册府》卷八一三《總録部·退迹門》："司空圖爲中書舍人，以疾辭，且欲於近縣將息，待愈再赴朝闕。昭宗知其勇退，從之。其後除諫議、户部侍郎，皆不起。自號'知非子'，時人高之，竟善終于中條山。"《通鑑》卷二六五唐昭宗天祐二年八月條云："初，禮部員外郎知制誥司空圖棄官居虞鄉王官谷，昭宗屢徵之，不起。柳璨以詔書徵之，圖懼，詣洛陽入見，陽爲衰野，墜笏失儀。璨乃復下詔，略曰：'既養高以傲代，類移山以釣名。'又曰：'匪夷匪惠，難居公正之朝。可放還山。'"

圖本居中條山王官谷，[1]有先人田，遂隱不出。作亭觀素室，悉圖唐興節士文人，名亭曰休休，作文以見志曰："休，美也，既休而美具。故量才，一宜休；揣分，二宜休；耄而聵，三宜休；又少也惰，長也率，老也迂，三者非濟時用，則又宜休。"因自目爲耐辱居士。其言詭激不常，以免當時禍災云。豫爲冢棺，遇勝日，引客坐壙中賦詩，酌酒裴回。客或難之，圖曰："君何不廣邪？生死一致，吾寧暫游此中哉！"每歲時，祠禱鼓舞，圖與閭里耆老相樂。王重榮父子雅重之，[2]數饋遺，弗受。嘗爲作碑，贈絹數千，圖置虞鄉市，[3]人得取之，一日盡。時寇盜所過殘暴，獨不入王官谷，士人依以避難。[4]

[1]中條山：山名。位於今山西西南部，黄河與涑水、沁河之間。

　　[2]王重榮：人名。太原祁（今山西祁縣）人。唐末、五代軍閥。傳見《舊唐書》卷一八二、《新唐書》卷一八七。

　　[3]虞鄉：縣名。治所在今山西永濟市。

　　[4]"圖本居中條山王官谷"至"士人依以避難"：《新唐書》卷一九四《司空圖傳》。《舊唐書》卷一九〇下《司空圖傳》："圖有先人別墅在中條山之王官谷，泉石林亭，頗稱幽棲之趣。自考槃高臥，日與名僧高士遊詠其中。晚年爲文，尤事放達，嘗擬白居易《醉吟傳》爲《休休亭記》……圖既脱柳璨之禍還山，乃預爲壽藏終制。故人來者，引之壙中，賦詩對酌，人或難色，圖規之曰：'達人大觀，幽顯一致，非止暫遊此中。公何不廣哉。'圖布衣鳩杖，出則以女家人鸞臺自隨。歲時村社雩祭祠禱，鼓舞會集，圖必造之，與野老同席，曾無傲色。王重榮父子兄弟尤重之，伏臘饋遺，不絶於途。"《宣和書譜》卷九司空圖條："居中條山王官谷，名其亭曰休休，作文以見志，以謂量才一宜休，揣分二宜休，耄而聵三宜休。自號爲耐辱居士。其父輿，得徐浩真蹟一屏，題'朔風動秋草，邊馬有歸心'，尤爲精絶。輿遂於其下記云：'怒猊抉石，渴驥奔泉，可以視碧落矣。'因以戒圖曰：'儒家之寶，莫踰此屏。'圖後爲之志曰：'人之格狀或峻，則其心必勁，視其筆蹟可以見其人。'於是知圖之於書非淺淺者。及觀其《贈晉光草書歌》，於行書尤妙知筆意。史復稱其志節凛凛，與秋霜争嚴，考其書抑又足見其高致云。今御府所藏行書二：《贈晉光草書歌》《贈晉光草書詩》。"《續世説》卷八《棲逸類》："司空圖，唐昭宗時見紀綱大壞，深惟出不如處，乃稱疾不起。梁將篡唐，柳璨希賊旨陷害舊族，詔圖入朝，圖懼誅，力疾至洛陽，指趣極野，墜笏失儀，得放還山。圖墅在中條山王官谷，泉石林亭，頗稱幽棲之志。日與名僧高士游詠其中，作《休休亭記》，又爲《耐辱居士歌》題於東北楹。既脱柳璨之禍，乃預爲壽藏，故人來，引之壙中，賦詩飲酒曰：'非止暫游此中也？'布衣鳩杖，出則以女僕鸞臺自隨。歲時村社雩賽祠禱，圖必造之，與野老同席，曾無傲色。"

太祖受禪，召爲禮部尚書，[1]不起。唐帝弒，圖聞，不食而卒，年七十二。圖無子，以甥爲嗣，嘗爲御史所劾，昭宗不責也。[2]晚年爲文，尤事曠達，嘗擬白居易《醉吟傳》爲《休休亭記》，[3]有文集三十卷。[4]

[1]禮部尚書：官名。尚書省禮部主官。掌禮儀、祭享、貢舉之政。正三品。

[2]"太祖受禪"至"昭宗不責也"：《新唐書》卷一九四《司空圖傳》。"太祖受禪"原作"朱全忠已篡"，"唐帝弒"原作"哀帝弒"，均據五代《梁史》義例改。《舊唐書》卷一九〇下《司空圖傳》："唐祚亡之明年，聞輝王遇弒于濟陰，不懌而疾，數日卒，時年七十二。有文集三十卷。圖無子，以其甥荷爲嗣。荷官至永州刺史。以甥爲嗣，嘗爲御史所彈，昭宗不之責。"

[3]白居易：人名。祖籍太原（今山西太原市），後遷下邽（今陝西渭南市臨渭區）。中唐詩人、官員。傳見《新唐書》卷一一九。

[4]"晚年爲文"至"有文集三十卷"：《宋本册府》卷八四一《總録部·文章門五》。《新唐書》卷六〇《藝文志四》："司空圖《一鳴集》三十卷。"《五代史闕文》司空圖條："圖字表聖，自言泗州人，少有俊才。咸通中，一舉登進士第。雅好爲文，躁于進取，頗自矜伐，端士鄙之。初，從事使府，及登朝，驟歷清要。巢賊之亂，車駕播遷，圖有先人舊業在中條山，極林泉之美。圖自禮部員外郎，因避地焉，日以詩酒自娛。屬天下板蕩，士人多往依之，互相推獎，由是聲名藉甚。昭宗反正，以户部侍郎徵至京師。圖既負才慢世，謂己當爲宰輔，時要惡之，稍抑其銳，圖憤憤謝病，復歸中條。與人書疏，不名官位，但稱知非子，又稱耐辱居士。其所居曰禎貽谿，谿上結茅屋，命曰休休亭，常自爲《記》云。"

李存矩

存矩，莊宗之諸弟也。[1]晉李嗣源分兵徇山後八軍，[2]皆下之；晉王以其弟存矩爲新州刺史總之，以燕納降軍使盧文進爲裨將。[3]晉王之弟、威塞軍防禦使存矩在新州，[4]驕惰不治，侍婢預政。晉王使募山北部落驍勇者及劉守光亡卒以益南討之軍；[5]又率其民出馬，民或鬻十牛易一戰馬，期會迫促，邊人嗟怨。存矩得五百騎，自部送之，以壽州刺史盧文進爲裨將。[6]行者皆憚遠役，存矩復不存恤。甲午，至祁溝關，小校宮彦璋與士卒謀曰：[7]“聞晉王與梁人確鬪，騎兵死傷不少。吾儕捐父母妻子，爲人客戰，千里送死，而使長復不矜恤，奈何？”衆曰：“殺使長，擁盧將軍還新州，據城自守，其如我何！”因執兵大譟，趣傳舍，詰朝，存矩寢未起，就殺之。文進不能制，撫膺哭其尸曰：“奴輩既害郎君，使我何面復見晉王！”因爲衆所擁，還新州，守將楊全章拒之；[8]又攻武州，[9]雁門以北都知防禦兵馬使李嗣肱擊敗之。[10]周德威亦遣兵追討，文進帥其衆奔契丹。晉王聞存矩不道以致亂，殺侍婢及幕僚數人。[11]

[1]莊宗：即後唐莊宗李存勗。沙陀部人。五代後唐王朝的建立者，923年至926年在位。紀見本書卷二七至卷三四、《新五代史》卷五。　存矩，莊宗之諸弟也：《李存矩傳》，《輯本舊史》原無。據諸書，存矩爲莊宗弟，故補此句。《輯本舊史》卷五一《通王存確傳》《雅王存紀傳》後有原輯者案語：“《薛史》及《五代會要》皆止言莊宗有六弟。考《梁紀》，太祖有子廷鸞、落落；《盧

文進傳》莊宗又有弟存矩。《薛史·宗室傳》皆不載。"

[2]李嗣源：人名。沙陀部人。原名邈佶烈，李克用養子。五代後唐明宗，926年至933年在位。紀見本書卷三五至卷四四、《新五代史》卷六。

[3]新州：州名。治所在今河北涿鹿縣。　盧文進：人名。范陽（今河北涿州市）人。五代後唐將領，先後投降契丹、南唐等國。傳見本書卷九七、《新五代史》卷四八。　裨將：亦稱裨將軍。副將的統稱，相對主將而言。　"晋李嗣源分兵徇山後八軍"至"以燕納降軍使盧文進爲裨將"：《通鑑》卷二六八後梁太祖乾化三年（913）三月條。"新州刺史"，《輯本舊史》卷九七《盧文進傳》作"新州團練使"，卷二八《莊宗紀二》作"節度使"。《輯本舊史》卷三二《唐莊宗紀六》同光二年（924）七月庚申條："升新州爲威塞軍節度使。"知"節度使"誤。今從《通鑑》。

[4]威塞軍：方鎮名。治所在新州（治今河北涿鹿縣）。　防禦使：官名。唐代始置，設有都防禦使、州防禦使兩種。常由刺史或觀察使兼任，實際上爲唐代後期州或方鎮的軍政長官。

[5]劉守光：人名。深州樂壽（今河北獻縣）人。唐末、五代幽州節度使劉仁恭之子。劉守光囚父自立，後號大燕皇帝，爲晋王李存勗俘殺。傳見本書卷一三五、《新五代史》卷三九。

[6]壽州：州名。治所在今安徽壽縣。

[7]祁溝關：關隘名。又名岐溝關。位於今河北涿州市西南。宮彥璋：人名。籍貫不詳。五代將領。事見《通鑑》卷二六九。

[8]楊全章：人名。籍貫不詳。五代將領。事見《通鑑》卷二六九。

[9]武州：州名。治所在今河北張家口市宣化區。

[10]雁門：方鎮名。治所在代州（今山西代縣）。　都知防禦兵馬使：官名。唐、五代方鎮自置之部隊統率官，稱兵馬使，其權尤重者稱兵馬大使或都知兵馬使。掌兵馬訓練、指揮。　李嗣肱：人名。沙陀部人。李克修之子。五代後唐將領。傳見本書卷五〇、

《新五代史》卷一四。

[11]"晋王之弟"至"殺侍婢及幕僚數人"：《通鑑》卷二六九後梁末帝貞明二年（916）二月甲午條。此事亦見於《契丹國志》卷一神册二年（917）條、《輯本舊史》卷九七《盧文進傳》、《新五代史》卷四八《盧文進傳》。《輯本舊史》卷九七有原輯者案語："案《遼史》：存矩取文進女爲側室，文進心常内愧，因與亂軍殺存矩。與《薛史》異。"事亦見《契丹國志》卷一八。明本《册府》卷四四三《將帥部・敗衄門三》周德威條："新州偏將盧文進殺其帥李存矩，叛投契丹。"《宋本册府》卷九九六《外臣部・責讓門》後唐莊宗條云："天祐十四年二月，新州偏將盧文進殺其帥李存矩，叛投契丹，寇我新州。"《輯本舊史》卷二八《唐莊宗紀二》天祐十四年二月："是月甲午，新州將盧文進殺節度使李存矩，叛入契丹，遂引契丹之衆寇新州。存矩，帝之諸弟也，治民失政，御下無恩，故及於禍。"同書卷一三七《契丹傳》："（天祐）十四年，新州大將盧文進爲衆所迫，殺新州團練使李存矩於祁溝關，返攻新、武。"《遼史》卷一《太祖紀上》神册二年二月條："晋新州裨將盧文進殺節度使李存矩來降。"同書卷四一《地理志五》奉聖州武定軍條："後唐置團練使，總山後八軍，莊宗以弟存矩爲之，軍亂，殺存矩于祁州，擁大將盧文進亡歸。"

李燕

（天祐元年九月己巳）兵部侍郎李燕充鹵簿使。[1]

[1]天祐：唐昭宗李曄開始使用的年號（904）。唐哀帝李柷即位後沿用（904—907）。唐亡後，河東李克用、李存勗仍稱天祐，沿用至天祐二十年（923）。五代其他政權亦有行此年號者，如南吳、吳越等，使用時間長短不等。　李燕：籍貫、生平不詳。　鹵

簿使：官名。掌帝后出行車駕儀仗。　兵部侍郎李燕充鹵簿使：
《舊唐書》卷二〇下《哀帝紀》。

　　梁太祖開平三年十一月，詔太常卿李燕、御史憲蕭
頃、中書舍人張袞、户部侍郎崔沂、大理卿王鄯、刑部
郎中崔誥，[1]共删定律令格式。四年十二月，宰臣薛貽
矩奏：[2]"太常卿李燕等重刊定律《令》三十卷、《式》
二十卷、《格》一十卷、《律》并目録一十三卷、《律
疏》三十卷，凡五部一十帙，共一百三卷，敕中書舍人
李仁儉詣閤門奉進。[3]伏請目爲《大梁新定格式律令》，
仍頒下施行。"從之。[4]

　　[1]御史憲：官名。即御史中丞。如不置御史大夫，則爲御史
臺長官。掌司法監察。正四品下。　蕭頃：人名。京兆萬年（今陝
西西安市長安區）人。後梁、後唐大臣。傳見本書卷五八。　張
袞：人名。籍貫不詳。後梁大臣。事見本書卷三、卷五、卷一八。
　崔沂：人名。博州（今山東聊城市）人。唐宰相崔鉉之子，後梁
大臣。傳見本書卷六八。　大理卿：官名。爲大理寺長官。負責大
理寺的具體事務，掌邦國折獄詳刑之事。從三品。　王鄯：人名。
籍貫不詳。五代大臣。事見本書卷六、卷一四七。　刑部郎中：官
名。尚書省刑部頭司刑部司長官。掌司法及審覆大理寺及州府刑
獄。從五品上。　崔誥：人名。籍貫不詳。五代官員。曾任刑部郎
中。事見本書卷一四七。

　　[2]薛貽矩：人名。河東聞喜（今山西聞喜縣）人。唐末、後
梁大臣。傳見本書卷一八、《新五代史》卷三五。

　　[3]李仁儉：人名。籍貫不詳。曾任户部郎中。事見本書卷一
四七、《舊唐書》卷二〇下。　重刊定律《令》三十卷：律，原本

作"到"，《輯本舊史》卷一四九《刑法志》作"律"，今從改。

[4]"梁太祖開平三年十一月"至"從之"：《宋本册府》卷六一三《刑法部·定律令門五》。《通鑑》卷二六七繫此事於該月癸酉日。亦見《會要》卷九《定格令》、《輯本舊史》卷一四七《刑法志》。

《謚議》，太常卿李燕撰。[1]

[1]《謚議》，太常卿李燕撰：《五代會要》卷一《帝號》之梁太祖。

後唐莊宗同光二年正月，將有事於南郊，光禄大夫、檢校尚書左僕射、行太常卿、充南郊禮儀使李燕進太廟登歌樂章泊舞名。[1]其懿祖昭烈皇帝室登歌酌獻曰《昭德》之舞，獻祖文皇帝室登歌酌獻曰《文明》之舞，太祖武皇帝室登歌酌獻曰《應天》之舞，昭宗皇帝室登歌酌獻曰《永平》之舞。從之。[2]

[1]同光：後唐莊宗李存勗年號（923—926）。　光禄大夫：官名。唐、五代散官。從三品。　檢校尚書左僕射：官名。尚書左僕射，隋唐宰相名號。檢校尚書左僕射爲散官或加官，以示恩寵，無實際執掌。　南郊禮儀使：官名。南郊祭祀臨時置使，掌禮儀事務，事畢即罷。

[2]"後唐莊宗同光二年正月"至"從之"：《宋本册府》卷五七〇《掌禮部·作樂門》。"太祖武皇帝室登歌酌獻曰《應天》之舞"，室，原本作"失"，明本《册府》作"室"，今從改。《輯本舊史》卷三一《唐莊宗紀五》繫此事於該月壬寅日。《輯本舊史》

同年二月癸卯條："以光禄大夫、檢校左仆射、行太常卿李燕爲特進、檢校司空，依前太常卿。"同書卷三二《唐莊宗紀六》同光二年（924）五月庚子條："太常卿李燕卒。"

薄文

（長興二年五月乙酉）以左金吾大將軍薄文爲晋州留後。[1]（四年五月壬寅條）以前晋州留後薄文爲本州節度使。（八月辛亥）以晋州節度使薄文卒廢朝。[2]

[1]長興：後唐明宗李嗣源年號（930—933）。　左金吾大將軍：官名。唐置十六衛之一，掌宫禁宿衛。正三品。　以左金吾大將軍薄文爲晋州留後：《輯本舊史》卷四二《唐明宗紀八》。薄文，籍貫不詳。

[2]以前晋州留後薄文爲本州節度使。以晋州節度使薄文卒廢朝：《輯本舊史》卷四四《唐明宗紀十》。

陳皋

（天成三年三月戊辰）以前彰國軍節度副使陳皋爲鳳州武興軍留後。[1]（天成四年五月丁亥）以鳳州武興軍留後陳皋爲武興軍節度使。[2]（長興元年八月庚戌）以前鳳州節度使陳皋爲右威衛上將軍。[3]（長興二年二月己酉）以右威衛上將軍陳皋爲洋州節度使。[4]（長興四年八月）明宗顧謂侍臣曰："前洋帥陳皋稱病，其乞致仕，信乎？"對曰："實然。"帝因愴然改容，良久，曰："陳皋昔爲健兒，從吾征伐，操戈擐甲，氣吞豺狼，今衰落如此。浮生壯健，都幾何時哉！"咄嗟久之。因令孟漢瓊往勞問。[5]（清泰元年七月庚申）太子少傅陳皋卒。[6]

　　[1]天成：後唐明宗李嗣源年號（926—930）。　彰國軍：方鎮名。治所在應州（今山西應縣）。　鳳州：州名。治所在今陝西鳳縣。　武興軍：方鎮名。蜀置武興軍於鳳州，割文、興二州隸之。　以前彰國軍節度副使陳皋爲鳳州武興軍留後：《輯本舊史》卷三九《唐明宗紀五》。

　　[2]以鳳州武興軍留後陳皋爲武興軍節度使：《輯本舊史》卷四○《唐明宗紀六》。

　　[3]右威衛上將軍：官名。唐置十六衛之一，掌宮禁宿衛。從二品。　以前鳳州節度使陳皋爲右威衛上將軍：《輯本舊史》卷四一《唐明宗紀七》。

　　[4]洋州：州名。治所在今陝西洋縣。　以右威衛上將軍陳皋爲洋州節度使：《輯本舊史》卷四二《唐明宗紀八》。

　　[5]明宗：即五代後唐明宗李嗣源。　孟漢瓊：人名。籍貫不詳。五代後唐宦官，時任宣徽南院使。傳見本書卷七二。　"明宗顧謂侍臣曰"至"因令孟漢瓊往勞問"：《宋本册府》卷一三四《帝王部·念功門》。亦見《宋本册府》卷一七二《帝王部·求舊門二》，繫於長興四年（933）八月乙丑。"前洋帥陳皋稱病，其乞致仕"，卷一七二作"前洋帥陳皋稱病甚，乞致仕"；"氣吞豺狼"作"氣吞豺虎"。

　　[6]清泰：五代後唐末帝李從珂年號（934—936）。　太子少傅：官名。與太子少保、太子少師合稱"三少"，唐後期、五代多爲大臣、勳貴加官。從二品。　太子少傅陳皋卒：《輯本舊史》卷四六《唐末帝紀上》。

仇暉

（清泰三年二月辛巳）以前均州刺史仇暉爲左威衛上將軍。（七月癸丑）左衛上將軍仇暉卒。[1]

[1]均州：州名。治所在今湖北丹江口市。　左威衛上將軍：官名。唐置十六衛之一，掌宮禁宿衛。從二品。　以前均州刺史仇暉爲左威衛上將軍。左衛上將軍仇暉卒：《輯本舊史》卷四八《唐末帝紀下》。仇暉，籍貫不詳。

李宏元

（長興元年辛卯），以左衛上將軍李宏元卒廢朝，贈司徒。[1]

[1]左衛上將軍：官名。唐置十六衛之一，掌宮禁宿衛。從二品。　“長興元年辛卯”至“贈司徒”：《輯本舊史》卷四六《唐末帝紀上》。李宏元，籍貫不詳。

楊漢章

（天成三年十二月甲寅）帝幸開封府，[1]六宮從行，宴樂頒賜，至晚，幸康義誠、楊漢章私第，[2]賜捧聖三指揮絹千疋。[3]（四年四月丙辰）宣步軍指揮使楊漢章將步騎五千往雲朔巡邊。[4]楊漢章爲雲州節度使，天成四年，奏修築寰州城池。[5]（天福元年十一月）彰武節度使楊漢章無政，[6]失夷夏心，會括馬及義軍，漢章帥步騎數千人將赴軍期，閲之於野。（劉）景巖潛使人撓之曰：[7]"契丹強盛，汝曹有去無歸。"衆懼，殺漢章，奉景巖爲留後。唐主不獲已，丁酉，以景巖爲彰武留後。[8]

[1]帝：指後唐明宗李嗣源。　開封府：府名。治所在今河南開封市。

[2]康義誠：人名。沙陀部人。五代後唐將領。傳見本書卷六六、《新五代史》卷二七。

[3]捧聖：禁軍番號。　"帝幸開封府"至"賜捧聖三指揮絹千疋"：明本《册府》卷一一四《帝王部·巡幸門三》。《輯本舊史》卷三九《唐明宗紀五》天成三年（928）正月戊辰條："以隨駕步軍都指揮使、潮州刺史楊漢章遥領寧國軍節度使。"

[4]步軍指揮使：官名。步軍統軍將領。　雲：州名。治所在今山西大同市。　宣步軍指揮使楊漢章將步騎五千往雲朔巡邊：明本《册府》卷九九四《外臣部·備禦門七》唐明宗條。《輯本舊史》卷四〇《唐明宗紀六》天成四年六月壬寅條："夔州節度使楊漢章移鎮雲州。"中華書局本此條有校勘記："此處'夔州'疑當作'宣州'。"

[5]寰州：州名，治所在今山西朔州市。　"楊漢章爲雲州節度使"至"奏修築寰州城池"：明本《册府》卷四一〇《將帥部·壁壘門》。《輯本舊史》卷四二《唐明宗紀八》長興二年（931）三月庚辰條："以前雲州節度使楊漢章爲安州節度使。"同書卷四四《唐明宗紀十》長興四年十月戊辰條："以前安州節度使楊漢章爲兗州節度使。"同書卷四七《唐末帝紀中》清泰二年（935）八月庚寅條："以前兗州節度使楊漢章爲左神武統軍。"同書卷四八《唐末帝紀下》清泰三年三月甲辰條："以右神武統軍楊漢章爲彰武軍節

度使。"

[6]彰武：方鎮名。治所在延州（今陝西延安市）。

[7]（劉）景巖：人名。延州（今陝西延安市）人。五代將領，家富於財，後爲孫壻高允權誣殺。傳見《新五代史》卷四七。

[8]"彰武節度使楊漢章無政"至"以景巖爲彰武留後"：《通鑑》卷二八○後晉高祖天福元年（936）十一月丁酉條。《輯本舊史》卷四八清泰三年十一月丁酉條："延州上言，節度使楊漢章爲部衆所殺。"《新五代史》卷四七《劉景巖傳》："延州節度使楊漢章發鄉民赴京師，將行，景巖遣人激怒之，義兵亂，殺漢章，迎景巖爲留後。"

馮贇

馮贇者，亦太原人也。其父璋，事明宗爲閽者。[1]贇爲兒時，以通黠爲明宗所愛。明宗爲節度使，以贇爲進奏官。[2]明宗即位，即爲客省使、宣徽北院使。[3]

[1]太原：府名。治所在今山西太原市。　璋：人名。即馮璋。五代後唐明宗屬臣。事見《新五代史》卷二七。　閽者：守門人。"閽"意爲黄昏時宫門關閉。《禮記·祭統》載："閽者，守門之賤者也。"

[2]進奏官：官名。唐、五代藩鎮皆置邸於京師，爲駐京城的辦事機構。唐肅宗、代宗時稱上都留後院，大曆十二年（777）改稱上都進奏院。五代時，州郡不隸藩鎮者，亦置邸京師。以進奏官主其事，掌傳送文書、情報，主持本鎮、州郡進奉。

[3]客省使：官名。客省長官。唐代宗時始置，五代沿置。掌接待四方奏計及外族使者。　宣徽北院使：官名。唐始置。宣徽北院的長官。初用宦官，五代以後改用士人。與宣徽南院使通掌内諸

司及三班内侍之名籍，郊祀、朝會、宴享供帳之儀，檢視内外進奉名物。參見王永平《論唐代宣徽使》，《中國史研究》1995 年第 1 期；王孫盈政《再論唐代的宣徽使》，《中華文史論叢》2018 年第 3 期。　"馮贇者"至"即爲客省使、宣徽北院使"：《新五代史》卷二七《馮贇傳》。《通鑑》卷二七六後唐明宗天成三年（928）十二月條："（楊思權）又謂帝左右曰：'君每譽弟而抑其兄，我輩豈不能助之邪！'其人懼，以告副留守馮贇，贇密奏之，帝召思權詣闕，以從榮故，亦弗之罪也。"

　　（長興元年十月）北京留守馮贇謝恩，[1]賜母衣服銀器。初，贇父在太原潛龍第爲家，老母出入第中，恩意頗厚。贇自宣徽使居守晋陽，[2]將之任，贇母辭於宫中，帝謂贇母曰："吾輩老矣！贇昨來總角兒走吾前，今日便得氣力。吾頃在太原爲偏將，視節度使富貴極矣，彼時吾不敢准望將帥，今贇爲留守節度使耳！姥更宜内訓，撫我鄉里生民。"是日錫以金繒，及至任，每因中使往即慰問之。[3]

　　[1]北京：即太原府。治所在今山西太原市。
　　[2]晋陽：縣名。治所在今山西太原市。
　　[3]"北京留守馮贇謝恩"至"每因中使往即慰問之"：《宋本册府》卷一七二《帝王部·求舊門二》。同書卷一五八《帝王部·誠勵門三》繫此事於七月。《輯本舊史》卷三五《唐明宗紀一》天成元年（926）三月乙未條："進奏官馮贇爲内客省使。"同書卷四一《唐明宗紀七》長興元年（930）七月甲子條："以宣徽南院使、行右衛上將軍、判三司馮贇爲北京留守、太原尹。"《通鑑》卷二七六後唐明宗天成三年四月條："以客省使太原馮贇爲（北都）副

留守。"明本《册府》卷九九四《外臣部·備禦門七》長興元年（930）七月條："北京留守馮贇奏：'諸蕃部三千餘帳近振武，請添兵控禦。'"

先是，以相堂爲使院，後以爲樂營，群吏簿籍無定居，又取太原縣爲軍營，縣寄治潛玄觀。[1] 贇至，並詢舊制，復以相堂爲史院，太原歸舊縣，其餘觸類如之。[2]

[1]太原縣：縣名。治所在今山西太原市西南。 潛玄觀：觀名。位於今山西太原市。"玄"，《宋本册府》字跡不清，据明本《册府》補。

[2]"先是"至"其餘觸類如之"：《宋本册府》卷六八九《牧守部·革弊門》。

歷河東忠武節度使、三司使。[1]

[1]忠武：方鎮名。治所在陳州（今河南淮陽縣）。 三司使：官名。五代後唐明宗天成元年（926）將晚唐以來的户部、度支、鹽鐵三部合爲一職，設三司使統之。主管國家財政。 歷河東忠武節度使、三司使：《新五代史》卷二七《馮贇傳》。《輯本舊史》卷四四《唐明宗紀十》長興四年（933）九月戊子條："宣徽南院使、判三司馮贇依前檢校太傅、同中書門下二品。"《通鑑》卷二七八後唐明宗長興四年九月庚寅條："帝欲加宣徽使、判三司馮贇同平章事；贇父名章。執政誤引故事，庚寅，加贇同中書門下二品，充三司使。"同年十月庚申條："以馮贇爲樞密使。"《新五代史》卷六《唐本紀》長興四年十月庚申條："三司使馮贇爲樞密使。"

　　（長興）四年十月，帝問見管馬數，范延光奏曰：[1]
“天下常支草粟者近五萬匹，見今西北諸藩部賣馬者往
來如市，其郵傳之費，中估之價，曰四五千貫。以臣計
之，國力十耗其七，馬無所使，財賦坐銷，朝廷將不
濟。”馮贇奏曰：“金、商州每年上供絹不過六百疋，[2]
臣給馬價，每日約支五千餘疋。臣等思惟無益之甚，乞
陛下深悟其理。”帝曰：“卿等商略可否以聞？”延光等
議，戒緣邊鎮戍蕃部賣馬，即擇其良壯給券，具數以
聞，從之。十一月，朱弘昭、馮贇奏曰：[3]“臣等自蒙重
委，計度國力盈虛，而支給常苦不足者，直以賞軍無
算，買馬太多之弊也。若不早爲節限，後將難濟。宜嚴
敕西北邊鎮守，此後請禁止其來。”[4]

　　[1]范延光：人名。鄴郡臨漳（今河北臨漳縣）人。五代後
唐、後晉將領。傳見本書卷九七、《新五代史》卷五一。
　　[2]金：州名。治所在今陝西安康市。
　　[3]朱弘昭：人名。太原（今山西太原市）人。後唐明宗朝樞
密使、宰相。傳見本書卷六六、《新五代史》卷二七。
　　[4]“（長興）四年十月”至“此後請禁止其來”：明本《册
府》卷六二一《卿監部・監牧門》。《通鑑》卷二七八後唐明宗長
興四年（933）十月乙卯條：“范延光、馮贇奏：‘西北諸胡賣馬者
往來如織，日用絹無慮五千匹，計耗國用什之七，請委緣邊鎮戍擇
諸胡所賣馬良者給券，具數以聞。’從之。”

　　應順元年正月爲中書令。[1]贇表讓，又面奏曰：“臣
出自寒微，比無勞效，徒因際會，遂竊寵靈。今諸藩帥

臣，中書元輔鮮有中令之拜者。臣等一旦並居此位，天下觀聽者安肯無言？臣竭血誠，期不奉詔。”上以其衷切，改授兼侍中，[2]進封邠國公。[3]

[1]應順：後唐愍帝（閔帝）李從厚年號（934）。 中書令：官名。漢代始置。隋、唐前期爲中書省長官，屬宰相之職；唐後期多爲授予元勳大臣的虛銜。正二品。

[2]侍中：官名。秦始置。隋、唐前期爲門下省長官。唐後期多爲大臣加銜，不參與政務，實際職務由門下侍郎執行。正二品。

[3]“應順元年正月爲中書令”至“進封邠國公”：明本《册府》卷三三一《宰輔部·退讓門二》。《輯本舊史》卷四五《唐閔帝紀》應順元年正月戊子條：“樞密使、檢校太尉、同中書門下二品馮贇並加兼中書令……樞密使馮贇表堅讓中書令，制改兼侍中，封邠國公。”《通鑑》卷二七八後唐末帝清泰元年（934）己丑條：“樞密使、同平章事朱弘昭，同中書門下二品馮贇，河東節度使兼侍中石敬瑭，並兼中書令。贇以超遷太過，堅辭不受；己丑，改兼侍中。”《輯本舊史》卷一四九《職官志·兩省》後唐長興四年（933）九月條：“敕：‘馮贇有經邦之茂業，宜進位于公台，但緣平章事字犯其父名，不欲斥其家諱，可改同平章事爲同中書門下二品。’”

贇與弘昭素猜忌潞王，[1]初，明宗不豫，潞王夫人繼入省視，及宮車變故，辭疾不來。西使者又伺得潞邸陰事，贇等不能長轡遠馭以制之，遂出李重吉於外，[2]延比丘於內，又移鎮太原，是時不除制書，惟以宣授而已，遂至於稱兵焉。[3]

　　[1]潞王：即李從珂。後唐末帝，又稱廢帝。鎮州平山（今河北平山縣）人。後唐明宗養子，明宗入洛陽，他率兵追隨，以功拜河中節度使，封潞王。紀見本書卷四六至卷四八、《新五代史》卷七。

　　[2]李重吉：人名。後唐廢帝長子。傳見本書卷五一、《新五代史》卷一六。

　　[3]"贇與弘昭素猜忌潞王"至"遂至於稱兵焉"：明本《册府》卷九三五《總録部·構患門》。

　　明宗大漸，聞秦王以兵入侍，[1]贇自第馳入皇城，與朱弘昭、康義誠等同誅秦王，語在《秦王傳》。明宗晏駕，閔帝自鄴至京師，[2]内外制置皆出弘昭與贇。[3]

　　[1]秦王：即李從榮。沙陀部人。後唐明宗李嗣源次子。傳見本書卷五一、《新五代史》卷一五。

　　[2]閔帝：即後唐愍帝李從厚。小名菩薩奴，明宗第三子。長興四年（933）十二月，李從厚即皇帝位，是爲後唐愍帝。　鄴：地名。治所在今河北大名縣。

　　[3]制：即"制書"。帝王命令的一種。唐制，凡行大賞罰，授大官爵，釐革舊政，赦宥慮囚，皆用制書。由中書舍人起草擬定。禮儀等級較高。　　"明宗大漸"至"内外制置皆出弘昭與贇"：《宋本册府》卷九四二《總録部·禍敗門》。明本《册府》卷九三五《總録部·構患門》："朱弘昭、馮贇並爲樞密。時秦王從榮屢宣忿言，執政大臣皆懼禍及。明宗疾篤，秦王知人情不附已，恐大事乖誤，與將吏謀以兵入侍，先制權臣，謂康義誠曰：'予欲居中侍醫藥，何處宿止爲便？'對曰：'子侍父疾，何向不可？'仍懷疑慮。十一月十九日令牙將馬延嗣謂贇曰：'秦王明日入侍，公等止於何處？'贇跪對曰：'奉詔。'二十日五鼓，馬延嗣復至贇第：

'秦王言公等處事，所宜和允，各有家族，禍福頃刻。' 贇復跪對，是日遂馳馬守右掖門，至廣壽殿門，見朱、康，具述延嗣語，又謂義誠曰：'秦王言禍福頃刻，事即可知。此事宗社所繫，侍中勿顧慮也。' 義誠未暇對，監門報秦王領兵在端門外，二人切告，義誠對曰：'惟公所使！' 孟漢瓊拂衣而言曰：'諸君平時惟恨禄位不大，及危疑之際，便持兩端，非丈夫也！' 乃至雍和殿奏曰：'從榮謀大逆，陳兵在端門。' 明宗愕然，問義誠不能游詞，言事實。明宗曰：'爾圖之，勿驚動京師。' 孟漢瓊率控鶴指揮李重吉、馬軍指揮朱洪實等拒戰。是日，誅之。遂令漢瓊自赴魏州迎愍帝。二十六日，明宗晏駕，月晦。帝至京師主喪，倉卒中內外制置皆出贇、弘昭。愍帝即位，贇、弘昭並典機密。"《通鑑》卷二七八後唐明宗長興四年（933）十一月條："從榮自知不爲時論所與，恐不得爲嗣，與其黨謀，欲以兵入侍，先制權臣。辛卯，從榮遣都押牙馬處鈞謂朱弘昭、馮贇曰：'吾欲帥牙兵入宮中侍疾，且備非常，當止於何所？' 二人曰：'王自擇之。' 既而私於處鈞曰：'主上萬福，王宜竭心忠孝，不可妄信人浮言。' 從榮怒，復遣處鈞謂二人曰：'公輩殊不愛家族邪？何敢拒我！' 二人患之，入告王淑妃及宣徽使孟漢瓊，咸曰：'兹事不得康義誠不可濟。' 乃召義誠謀之，義誠竟無言，但曰：'義誠將校耳，不敢預議，惟相公所使。' 弘昭疑義誠不欲衆中言之，夜，邀至私第問之，其對如初。"《新五代史》卷七《唐本紀》應順元年（934）正月乙未條："朱弘昭、馮贇獻錢助作山陵。"《輯本舊史》卷四五《唐閔帝紀》應順元年二月乙未條："樞密使馮贇起復視事，時贇丁母憂也。"《通鑑》卷二七九後唐末帝清泰元年（934）二月己卯條："朱弘昭、馮贇不欲石敬瑭久在太原，且欲召孟漢瓊，己卯，徙成德節度使范延光爲天雄節度使，代漢瓊；徙潞王從珂爲河東節度使，兼北都留守；徙石敬瑭爲成德節度使。皆不降制書，但各遣使臣持宣監送赴鎮。"

及潞王至陝，閔帝召弘昭不至，俄聞自致，安從進乃殺贇於其第。贇母初喪，棄屍於路，妻子俱伏法，惟小兒三歲，（贇故吏）守素匿之，遇赦獲全。[1]

[1]陝：州名。治所在今河南三門峽市陝州區。　安從進：人名。索葛部人。五代後唐、後晋將領。傳見本書卷九八、《新五代史》卷五一。　守素：人名。即張守素。籍貫不詳。五代後唐、後晋官員。事見本書卷七九。　"及潞王至陝"至"遇赦獲全"：《宋本册府》卷八〇四《總録部·義門四》張守素條。亦見卷九四二《總録部·禍敗門》。《輯本舊史》卷四五《唐閔帝紀》應順元年（934）三月戊辰條："安從進尋殺馮贇于其第。"《新五代史》卷七《唐本紀》應順元年三月丁卯條："京城巡檢使安從進叛，殺馮贇。"《通鑑》卷二七九後唐末帝清泰元年（934）三月戊辰條："安從進聞（朱）弘昭死，殺馮贇於第，滅其族。"《輯本舊史》卷四六《唐末帝紀上》應順元年四月戊子條："侍衛親軍都指揮使康義誠伏誅。是日，詔曰：樞密使朱弘昭、馮贇、宣徽南院使孟漢瓊、西京留守王思同、前邠州節度使藥彦稠，共相朋煽，妄舉干戈，互興離間之謀，幾構傾亡之禍，宜行顯戮，以快群情，仍削奪官爵云。"明本《册府》卷四二《帝王部·仁慈門》後唐末帝清泰元年九月庚戌："詔曰：'朱弘昭、馮道（應作贇）、孟漢瓊、康義誠、王思同、樂彦稠等，朕志切行仁，情唯念舊，雖顛覆，自貽其伊戚而愍傷，猶軫於予懷。宜降特恩，許其歸葬，其親屬骨肉及元隨職員，並放逐便，所在不得恐動。'"

漢高祖即位，贈弘昭尚書令、贇中書令。[1]

[1]漢高祖：即後漢開國皇帝劉知遠。太原（今山西太原市）人，沙陀族。紀見本書卷九九、卷一〇〇及《新五代史》卷一〇。

尚書令：官名。秦始置。隋、唐前期爲尚書省長官，與中書令、侍中並爲宰相。因以李世民爲之，後皆不授，唐高宗廢其職。唐後期以李適、郭子儀有功而特授此職，爲大臣榮銜，不參與政務。五代因之。唐時爲正二品，後梁開平三年（909）升爲正一品。　漢高祖即位，贈弘昭尚書令、贇中書令：《新五代史》卷二七《馮贇傳》。《輯本舊史》卷一〇〇《漢高祖紀下》天福十二年（947）閏七月丁卯條：“（唐）故樞密使馮贇贈中書令。”

楊仁矩

（長興元年十二月丁未）二王後、秘書丞、酈國公楊仁矩卒，廢朝一日。[1]

[1]二王後：中國古代新王朝建立後封前朝的皇室後裔，給以爵位，以示敬重。參見謝元魯《隋唐五代的特殊貴族——二王三恪》，《中國史研究》1994年第2期。　秘書丞：官名。三國魏始置。秘書省長官。掌圖書文籍。從五品上。　二王後、秘書丞、酈國公楊仁矩卒，廢朝一日：《新五代史》卷六《唐本紀》。《輯本舊史》卷四〇《唐明宗紀六》天成四年（929）八月辛丑條：“以前清河縣令、襲酈國公、食邑三千户楊仁矩爲秘書丞。”同書卷四一《唐明宗紀七》長興元年（930）十二月丁未條：“以二王後、秘書丞、襲酈國公楊仁矩卒輟朝，贈工部郎中。”

高輅

（長興四年八月戊午）以祕書監高輅卒廢朝。[1]

　　[1]祕書監：官名。秘書省長官。東漢始置，掌圖書秘記等。從三品。　以祕書監高輅卒廢朝：《輯本舊史》卷四四《明宗紀十》。

趙敬怡

　　（天成三年五月辛酉）右衛上將軍趙敬怡爲樞密使。[1]（四年二月辛酉）趙敬怡薨。[2]

　　[1]右衛上將軍：官名。唐置十六衛之一，掌宮禁宿衛。從二品。　樞密使：官名。樞密院長官。唐代宗時始以宦官掌機密，至昭宗時借朱温之力盡誅宦官，始改以士人任樞密使。備顧問，參謀議，出納詔奏，權侔宰相。參見李全德《唐宋變革期樞密院研究》，國家圖書館出版社 2009 年版。　右衛上將軍趙敬怡爲樞密使：《新五代史》卷六《唐本紀》。《通鑑》卷二七六後唐明宗天成三年（928）五月辛酉條：“以天雄節度副使趙敬怡爲樞密使。”《輯本舊史》卷三八《唐明宗紀四》天成二年八月壬午條：“以鄴都副留守趙敬怡爲右衛上將軍、判興唐府事。”卷三九《唐明宗紀五》天成三年五月辛酉條：“以天雄軍節度副使、判興唐府事趙敬怡爲樞密使。”卷四〇《唐明宗紀六》天成四年二月乙卯條：“以樞密使趙敬怡權知汴州軍州事。”
　　[2]趙敬怡薨：《新五代史》卷六《唐本紀》。《通鑑》卷二七六後唐明宗天成四年二月條：“樞密使趙敬怡卒。”《輯本舊史》卷四〇《唐明宗紀六》天成四年二月辛酉條：“樞密使趙敬怡卒，贈太傅。”

王公儼

　　平盧監軍楊希望聞儼爲明宗所召，[1]乃以兵圍儼家屬，將殺之，指揮使王公儼素爲希望所信，[2]紿希望曰：
“内侍盡忠朝廷，誅反者家族，孰敢不效命！宜分兵守
城，以虞外變，習家不足慮也。”希望信之，乃悉分其
兵守城。公儼因擒希望斬之，習家屬由是獲免。而公儼
宣言青人不便習之嚴急，不欲習復來，因自求爲節度
使。明宗乃以霍彦威代習鎮平盧，拜公儼登州刺史，[3]
公儼不時承命，彦威擒而殺之。[4]

[1]平盧：方鎮名。治所在青州（今山東青州市）。　監軍：
官名。爲臨時差遣，代表朝廷協理軍務、督察將帥。唐、五代時常
以宦官爲監軍。　楊希望：人名。籍貫不詳。五代後唐宦官。
習：人名。即符習。趙州（今河北趙縣）人。五代後唐將領。傳見
本書卷五九、《新五代史》卷二六。

[2]王公儼：人名。籍貫不詳。五代後唐將領。事見本書卷三
七、卷五九。

[3]登州：州名。治所在今山東蓬萊市。

[4]“平盧監軍楊希望聞習爲明宗所召”至“彦威擒而殺之”：
《新五代史》卷二六《符習傳》。“霍彦威”，原作“房知温”，中華
書局本有校勘記：“本書卷六及《薛史》卷三七《唐明宗紀》，《通
鑑》卷二七五均載：天成元年（926）八月，霍彦威代符習鎮平盧，
殺王公儼。又按《薛史》卷四三《唐明宗紀》，房知温鎮平盧乃在
長興三年。此處‘房知温’當是‘霍彦威’之誤。”但未改，今據
改。《新五代史》卷六《唐本紀》天成元年八月丁未條：“平盧軍節
度使霍彦威殺其登州刺史王公儼。”《通鑑》卷二七五後唐明宗天
成元年八月諸條：“王公儼既殺楊希望，欲邀節鉞，揚言符習爲治
嚴急，軍府衆情不願其還。習還，至齊州，公儼拒之，習不敢前。
公儼又令將士上表請己爲帥，詔除登州刺史。公儼不時之官，託云
軍情所留；帝乃徙天平節度使霍彦威爲平盧節度使，聚兵淄州，以

圖攻取，公儼懼，乙未，始之官。丁酉，彦威至青州，追擒之，并其族黨悉斬之。"《宋本册府》卷三六〇《將帥部‧立功門一三》霍彦威條："值青州王公儼拒命，（霍彦威）改平盧軍節度，擒公儼於膠水，盡斬其黨。"亦見明本《册府》卷四二三《將帥部‧討逆門》霍彦威條，《輯本舊史》卷六四《霍彦威傳》。

高輦

後唐秦王從榮爲詩，與從事高輦等更相唱和，自謂章句獨步於一時，有詩千餘首，號曰《紫府集》。既受元帥之命。即令寮佐及四方遊士至者各試檄淮南書，陳已將廓清宇宙之意。[1]

[1]元帥：即天下兵馬大元帥。 "後唐秦王從榮爲詩"至"陳已將廓清宇宙之意"：明本《册府》卷二七〇《宗室部‧文學門》秦王從容條。《通鑑》卷二七八後唐明宗長興三年（932）十月條："秦王從榮喜爲詩，聚浮華之士高輦等於幕府，與相唱和，頗自矜伐。"同卷長興四年十一月丙申條："執政共議從榮官屬之罪，馮道曰：'從榮所親者高輦、劉陟、王説而已，任贊到官纔半月，王居敏、司徒詡在病告已半年，豈豫其謀！居敏尤爲從榮所惡，昨舉兵向闕之際，與輦、陟並轡而行，指日景曰："來日及今，已誅王詹事矣。"自非與之同謀者，豈得一切誅之乎。'朱弘昭曰：'使從榮得入光政門，贊等當如何任使，而吾輩猶有種乎！且首從差一等耳，今首已孥戮而從皆不問，主上能不以吾輩爲庇姦人乎！'馮贇力争之，始議流貶。時諸議高輦已伏誅。"《太平廣記》卷一八四《貢舉七》："高輦應舉，夢雷電晦冥，有一小龍子在前，吐出一石子，輦得之，占者曰：'雷電晦冥，變化之象；一石十科也，將來科第其十數矣！'及將放牓，有一吏持主文帖子至，問小吏姓

名，則曰：‘姓龍。’詢其名第高卑，則曰第十人。”《新五代史》卷一五《秦王從榮傳》：“是日，從榮自河南府擁兵千人以出。從榮寮屬甚衆，而正直之士多見惡，其尤所惡者劉贊、王居敏，而所昵者劉陟、高輦。從榮兵出，與陟、輦並轡耳語，行至天津橋南，指日景謂輦曰：‘明日而今，誅王居敏矣！’”卷二八《劉贊傳》：“已而秦王果敗死，唐大臣議王屬官當坐者，馮道曰：‘元帥判官任贊與秦王非素好，而在職不逾月，詹事王居敏及劉贊皆以正直爲王所惡，河南府判官司徒詡病告家居久，皆宜不與其謀。而諮議參軍高輦與王最厚，輦法當死，其餘可次第原減。’朱弘昭曰：‘諸公不知其意爾，使秦王得入光政門，當待贊等如何？吾徒復有家族邪！且法有首從，今秦王夫婦男女皆死，而贊等止其一身幸矣！’道等難之，而馮贇亦爭不可，贊等乃免死。於是論高輦死，而任贊等十七人皆長流。”

范延策

范延策，幽州人，[1]少習詩書，累居賓職。同光時爲段凝掌書記。[2]天成初，擢爲安州副使節度使。[3]高行珪爲政貪狠，[4]延策強制之，既不能止，嘗因入奏獻策，條於闕下，皆述藩侯之弊，請敕從事當筵明諫，[5]諫之不從，又令諸校列班庭諍，行珪見敕，銜之轉深，及罷歸，又慮遺言。故因懷順兵叛，奏延策爲同謀，父子俱戮。[6]

[1]幽州：州名。治所在今北京市。
[2]掌書記：官名。唐、五代方鎮僚屬，位在判官下。掌表奏書檄、文辭之事。

　　[3]安州：州名。治所在今湖北安陸市。

　　[4]高行珪：幽州（今北京市）人。五代名將高思繼之侄。傳見本書卷一二三、《新五代史》卷四八。

　　[5]從事：泛指一般屬官。

　　[6]"范延策"至"父子俱戮"：《宋本册府》卷九三一《總錄部・枉横門》。"詩書"，明本作"兵書"。《輯本舊史》卷六五《高行珪傳》："行珪性貪鄙，短於爲政，在安州日，行事多不法。副使范延策者，幽州人也，性剛直，累爲賓職，及佐行珪，覩其貪猥，因强諫之。行珪不從，後延策因入奏，獻封章於闕下，事有三條：一請不禁過淮猪羊，而禁絲綿匹帛，以實中國；一請於山林要害置軍鎮，以絶寇盜；一述藩侯之弊，請敕從事明諫諍之，不從，令諸軍校列班延諍。行珪聞之，深銜之。後因戍兵作亂，誣奏延策與之同謀，父子俱戮於汴，聞者冤之。"《新五代史》卷四八《高行珪傳》："行珪性貪鄙，所爲多不法，副使范延策爲人剛直，數規諫之，行珪不聽，銜之。已而戍兵有謀叛者，行珪先覺之，因潛徙庫兵于他所。戍兵叛，趨庫劫兵無所得，乃潰去，行珪追而殺之。因誣奏延策同反，并其子皆見殺，天下冤之。"

米君立

　　武寧節度使李紹真、忠武節度使李紹瓊、貝州刺史李紹英、齊州防禦使李紹虔、河陽節度使李紹奇、洺州刺史李紹能請各復舊姓名爲霍彦威、葛從簡、房知温、王晏球、夏魯奇、米君立，許之。[1]新授鄜州節度使米君立辭，帝誨之曰："擢汝於行伍，令理吾民，勿以左右小輩妄裁政事，須與賓佐官吏商量。吾賞罰無私，汝宜聽之。"[2]

[1]武寧：方鎮名。唐元和二年（807）置，治所在徐州（今江蘇徐州市）。 李紹真：人名。即霍彦威。洺州曲周（今河北曲周縣）人。五代後梁將領霍存養子，後梁、後唐將領。傳見本書卷六四、《新五代史》卷四六。 李紹瓊：人名。即萇從簡。陳州（今河南淮陽縣）人。五代後唐、後晋將領。傳見本書卷九四、《新五代史》卷四七。 貝州：州名。治所在今河北清河縣西。李紹英：人名。即房知温。兗州瑕丘（今山東濟寧市兗州區）人。五代後唐將領。傳見本書卷九一、《新五代史》卷四六。 齊州：州名。治所在今山東濟南市。 李紹虔：人名。即王晏球。又名杜晏球。籍貫不詳。五代將領。傳見本書卷六四。 河陽：方鎮名。治河陽（今河南孟州市）。 李紹奇：人名。即夏魯奇。青州（今山東青州市）人。五代後唐將領。傳見本書卷七〇、《新五代史》卷三三。 洺州：州名。治所在今河北永年縣。 李紹能：人名。即米君立。 "武寧節度使李紹真"至"許之"：《通鑑》卷二七五後唐明宗天成元年（926）五月丙辰條。米君立，籍貫、生平不詳。《輯本舊史》卷三六《唐明宗紀二》天成元年五月丙辰條："洺州刺史李紹能等上言，前朝寵賜姓名，今乞還舊……詔並可之……李紹能復曰米君立。"同月戊午條："以洺州刺史米君立爲邢州節度使。"

[2]鄜州：州名。治所在今陝西富縣。 "新授鄜州節度使米君立辭"至"汝宜聽之"：《宋本册府》卷一五八《帝王部・誡勵門三》後唐明宗條天成二年十一月。《輯本舊史》卷四一《唐明宗紀七》長興元年（930）十月癸巳條："以鄜州節度使米君立卒廢朝。"

烏昭遇

烏昭遇，本僞梁之承旨，數使吳越。先是，以其數將命，故令使之。昭遇至彼，每以國情私於吳人，仍名吳越國王錢鏐爲殿下，[1]自稱臣，指兩地則云南朝北朝，及昭遇謁鏐，稱見拜蹈，如事至尊。副使韓玫數讓之，[2]昭遇對其人誚玫曰："昭遇事過五朝天子，四爲吳越使，時事數變，昭遇猶在，公輩何凝滯邪？"復陰許鏐陳奏所求之事。使回，玫具陳其事，故停削鏐官爵，令致仕。是日以烏昭遇下御史臺，[3]尋賜自盡。後有自杭州使還者，言昭遇無臣鏐事，皆玫誣搆，云玫恃安重誨之勢，[4]頗凌烏昭遇，嘗於杭州，既醉，以馬箠擊昭遇，鏐欲奏之，昭遇祈而乃止。及復命，翻誣昭遇。人頗以爲冤。[5]

[1]錢鏐：人名。臨安（今浙江杭州市）人。五代時期吳越國建立者。傳見本書卷一三三、《新五代史》卷六七。

[2]韓玫：人名。籍貫不詳。五代後唐官員。事見《新五代史》卷二四。

[3]御史臺：官署名。秦漢始置。古代國家的監察機構。掌糾察官吏違法、肅正朝廷綱紀。大事廷辯，小事奏彈。

[4]杭州：州名。治所在今浙江杭州市。　安重誨：人名。應州（今山西應縣）人。五代後唐大臣。傳見本書卷六六、《新五代史》卷二四。

[5]"烏昭遇"至"人頗以爲冤"：明本《册府》卷九三三《總録部・誣搆門二》。《新五代史》卷六《唐本紀》天成四年（929）九月癸巳條："殺供奉官烏昭遇。"同書卷二四《安重誨傳》："錢鏐據有兩浙，號兼吳越而王，自梁及莊宗，常異其禮，以羈縻臣屬之而已。明宗即位，鏐遣使朝京師，寓書重誨，其禮慢，重誨怒，未有以發，乃遣其壁吏韓玫、副供奉官烏昭遇復使於鏐，

而玫恃重誨勢，數凌辱昭遇，因醉使酒，以馬箠擊之。鏐欲奏其事，昭遇以爲辱國，固止之。及玫還，返譖於重誨曰：'昭遇見鏐，舞蹈稱臣，而以朝廷事私告鏐。'昭遇坐死御史獄，乃下制削奪鏐官爵，以太師致仕，於是錢氏遂絕于唐矣。"《通鑑》卷二七六後唐明宗天成四年九月癸巳條："吳越王鏐居其國好自大，朝廷使者曲意奉之則贈遺豐厚，不然則禮遇疏薄。嘗遣安重誨書，辭禮頗倨。帝遣供奉官烏昭遇、韓玫使吳越，昭遇與玫有隙，使還，玫奏：'昭遇見鏐，稱臣拜舞，謂鏐爲殿下，及私以國事告鏐。'安重誨奏賜昭遇死。癸巳，制鏐以太師致仕，自餘官爵皆削之，凡吳越進奏官、使者、綱吏，令所在繫治之。鏐令子傳瓘等上表訟冤，皆不省。"《宋本册府》卷九九八《外臣部・通好門》後唐明宗天成二年四月："復命左衛上將軍烏昭遇等再往使四川焉。"

趙頎

（天祐元年六月甲寅）前進士趙頎可秘書省校書郎、正字，從柳璨奏也。[1]

　　[1]秘書省：官署名。漢代設秘書監，晋代初置秘書寺，後改秘書省。隋唐沿置。以秘書監、秘書少監爲正副長官。掌古今經籍圖書、國史實録、天文曆數之事。　校書郎：官名。東漢始置，掌典校收藏於蘭臺的圖書典籍，亦稱校書郎中。唐秘書省及著作局皆置，正九品上；弘文館亦置，從九品上。　正字：官名。掌校讎典籍、文章刊正。正九品下。　前進士趙頎可秘書省校書郎正字，從柳璨奏也：《舊唐書》卷二〇上《唐昭宗紀》。《輯本舊史》卷三一《唐莊宗紀五》同光二年（924）三月丙辰條："尚書户部侍郎、知貢舉趙頎卒，以中書舍人裴皞權知貢舉。"

朱守素

（貞明六年正月庚子）宗正卿朱守素上言："請依前朝置匭院,[1]令諫議大夫專判。"從之，乃以右諫議大夫鄭韜光充知匭使。[2]（天成三年正月甲寅）以國子祭酒朱守素卒廢朝。[3]

[1]宗正卿：官名。秦始置宗正，南朝梁始有宗正卿之官。由宗室充任。掌皇族外戚屬籍。正三品。　匭院：官署名。始置於武則天時期。掌受理四方投書及吏民申雪冤滯之事。

[2]鄭韜光：人名。洛京河清（今河南孟津縣）人。唐宣宗外孫，唐末、五代官員。傳見本書卷九二。　知匭使：官名。匭使院長官。　"宗正卿朱守素上言"至"乃以右諫議大夫鄭韜光充知匭使"：《輯本舊史》卷一〇《梁末帝紀下》。

[3]國子祭酒：官名。古代國子學或太學長官。晋武帝司馬炎始置。掌邦國儒學訓導之政令，領太學、國子學及國子監所屬各學。從三品。　以國子祭酒朱守素卒廢朝：《輯本舊史》卷三九《唐明宗紀五》。

李昭

唐李昭以尚書郎出爲蘇州刺史，朞歲以中書舍人召還，不拜，謂宰輔曰："省郎拜舍人，以知制誥爲次序，便由刺史玷綸闈，非敢聞命。"乃以兵部郎中，知制誥，翌歲，拜舍人，受之。[1]

[1]尚書郎：官名。即郎中。尚書省屬官。分曹處理政事。吏

部郎中正五品下，餘司郎中皆從五品上。　蘇州：州名。治所在今江蘇蘇州市。　兵部郎中：官名。唐高祖改兵曹郎置，二人，一掌武官階品、衛府名數、校考、給告身之事；一掌軍籍、軍隊調遣名數、朝集、祿賜、告假等事。高宗、武則天、玄宗時，一度隨本部改名司戎大夫、夏官郎中、武部郎中。五代因之。從五品上。
“唐李昭以尚書郎出爲蘇州刺史”至“受之”：《御覽》卷二二二《職官部二〇》錄《北夢瑣言》，云出自《五代史·漢史》。亦見明本《册府》卷五五一《詞臣部·識器門》。

韋寂

　　韋寂，字處默，（唐末）釋褐爲萬年尉。[1]同州夏陽令崔裔知爲循吏，辟鹽鐵巡官。[2]韓建留守西都，擢爲司法參軍，推鞫平允，建頗重之。[3]（後唐時）爲水部員外郎，判南曹，移浚儀令。[4]（仕梁）累遷吏部郎中，復判南曹。吏畏其明，人賞其正。[5]

　　[1]尉：官名。即縣尉，縣之佐官，掌軍事、治安。官階從八品下至從九品下不等。
　　[2]夏陽：縣名。治所在今陝西合陽縣。　崔裔：人名。籍貫、事跡不詳。　鹽鐵巡官：官名。巡官之一種。唐代節度使、觀察使、團練使、防禦使下皆置巡官，位判官、推官下，有營田巡官、轉運巡官、館驛巡官等名目。　“韋寂”至“辟鹽鐵巡官”：明本《册府》卷七二九《幕府部·闢署門》。
　　[3]韓建：人名。許州長社（今河南許昌市）人。唐末、五代軍閥。傳見本書卷一五、《新五代史》卷四〇。　司法參軍：官名。司法參軍事的省稱。管理司法，掌管審判、刑罰等事。　“韓建留

守西都"至"建頗重之":明本《册府》卷六一八《刑法部·平允門》。《輯本舊史》卷三九《唐明宗紀五》天成三年（928）二月壬午條:"以光禄卿韋寂卒廢朝，贈禮部尚書。"

[4]水部員外郎:官名。水部郎中的副職。從六品上。　南曹:官署名。唐吏部員外郎掌選院，因在尚書省之南，謂之南曹。　浚儀:縣名。治所在今河南開封市。　爲水部員外郎，判南曹，移浚儀令:明本《册府》卷六三七《銓選部·公望門》。

[5]吏部郎中:官名。尚書省吏部頭司吏部司長官。掌文官階品、朝集、禄賜、給其告身、假使以及選補流外官等事。《新唐書》記正五品上。　"累遷吏部郎中"至"人賞其正":明本《册府》卷四五九《臺省部·公正門》。

于鄴

（天成元年九月）都官員外郎于鄴奏請指揮不得書契券輒賣良人，從之。[1]于鄴天成中初除工部郎中。時盧文紀爲工部尚書，[2]鄴往公參，文紀以鄴名其父諱，不之見。或謂鄴曰:"南宫故事，[3]郎中入省，如本行尚書侍郎不容，公參何以有主?"鄴憂畏太過，一夕醉歸，雉經于室。[4]

[1]都官員外郎:官名。尚書省刑部尚書都官司副長官。協掌配役隸，簿録俘囚，以給衣糧藥療，以理訴競雪冤。從六品上。都官員外郎于鄴奏請指揮不得書契券輒賣良人，從之:明本《册府》卷一六〇《帝王部·革弊門二》。亦見《輯本舊史》卷三七《唐明宗紀三》天成元年（926）九月癸亥條。

[2]盧文紀:人名。京兆萬年（今陝西西安市長安區）人。唐

末進士，五代宰相。傳見本書卷一二七、《新五代史》卷五五。

[3]南宮：即尚書省。

[4]"于鄴天成中初除工部郎中"至"雉經于室"：明本《册府》卷九〇九《總録部·憂懼門》。《輯本舊史》卷三九《唐明宗紀五》天成三年二月癸未條："工部尚書盧文紀貶石州司馬，員外安置。文紀私諱'業'，時新除于鄴爲工部郎中，舊例，僚屬名與長官諱同，或改其任。文紀素與宰相崔協有隙，故中書未議改官。于鄴授官之後，文紀自請連假。鄴尋就位，及差延州官告使副，未行，文紀參告，且言候鄴迴日終請換曹，鄴其夕自經而死，故文紀貶官。"《新五代史》卷五五《盧文紀傳》："文紀素與宰相崔協有隙，協除工部郎中于鄴，文紀以鄴與其父名同音，大怒，鄴赴省參上，文紀不見之，因請連假。已而鄴奉使未行，文紀即出視事，鄴因醉忿自經死，文紀坐貶石州司馬。"

陳延福

陳延福爲房州刺史。少帝開運二年，爲民任行通所論，創置支計司，迴圖錢物，及改移市井未利，下御史臺鞫，云："其支計迴圖，是本州舊事，改移市井充公家使用。"敕曰："陳延福位居牧守，首被訟論，移市肆以創迴圖，已彰生事，假役夫而科採捕，猶驗擾人，但以稱贍本州，云承累政，雖除姦革敝，全昧經心，而案罪計贓未，明入己。聊從懲罰，用顯含洪，宜罰征馬十匹放。"[1]

[1]少帝：即後晉出帝石重貴。石敬瑭從子。紀見本書卷八一至卷八五、《新五代史》卷九。　開運：後晉出帝石重貴年號

（944—946）。　任行通：人名。籍貫、事跡不詳。　“陳延福爲房州刺史”至“宜罰征馬十匹放”：明本《册府》卷六九九《牧守部·譴讓門》。《輯本舊史》卷四一《唐明宗紀七》長興元年（930）八月乙卯條：“以左監門衛上將軍陳延福卒廢朝。”

史彦瓊

後唐史彦瓊，本伶人也，莊宗同光末以彦瓊爲武德使。[1]在魏州時，有自貝州來者，言亂兵將犯都城。巡檢使孫鐸等急趨彦瓊之第，[2]告曰：“賊將至矣，請給鎧仗，登城拒守。”彦瓊曰：“今日賊至臨潼，[3]計程六日。晚至，爲備未晚。”孫鐸曰：“賊來寇我，必倍道兼行，一朝失機，悔將何及！請僕射率衆登陣，鐸請以勁兵千人伏於王莽河逆擊之。[4]賊既挫勢，須至離潰，然後可以剪除。如俟其兇徒傅於城下，必慮姦人内應，則事未可測也。”彦瓊曰：“但訓士守城，何須即戰。”時彦瓊疑孫鐸等有他志，故拒之。是夜三更，賊果攻北門，彦瓊時以部衆在北門樓，聞賊呼譟，即時驚潰。彦瓊單騎奔京師。[5]

[1]伶人：古代對戲曲藝人的稱呼。　武德使：官名。五代後唐置，爲武德司長官，亦帶職外任，權位極重。

[2]巡檢使：官名。五代始設巡檢於京師、陪都、重要的州及邊防重鎮。　孫鐸：人名。籍貫不詳。五代後唐將領。事見本書卷三四。

[3]臨潼：縣名。治所在今陝西西安市臨潼區。

[4]王莽河：河道名。東漢以後，對西漢時黄河自濮陽（今河

南濮陽市）以下故道的俗稱。因改徙於王莽時，故名。

　　［5］"後唐史彥瓊"至"彥瓊單騎奔京師"：明本《册府》卷四五二《將帥部·識閹門》。《通鑑》卷二七四後唐莊宗同光三年（925）十二月丙子條："以户部尚書王正言爲興唐尹，知鄴都留守事。正言昏耄，帝以武德使史彥瓊爲鄴都監軍。彥瓊，本伶人也，有寵於帝。魏、博等六州軍旅金穀之政皆决於彥瓊，威福自恣，陵忽將佐，自正言以下皆諂事之。"同卷天成元年（926）二月諸條："朱友謙子建徽爲澶州刺史，帝密敕鄴都監軍史彥瓊殺之。門者白留守王正言曰：'史武德夜半馳馬出城，不言何往。'又訛言云：'皇后以繼岌之死歸咎於帝，已弑帝矣，故急召彥瓊計事。'人情愈駭……壬辰晚，有自貝州來告軍亂將犯鄴都者，都巡檢使孫鐸等亟詣史彥瓊，請授甲乘城爲備。彥瓊疑鐸等有異志，曰：'告者云今日賊至臨清，計程須六日晚方至，爲備未晚。'孫鐸曰：'賊既作亂，必乘吾未備，晝夜倍道，安肯計程而行！請僕射帥衆乘城，鐸募勁兵千人伏於王莽河逆擊之，賊既勢挫，必當離散，然後可撲討也。必俟其至城下，萬一有姦人爲内應，則事危矣。'彥瓊曰：'但嚴兵守城，何必逆戰！'是夜，賊前鋒攻北門，弓弩亂發。時彥瓊將部兵宿北門樓，聞賊呼聲，即時驚潰。彥瓊單騎奔洛陽……丙申，史彥瓊至洛陽……辛丑……李紹榮至鄴都，攻其南門，遣人以敕招諭之，趙在禮以羊酒犒師，拜於城上曰：'將士思家擅歸，相公誠善爲敷奏，得免於死，敢不自新！'遂以敕徧諭軍士。史彥瓊戟手大罵曰：'群死賊，城破萬段！'皇甫暉謂其衆曰：'觀史武德之言，上不赦我矣。'因聚譟，掠敕書，手壞之，守陴拒戰，紹榮攻之不利，以狀聞，帝怒曰：'克城之日，勿遺噍類！'大發諸軍討之。"《輯本舊史》卷三四《唐莊宗紀八》同光四年二月丙申條："丙申，武德使史彥瓊自鄴馳報稱：'今月六日，貝州屯駐兵士突入都城，剽劫坊市。'初，帝令魏博指揮使楊仁晸率兵戍瓦橋，至是代歸，有詔令駐於貝州。上歲天下大水，十月鄴地大震，自是居人或有亡去他郡者，每日族談巷語，云：'城將亂矣！'人人恐悚，皆

不自安。十二月，以户部尚書王正言爲興唐尹、知留守事。正言年耄風病，事多忽忘，比無經治之才。武德使史彦瓊者，以伶官得幸，帝待以腹心之任，都府之中，威福自我，正言以下，皆脅肩低首，曲事不暇。由是政無統攝，姦人得以窺圖。洎郭崇韜伏誅，人未測其禍始，皆云：'崇韜已殺繼岌，自王西川，故盡誅郭氏。'先是，有密詔令史彦瓊殺朱友謙之子澶州刺史建徽。史彦瓊夜半出城，不言所往。詰旦，閽報正言曰：'史武德夜半馳馬而去，不知何往。'是日人情震駭，訛言云：'劉皇后以繼岌死於蜀，已行弑逆，帝已晏駕，故急徵彦瓊。'其言播於鄴市，貝州軍士有私寧親於都下者，掠此言傳於貝州。軍士皇甫暉等因夜聚蒲博不勝，遂作亂，劫都將楊仁晸曰：'我輩十有餘年爲國家効命，甲不離體，已至吞併天下，主上未垂恩澤，翻有猜嫌。防戍邊遠，經年離阻鄉國，及得代歸，去家咫尺，不令與家屬相見。今聞皇后弑逆，京邑已亂，將士各欲歸府寧親，請公同行。'仁晸曰：'汝等何謀之過耶！今英主在上，天下一家，從駕精兵不下百萬，西平巴蜀，威振華夷，公等各有家族，何事如此！'軍人乃抽戈露刃環仁晸曰：'三軍怨怒，咸欲謀反，苟不聽從，須至無禮。'仁晸曰：'吾非不知此，但丈夫舉事，須計萬全。'軍人即斬仁晸。裨將趙在禮聞軍亂，衣不及帶，將踰垣而遁，亂兵追及，白刃環之曰：'公能爲帥否？否則頭隨刃落！'在禮懼，即曰：'吾能爲之。'衆遂呼譟，中夜燔劫貝郡。詰旦，擁在禮趨臨清，剽永濟、館陶。五日晚，有自貝州來者，言亂兵將犯都城，都巡檢使孫鐸等急趨史彦瓊之第，告曰：'賊將至矣，請給鎧仗，登陴拒守。'彦瓊曰：'今日賊至臨清，計程六日方至，爲備未晚。'孫鐸曰：'賊來寇我，必倍道兼行，一朝失機，悔將何及！請僕射率衆登陴，鐸以勁兵千人伏于王莽河逆擊之，賊既挫勢，須至離潰，然後可以剪除。如俟其凶徒薄於城下，必慮奸人内應，則事未可測也。'彦瓊曰：'但訓士守城，何須即戰。'時彦瓊疑孫鐸等有他志，故拒之。是夜三更，賊果攻北門，彦瓊時以部衆在北門樓，聞賊呼譟，即時驚潰。彦瓊單騎奔京師。"

《新五代史》卷二八《張憲傳》："初，明宗北伐契丹，取魏鎧仗以給軍，有細鎧五百，憲遂給之而不以聞。莊宗至魏，大怒，責憲馳自取之，左右諫之乃止。又問憲庫錢幾何，憲上庫簿有錢三萬緡，莊宗益怒，謂其嬖伶史彥瓊曰：'我與群臣博，須錢十餘萬，而憲以故紙給我。我未渡河時，庫錢常百萬緡，今復何在？'彥瓊爲憲解之，乃已。"

陶玘

陶玘者，同光末從元行欽軍於魏博，[1]充行營寨主。及人情有歸，玘以所部兵從明宗，至臨黃，署許州留後兼行營馬步使。[2]至白皋渡，[3]安重誨之從人爭舟，玘斬之以徇，軍士畏之。[4]天成初爲鄧州留後，聚斂無節，贓污頗甚，爲所部縣令盛歸仁所訟，貶嵐州司户，後賜死。[5]

[1]元行欽：人名。幽州（今北京市）人。五代後唐將領。傳見本書卷七〇、《新五代史》卷二五。

[2]臨黃：縣名。治所在今河南范縣。　許州：州名。治所在今河南許昌市。　行營馬步使：官名。五代時期出征軍隊高級統兵官。

[3]白皋渡：渡口名。又名白高渡。位於今河南滑縣東北古黃河津渡處。

[4]"陶玘者"至"軍士畏之"：明本《册府》卷四〇一《將帥部·行軍法門》。明本《册府》卷六五《帝王部·發號令門四》後唐明宗天成二年（927）八月敕旨："刑故無小，義絶惠姦，罪疑惟輕，事全誅意，聖賢明訓，今古通規。非法無以振其威，非恩無以流其澤。故有功不獎，何以激盡忠？有罪不刑，何以戒爲惡？二

者無失，庶務有成。朕統華夷，不求奢侈，臨食慮兵師之餒，授衣
思黎庶之寒。仗中外勳賢，壯國家基址，熒惑應犯而自退，太陽蹔
蝕而復圓。百果無不熟之方，五穀無不豐之處。顧唯寡德，何稱嘉
祥？況保義軍節度使石敬瑭、晉州留後安崇阮、洺州刺史張進、耀
州團練使孫岳、寧州刺史高允瓌等杜絕誅求，尋加獎諭。陶玘輒爲
聚飲，自掇愆尤。功過既分，黜陟有異，在朝備見，列國皆知。不
貪者轉更無私，有過者必應自省。四方侯伯，皆朕忠臣；萬國人
民，皆朕愛子。慘舒是繫，賞罰齊行，務德者雅合古賢，效尤者自
干朝典。除鄧州見取責情罪諸色官員及亳州李鄩外，其諸道州府，
如八月已前，或有偶違條制，干於國章者，諸色人並不得更有託
訴。若或此後有違，許人上告，當勘情罪，必舉刑書。”《宋本册
府》卷一五〇《帝王部·寬刑門》唐莊宗長興三年（932）十一月
甲辰敕：“龍驤、毛璋、陶玘、曹廷藴、成景弘等，或子或弟，本
無相及之刑，尋示寬恩，各免連坐，止令州府別係職官。而聞收管
已來，縻係之後，頗極窮困，宜放營生，仰逐處開落姓名，乃給公
憑，放逐穩便。”明本《册府》卷一五八《帝王部·誡勵門三》唐
明宗天成二年八月：“以鄧州連帥陶玘黷貨得罪，降詔諭天下云：
‘夫有功不賞，何以激盡忠？有罪不刑，何以戒爲惡？二者不失，
庶務有成。朕自統華夷，不求奢侈，臨食念兵師之餒，授衣思黎庶
之寒。仗中外勳賢，爲國家基址。邇者熒惑應犯而自退，太陽暫蝕
而還圓。百果無不熟之方，五穀無不豐之處。顧茲寡德，何稱嘉
祥？惟陝府石敬瑭、晉州安崇阮、洺州張萬進、耀州孫岳等杜絕誅
求，尋加獎賞。今陶玘與亳州李鄩，輒爲聚斂，自掇悔尤。功過既
分，黜陟斯在，玘、鄩尋寘於法書。’”

　　[5]鄧州：州名。治所在今河南鄧州市。　盛歸仁：人名。籍
貫不詳。本書僅此一見。　嵐州：州名。治所在今山西嵐縣。　司
户：官名。即司户參軍。州級政府僚佐。掌本州屬縣之户籍、賦
稅、倉庫受納等事。　“天成初爲鄧州留後”至“後賜死”：明本
《册府》卷四五五《將帥部·貪黷門》。《輯本舊史》卷三六《唐明

宗紀二》天成元年五月戊辰條："以許州留後陶玘爲鄧州留後。"
《輯本舊史》卷三八《唐明宗紀四》天成二年八月條："鄧州留後
陶玘貶嵐州司馬。"

成景弘

（天成三年七月）齊州防禦使曹廷隱、曹州刺史成
景弘、弓高縣令王廷果、金鄉縣令夏侯景坐贓伏法之後
恐論告不止，敕："八月一日已前罪犯一切不問。"[1]

[1]齊州：州名。治所在今山東濟南市。　曹廷隱：人名。魏
州（今河北大名縣）人。五代後梁將領。傳見本書卷七一。　弓
高：縣名。治所在今河北阜城縣。　王廷果：人名。籍貫、事跡不
詳。　金鄉：縣名。治所在今山東金鄉縣。　夏侯景：人名。籍貫
不詳。劉仁恭部將。事見本書卷一三五。　"齊州防禦使曹廷隱"
至"八月一日已前罪犯一切不問"：明本《册府》卷六五《帝王
部・發號令門四》。《宋本册府》卷一五〇《帝王部・寬刑門》長
興三年（932）十一月甲辰敕："龍驤、毛璋、陶玘、成景弘等，或
子或弟，本無相及之刑，尋示寬恩，各免連坐，止令州府別係職
官。而聞收管已來，縻係之後，頗極窮困，宜放營生，仰逐處開落
姓名，乃給公憑，放逐穩便。"

石知訥

石知訥，本梁時之走吏也，以姦儉自進，漸厠簪
組，夏魯奇辟爲河陽節判，[1]移任許州，亦佐之。及魯
奇權知襄州，知訥爲殿中少監，[2]尚居于許下。朱守殷

叛，[3]知訥走入勸魯奇棄其城而歸許州，漢上戍兵幾將爲亂。朝廷知之，詰其所自，魯奇沮之，而知訥貶憲州司户，尋與溫韜同詔賜死。[4]

[1]簪組：官員的服飾。借指達官顯貴。　夏魯奇：人名。青州（今山東青州市）人。五代後唐將領。傳見本書卷七〇、《新五代史》卷三三。

[2]殿中少監：官名。殿中省副長官。掌天子服御，總領尚食、尚藥、尚衣、尚舍、尚乘、尚輦六局之官屬，備其禮物，供其職事。從四品。

[3]朱守殷：人名。籍貫不詳。五代後唐將領。傳見本書卷七四、《新五代史》卷五一。

[4]憲州：州名。治所在今山西婁煩縣。　溫韜：人名。京兆華原（今陝西銅川市耀州區）人。唐末李茂貞部將，五代後梁、後唐將領。傳見本書卷七三、《新五代史》卷四〇。　“石知訥”至“尋與溫韜同詔賜死”：明本《册府》卷九三八《總録部·奸佞門二》。《宋本册府》卷七二九《幕府部·辟署門四》同，明本同卷“河陽節判”作“河陽節度判官”。《輯本舊史》卷三九《唐明宗紀五》天成三年（928）四月癸巳條：“殿中少監石知訥貶憲州司户，坐扇惑軍鎮也。”同年九月乙未條：“詔德州流人溫韜、遼州流人段凝、嵐州司户陶玘、憲州司户石知訥、原州司馬聶嶼、並宜賜死於本處，暴其宿惡而誅之也。”《全唐文》卷一〇七後唐明宗誅溫韜等詔：“憲州司户石知訥，比居賓佐，合務參揮，當守殷閉據夷門，發文字扇搖戎帥。”

郭從謙

從馬直指揮使郭從謙，[1]本優人也，優名郭門高。

（天成元年二月甲辰）帝與梁相拒於得勝，[2]募勇士挑戰，從謙應募，俘斬而還，由是益有寵。帝選諸軍驍勇者爲親軍，分置四指揮，號從馬直；從謙，自軍使積功至指揮使。郭崇韜方用事，從謙以叔父事之，睦王存乂又以從謙爲假子。[3]及崇韜、存乂得罪，從謙數以私財饗從馬直諸校，對之流涕，言崇韜之冤。及王溫作亂，[4]帝戲之曰："汝既負我附崇韜、存乂，又教王溫反，欲何爲也？"從謙益懼。既退，陰謂諸校曰："主上以王溫之故，俟鄴都平定，盡阬若曹。家之所有宜盡市酒肉，勿爲久計也。"由是親軍皆不自安。[5]

[1]從馬直指揮使：官名。五代後唐親軍將領。"從馬直"爲部隊番號。後唐明宗李嗣源創置。其兵丁選自諸軍驍勇敢戰者，没有額定兵員。平時宿衛，戰時隨駕親征。

[2]得勝：地名。亦名德勝，位於今河南濮陽市。原爲黄河渡口，晉軍築德勝南、北二城於此，遂爲城名。

[3]郭崇韜：人名。代州雁門（今山西代縣）人。五代後唐大臣。傳見本書卷五七、《新五代史》卷二四。　存乂：人名。即李存乂。李克用子，李存勗弟。同光三年（925）封睦王。後以郭崇韜之婿故爲莊宗李存勗所殺。傳見本書卷五一、《新五代史》卷一四。

[4]王溫：人名。籍貫不詳。後唐士兵。事見本書卷三四。

[5]"從馬直指揮使郭從謙"至"由是親軍皆不自安"：《通鑑》卷二七四。

（四月丁亥）嚴辦將發，騎兵陳於宣仁門外，步兵陳於五鳳門外。[1]從馬直指揮使郭從謙不知睦王存乂已死，欲奉之以作亂，帥所部兵自營中露刃大呼，與黃甲兩軍攻興教門。[2]帝方食，聞變，帥諸王及近衛騎兵擊之，逐亂兵出門。時蕃漢馬步使朱守殷將騎兵在外，[3]帝遣中使急召之，欲與同擊賊；守殷不至，引兵憩於北邙茂林之下。[4]亂兵焚興教門，緣城而入，近臣宿將皆釋甲潛遁，獨散員都指揮使李彥卿及宿衛軍校何福進、王全斌等十餘人力戰。[5]俄而帝爲流矢所中，鷹坊人善友扶帝自門樓下，至絳霄殿廡下抽矢，[6]渴懣求水，皇后不自省視，遣宦者進酪。須臾，帝殂。[7]

[1]宣仁門：洛陽皇城東門。位於今河南洛陽市區内。　五鳳門：洛陽皇城南門。位於今河南洛陽市區内。

[2]興教門：洛陽皇宫南面三門之一。位於今河南洛陽市内。

[3]蕃漢馬步使：官名。即洛京内外蕃漢馬步使。總領洛陽駐軍。

[4]北邙：亦作北山、郟山、芒山。位於今河南洛陽市北。

[5]散員都指揮使：唐末、五代軍隊皆置都指揮使、指揮使，爲領兵將領。散員爲五代部隊番號。　李彥卿：人名。籍貫不詳。事見《通鑑》卷二七五。　何福進：人名。太原（今山西太原市）人。五代將領。傳見本書卷一二四。　王全斌：人名。并州太原人。五代、北宋將領。傳見《宋史》卷二五五。

[6]鷹坊：官署名。唐始置，爲五坊之一，以鷹坊奉御爲主官，掌養鷹以供皇帝狩獵之用。　善友：人名。籍貫不詳。後唐鷹坊人。事見《通鑑》卷二七五。　絳霄殿：後唐皇宫宫殿名。

[7]“嚴辦將發”至“帝殂”：《通鑑》卷二七五。《輯本舊史》卷三四《唐莊宗紀八》同光元年（923）四月丁丑條：“是日，車駕將發京師，從駕馬軍陳於宣仁門外，步兵陳於五鳳門外。帝内

殿食次，從馬直指揮使郭從謙自本營率所部抽戈露刃，至興教門大呼，與黃甲兩軍引弓射興教門。帝聞其變，自宮中率諸王、近衛禦之，逐亂兵出門。既而焚興教門，緣城而入，登宮牆譙譟，帝御親軍格鬭，殺亂兵數百。俄而帝爲流矢所中，亭午，崩於絳霄殿之廡下，時年四十三。"

二年二月丙午，以從馬直指揮使郭從謙爲景州刺史，尋令中使誅於郡，夷其族，以其首謀大逆弑莊宗也。[1]

[1]景州：州名。治所在今河北東光縣。 "二年二月丙午"至"以其首謀大逆弑莊宗也"：明本《册府》卷一五四《帝王部·明罰門三》。《通鑑》卷二七五後唐明宗天成二年（927）二月丙申條："以從馬直指揮使郭從謙爲景州刺史，既至，遣使族誅之。"《輯本舊史》卷三八《唐明宗紀四》天成二年二月丙申條："以從馬直指揮使郭從謙爲景州刺史，尋令中使誅之，夷其族，以其首謀大逆以弑莊宗也。"

李匡儔傳

（乾寧元年三月）冬，攻幽州，李匡儔棄城走，追至景城，見殺，以劉仁恭爲留後。[1]

[1]景城：縣名。治所在今河北滄縣。 劉仁恭：人名。深州（今河北深州市）人。唐末、五代軍閥。傳見《新唐書》卷二一二。 "冬"至"以劉仁恭爲留後"：《新五代史》卷四《唐本紀》。《輯本舊史》卷二六《唐武皇紀下》乾寧元年（894）十月

條：“武皇自晋陽率師伐幽州。初，李匡儔奪據兄位，燕人多不義之，安塞軍戍將劉仁恭挈族歸於武皇，武皇遇之甚厚。仁恭數進畫於蓋寓，言幽州可取之狀，願得兵一萬，指期平定。武皇方討李存孝於邢州，輒兵數千，欲納仁恭，不利而還。匡儔由是驕怠，數犯邊境，武皇怒，故率軍以討之。”此條中華書局本有校勘記：“‘李匡儔’，本書及《新五代史》各處同，《舊唐書》《新唐書》《通鑑》各處皆作‘李匡籌’。《通鑑》卷二五九《考異》：‘《唐太祖紀年録》作匡儔，今從新舊紀傳、《實録》。’本書各處同。”同年十二月諸條：“李匡儔命大將率步騎六萬救新州，武皇選精甲逆戰，燕軍大敗，斬首萬餘級，生獲將領百餘人，曳練徇於新州城下。是夜，新州降……甲寅，李匡儔攜其族棄城而遁，將之滄州，隨行輜車、臧獲、妓妾甚衆。滄帥盧彥威利其貨，以兵攻匡儔於景城，殺之，盡擄其衆。”《輯本舊史》卷四九《貞簡曹太后傳》：“武皇多内寵，乾寧初，平燕薊，得李匡儔妻張氏，姿色絶代，嬖幸無雙。時姬侍盈室，罕得進御，唯太后恩顧不衰。”

孟昇

（天成三年閏八月）孟昇爲滑州掌書記，匿母憂，大理寺斷流，[1]奉敕：“朕以允從人望，嗣守帝圖，政必究於化源，道每崇於德本，貴全國法，以正人倫。孟昇身被儒冠，職居賓幕，此資籌畫，以贊盤維，而乃都昧操修，但貪榮禄，匿母喪而不舉，爲人子以何堪？瀆污時風，敗傷名教，五刑是重，十惡難寬，雖遣投荒，無如去世。”孟昇賜自盡，觀察使、觀察判官、録事參軍失其糾察，各有殿罰。襄邑縣民周威，父爲人所殺，不雪父冤，有狀和解，奉敕處死。[2]

［1］大理寺：官署名。掌邦國折獄詳刑之事。

［2］襄邑：縣名。治所在今河南睢縣。　　"孟昇爲滑州掌書記"至"奉敕處死"：《宋本册府》卷一五四《帝王部·明罰門三》。孟昇，籍貫不詳。"周威"，《輯本舊史》卷三九《唐明宗紀五》天成三年（928）閏八月己巳條作"聞威"："滑州掌書記孟昇匿母服，大理寺斷處流，特敕孟昇賜自盡。觀察使、觀察判官、録事參軍失其糾察，各行殿罰。襄邑縣民聞威，父爲人所殺，不雪父冤，有狀和解，特敕處死。"

曹義金

曹義金，[1]（大中五年十一月）置歸義軍於沙州，以義潮爲節度使、十一州觀察使；又以義潮判官曹義金爲歸義軍長史。[2]（咸通十三年八月）歸義節度使張義潮薨，沙州長史曹義金代領軍府；制以義金爲歸義節度使。是後中原多故，朝命不及，回鶻陷甘州，自餘諸州隸歸義者多爲羌、胡所據。[3]唐莊宗時，回鶻來朝，沙州留後曹義金亦遣使附回鶻以來，莊宗拜義金爲歸義軍節度使，瓜、沙等州觀察處置等使。[4]晋天福五年，義金卒，子元德立。[5]

［1］曹義金：人名。又作曹議金。沙州（今甘肅敦煌市西）人，歸義軍節度使索勳婿，張議潮外孫婿。五代後梁乾化四年（914）後掌政瓜、沙，自稱節度兵馬留後。後唐莊宗授爲沙州刺史、歸義軍節度使、瓜沙等州觀察處置使、檢校司空。在位時，於莫高窟西千佛洞、安西榆林窟多有增修。事見敦煌文書 P. 4638、S. 4276、P. 3805、P. 2047、P. 4291、P. 3556、P. 2074、P. 2838。中

華書局本《輯本舊史》卷三二《唐莊宗紀六》有校勘記："《册府》卷四三六作'曹議金'。按《敦煌文書伯三》八〇五背面同光三年六月一日歸義軍節度使牒署'使檢校司空兼太保曹議金'，此件鈐'沙洲觀察處置使之印'，爲正式官文書，可知其名爲曹議金。本書各處同。"今各從原文。

　　[2]歸義軍：唐晚期至北宋前期以沙州爲中心的地方政權。唐廷封張議潮爲歸義軍節度使。子孫相繼傳至張承奉，自稱"白衣天子"，建號"西漢金山國"。至五代後梁乾化三年，曹議金取代張承奉掌握瓜沙政權，重新恢復了歸義軍藩鎮的建置。曹氏子孫相承，傳至曹賢順，至宋仁宗天聖八年（1030），曹賢順被沙州回鶻人所殺，其弟瓜州王曹賢惠東奔投降西夏，歸義軍政權徹底覆亡。

　　沙州：州名。治所在今甘肅敦煌市。　義潮：人名。即張義潮。又作張議潮、張義朝。唐沙州敦煌（今甘肅敦煌市）人。大中二年（848）張義潮率領沙州人民起義，驅逐吐蕃守將，自攝州事，並修治兵甲，且耕且戰，逐漸收復瓜、伊、西、甘、肅、蘭、鄯、河、岷、廓十州地。五年，遣使長安告捷，受命爲沙州防禦使。同年，再獻十一州圖籍，被任爲歸義軍節度使。咸通八年（867）入朝，留居長安。咸通十三年，卒。事見《舊唐書》卷一八下、卷一九上及《新唐書》卷八、卷九，敦煌文書 S.6161A、S.3329、S.11564、S.6161B、S.6973、P.2762《敕河西節度兵部尚書張公功德記抄》）。

　　長史：官名。州府屬官。協助處理州府公務。正四品上至正六品上。　"置歸義軍於沙州"至"又以義潮判官曹義金爲歸義軍長史"：《通鑑》卷二四九唐宣宗大中五年（851）十一月條。

　　[3]回鶻：部族名。原係突厥鐵勒部的一支。唐天寶三載（744）建立回鶻汗國，9世紀中葉，回鶻汗國瓦解。其中一支爲甘州回鶻。11世紀初，甘州回鶻爲西夏所滅。參見楊蕤《回鶻時代：10—13世紀陸上絲綢之路貿易研究》，中國社會科學出版社2015年版。　甘州：州名。治所在今甘肅張掖市甘州區。　"歸義節度使張義潮薨"至"自餘諸州隸歸義者多爲羌、胡所據"：《通鑑》卷

二五二唐懿宗咸通十三年（872）八月條。《新唐書》卷二一六下《吐蕃傳下》咸通十三年條：“沙州以長史曹義金領州務，遂授歸義節度使。後中原多故，王命不及，甘州爲回鶻所并，歸義諸城多没。”

[4]瓜：州名。治所在今甘肅瓜州縣東南鎮陽城。　“唐莊宗時”至“瓜、沙等州觀察處置等使”：《新五代史》卷七四《吐蕃傳》之沙州諸事。《輯本舊史》卷三二同光二年（924）五月乙丑條：“以權知歸義軍留後曹義金爲歸義軍節度使、沙州刺史、檢校司空。”同書卷三九《唐明宗紀五》天成三年（928）五月辛亥條：“沙州節度使曹義金加爵邑。”卷四二《唐明宗紀八》長興二年（931）正月丙子條：“以沙州節度使曹義金兼中書令。”明本《册府》卷一六九《帝王部・納貢獻門》唐莊宗同光四年正月：“沙州節度使曹義全進謝賜旌節官誥玉鞍馬二、玉團碙砂、散玉鞍轡、鉸具、安西白氎、胡錦、雄黄、波斯國紅地松樹、眊褐胡桐、淶金星舉大鴛沙。”此條“曹義金”誤作“曹義全”，下同。同年二月條：“沙州曹義全進和市馬百匹、羚羊角、碙砂、氂牛尾。又進皇后白玉符、金青符、白玉獅子指環、金剛杵。”同書卷一七〇《帝王部・來遠門》：“後唐莊宗同光二年五月，以權知歸義軍節度兵馬留後、金紫光禄大夫、檢校尚書左僕射、守沙州長史兼御史大夫、上柱國曹義金爲檢校司空、守沙州刺史、充歸義軍節度、瓜沙等觀察、處置管内營田押蕃落等使。瓜、沙與吐蕃雜居，自帝行郊禮，義金間道貢方物，乞受西邊都護，故有是命。”《宋本册府》卷九七二《外臣部・朝貢門五》唐莊宗同光二年四月：“沙州曹義金進玉三團、碙砂、羚羊角、波斯錦、茸褐、白氎、牛黄、金星礬等。”同卷明宗長興元年十二月：“沙州曹義金進馬四百疋，玉一團。”同卷閔帝應順元年（934）：“沙州、瓜州遣牙將各以方物朝貢。”同卷廢帝清泰二年（935）七月：“沙州刺史曹義金、涼州留後李文謙各獻馬三疋。”卷九八〇《外臣部・通好門》周太祖廣順二年（952）十月追述：“沙州之陷蕃後，有張氏世爲州將。後唐同光中，長史

曹義金者遣使朝貢，靈武韓洙保薦之，乃授沙州刺史，充歸義軍節度使，瓜、沙等州處置使。"《通鑑》卷二七三後唐莊宗同光二年（924）五月乙丑條："以權知歸義留後曹義金爲節度使。時瓜、沙與吐蕃雜居，義金遣使間道入貢，故命之。"胡注："唐懿宗咸通八年，張義潮入朝，以族子惟深守歸義。十三年，惟深卒，以義金權知留後。自咸通十三年至是五十四年，蓋曹義金亦已老矣。"《新五代史》卷五《唐本紀》同光四年正月乙酉條："沙洲曹義金遣使者來。"同書卷六《唐明宗紀》長興元年十二月丁巳條："沙州曹義金遣使者來。"

[5]天福：五代後晋高祖石敬瑭年號（936—942）。出帝石重貴沿用至九年（944）。後漢高祖劉知遠繼位後沿用一年，稱天福十二年（947）。　元德：人名。即曹元德。沙州（今甘肅敦煌市西）人。歸義軍節度使曹議金長子。五代時期歸義軍節度使。改變歸義軍政權對甘州回鶻政權的依附地位，由"父子之國"而爲"兄弟之邦"。事見敦煌文書 P.3556、P.4291、P.2992、P.2033、S.4245。　晋天福五年，義金卒，子元德立：《新五代史》卷七四。明本《册府》卷四三六《將帥部·繼襲門》："晋曹議金爲歸義軍節度，瓜沙等州觀察等使。天福五年二月卒，以其子元德襲其位。"《輯本舊史》卷七九《晋高祖紀五》天福五年（940）二月丁酉條："沙州歸義軍節度使曹義金卒，贈太師，以其子元德襲其位。"影庫本粘籤："義金，原本作'議金'，今從《歐陽史》改正。"今人姜亮夫有論文《瓜沙曹氏年表補正》（《浙江大學學報1979年第1—2期），賀世哲、孫修身有論文《〈瓜沙曹氏年表補正〉之補正》（《西北大學學報》1980年第1期）再補正，可參見。

崔居儉

崔居儉，清河人也。[1]祖蠡、父蕘皆爲唐名臣。居儉美文辭，風骨清秀，少舉進士。梁貞明中，爲中書舍人、翰林學士、御史中丞。唐莊宗時，爲刑部侍郎、太常卿。[2]

[1]清河：縣名。治所在今河北清河縣。

[2]蓋：人名。即崔蓋。清河（今河北清河縣）人。崔居儉之祖。唐朝官員。傳見《舊唐書》卷一一七、《新唐書》卷一四四。

蕘：人名。即崔蕘。清河人。崔居儉之父。唐朝官員。傳見《舊唐書》卷一一七、《新唐書》卷一四四。原作"堯"，中華書局本據浙江本、宗文本、《通鑑》卷二七九改，今從。　　"崔居儉"至"爲刑部侍郎、太常卿"：《新五代史》卷五五《崔居儉傳》。《輯本舊史》卷三〇《唐莊宗紀四》同光元年（923）十二月己巳條："以中書舍人崔居儉爲刑部侍郎，充史館修撰、判館事。"同書卷三三《唐莊宗紀七》同光三年七月壬子條："以刑部侍郎、史館修撰、判館事崔居儉爲御史中丞。"同書卷三六《唐明宗紀二》天成元年（926）六月己丑條："以御史中丞崔居儉爲兵部侍郎。"同書卷三八《唐明宗紀四》天成二年四月己丑條："以兵部侍郎崔居儉權知尚書左丞。"同書卷四〇《唐明宗紀六》天成四年五月壬辰條："以權知尚書右丞崔居儉爲尚書右丞。"同書卷四二《唐明宗紀八》長興二年（931）閏五月壬寅條："以尚書左丞崔居儉爲工部尚書。"同書卷四三《唐明宗紀九》長興三年十一月庚子條："以工部尚書崔居儉爲太常卿。"同書卷四四《唐明宗紀一〇》長興四年正月甲午條："正衙命使冊故福慶長公主孟氏爲晋國雍順長公主，遣太常卿崔居儉赴西川行冊禮。"《宋本冊府》卷四七五《臺省部·奏議門六》："崔居儉，爲尚書左丞，天成三年五月，請於西京置分司官。"

崔氏自後魏、隋、唐與盧、鄭皆爲甲族，吉凶之事，各著家禮。至其後世子孫，專以門望自高，爲世所嫉。明宗崩，居儉以故事爲禮儀使，[1]居儉以祖諱盍，辭不受，宰相馮道即徙居儉爲祕書監。居儉歷兵、吏部侍郎、尚書左丞、户部尚書。晋天福四年卒，年七十，贈右僕射。居儉拙於爲生，居顯官，衣常乏，死之日貧不能葬，聞者哀之。[2]

　　[1]禮儀使：官名。有重大禮儀事務則臨時置使，掌禮儀事務，事畢即停。

　　[2]吏部侍郎：官名。尚書省吏部次官。協助吏部尚書掌文選、勳封、考課之政。正四品上。　馮道：人名。瀛州景城（今河北滄縣）人。五代時官拜宰相，歷仕後唐、後晋、後漢、後周，亦曾臣服於契丹。傳見本書卷一二六、《新五代史》卷五四。　尚書左丞：官名。尚書省佐貳官。唐中期以後，與尚書右丞實際主持尚書省日常政務，權任甚重。正四品上。後梁開平二年（908）改爲左司侍郎，後唐同光元年（923）復舊爲左丞。正四品。　“崔氏自後魏”至“聞者哀之”：《新五代史》卷五五《崔居儉傳》。《輯本舊史》卷四五《唐閔帝紀》應順元年（934）正月丁丑條：“以太常卿崔居儉爲祕書監。”同書卷四六《唐末帝紀上》清泰元年（934）八月甲申條：“以祕書監崔居儉爲工部尚書。”同書卷四八《唐末帝紀下》清泰三年六月丙寅條：“遣工部尚書崔居儉奉宣憲皇太后寶册於寢宮。”同書卷七六《晋高祖紀二》天福二年（936）三月戊寅條：“以工部尚書崔居儉爲户部尚書。”同書卷七八《晋高祖紀四》天福四年五月壬子條：“户部尚書崔儉卒。”中華書局本此條有校勘記：“‘崔儉’，本書卷七六《晋高祖紀二》作‘崔居儉’。按《新五代史》卷五五有《崔居儉傳》。”《宋本册府》卷一四五《帝王部·弭災門》後唐末帝清泰元年九月：“工部尚書崔居儉告宗廟社稷。”同書卷六三三《銓選部·條制門五》唐末帝清泰二年三月：“工部尚書、判吏部尚書銓崔居儉奏：‘今年選人内，八十三人

無闕注擬，詞訴紛紜。蓋因近敕減選入仕者多門，雖可區分，難抑詞理。請下格式，取四月後合用員闕發遣。'中書門下奏：'先以銓曹論員闕，遂却置戶掾一員，諸州一百五十員，格式元送闕簿六百四十餘處。後又許超折資序，又堂帖令畿赤已上，雖擬議許開銓後除授，不合預請用四月後員闕，望於移省限内並須了絶，不得更令選人有詞。'詔曰：'宜令從四月一日後至六月終員闕施行，餘依中書所奏。'（原注：崔居儉多藝，有士望。是時帝起義時，諸攀附入官者衆，皆付銓，三銓難其事，故盧文紀奏用居儉，冀察其綜覈之失，而近侍者素知其意而奏之，故不從所奏。）"同書卷八六三《總録部・名諱門》："晋崔居儉仕後唐，爲太常卿。閔帝應順初，明宗山陵合爲禮儀使，居儉以祖諱蠡辭於執政，乃授祕書監。居儉訴於人曰：'名諱有令式，在余何罪也？'"同書卷九五四《總録部・妄作門》："晋崔居儉爲户部尚書。其先自後魏至唐推爲甲族。吉凶之事，自著家禮，與盧、鄭不同，但浮薄是務，淳儒惡之。"明本《册府》卷八一《帝王部・慶賜門三》後唐末帝清泰元年七月："文武兩班崔居儉而下一百七十有一人，各轉階一級，或賜勳一轉，或進爵一等，示新恩也。"

何澤

何澤，廣州人。[1]梁貞明中，清海節度使劉陟薦其才，以進士擢第。[2]父鼎，唐末爲容管經略使。澤少好學，長於歌詩。[3]初仕後唐，同光中爲洛陽令。澤以莊宗出獵，屢踐民田。澤屏其從者，伏於叢薄中，截馬諫曰："陛下未能一天下以休兵，而暴斂疲民，以給軍食。今田將熟，奈何恣佚游以害民稼？使官何以集其征賦？臣請賜死於此日，以悟陛下。"莊宗慰而遣之。[4]尋遷倉部郎中。[5]

　　[1]廣州：州名。治所在今廣東廣州市。

　　[2]清海：方鎮名。即清海軍節度使。治所在廣州（今廣東廣州市）。　劉陟：人名。籍貫不詳。五代後唐官員。事見本書卷四四。　“何澤”至“以進士擢第”：《通鑑》卷二七三後唐莊宗同光二年（924）九月癸卯條胡注引《薛史》。

　　[3]容管：方鎮名。治所在容州（今廣西容縣）。　經略使：官名。唐代置。爲邊防軍事長官。此處即容州管内經略使。主掌容州一帶諸州政令。　“父鼎”至“長於歌詩”：《新五代史》卷五六《何澤傳》。

　　[4]“初仕後唐”至“莊宗慰而遣之”：《職官分紀》（四庫本）卷四二《縣令門》“伏叢薄中諫獵”條注引《五代史》。亦見《宋本册府》卷五四九《諍諫部·褒賞門》、《新五代史》卷五六、《通鑑》卷二七三同光二年九月癸卯條。

　　[5]倉部郎中：官名。尚書省户部倉部司長官。掌天下軍儲、出納租税、禄糧、倉廩之事，以木契百，合諸司出給之數，以義倉、常平倉備凶年，平穀價。從五品上。　尋遷倉部郎中：《宋本册府》卷五四七《諫諍部·直諫門一四》。《唐摭言》卷九：“何澤，韶陽曲江人也。父鼎，容管經略，有文稱。澤，乾寧中，隨計至三峰行在，永樂崔公安潛，即澤之同年丈人也。聞澤來，乃以一絶振之曰：‘四十九年前及第，同年唯有老夫存。今日殷勤訪我子，穩將鬐鬣上龍門。’時主文與奪未分，又會相庭有所阻，（時崔相公胤特權，即永樂猶子也。）因之敗於垂成。後漂泊關外。梁太祖受禪，澤假廣南幕職入貢，敕賜及第。”《太平廣記》卷一三三《録報應録》：“唐何澤者，容州人也，嘗攝廣州四會縣令。性豪横，唯以飲啖爲事，尤嗜鵝鴨。鄉胥里正，恒令供納。常縶養鵝鴨千百頭，日加烹殺。澤只有一子，愛憐特甚，嘗一日烹雙雞，爨湯以待

沸。其子似有鬼物撮置鑊中，一家驚駭，就出之，則與雙雞俱潰爛矣。"

明宗時，數上書言事。明宗幸汴州，又欲幸鄴，而人情不便，大臣屢言不聽；澤伏閣切諫，明宗嘉之，拜吏部郎中、史館修撰。澤外雖直言，而內實邪佞，嘗於內殿起居，班退，獨留，以笏叩顙，北望而呼曰："明主，明主！"聞者皆哂之。[1]

[1]吏部郎中：官名。尚書省吏部頭司吏部司長官。掌文官階品、朝集、祿賜，給其告身、假使以及選補流外官等事。《新唐書》記正五品上。　史館修撰：官名。北齊始置史館。唐初隸秘書省著作局。唐貞觀三年（629）移於禁中，隸門下省。修本朝史由史官負責，修前代史多由他官編纂，宰相監修，正式確立史館修史、宰相監修之制。開元二十五年（737），徙史館於中書省。天寶後，他官兼領史職者，謂之史館修撰，初入者爲直館。　"明宗時"至"聞者皆哂之"：《新五代史》卷五六《何澤傳》。《宋本册府》卷五四九《諫諍部·褒賞門》："明宗天成三年，駕在汴水，欲幸鄴，人情不願。執政近侍進言，未從。澤因伏門切諫，竟罷其行。明宗心賞之，乃拜吏部郎中。"《輯本舊史》卷三九《唐明宗紀五》天成三年（928）二月癸未條："以倉部郎中何澤爲吏部郎中，獎伏閣諫巡幸鄴都也。"同年十一月丙申條："吏部郎中何澤奏：'流外官請不試書判之類。'從之。"《御覽》卷二四七《職官部·太子侍讀門》："《五代史·後唐史》曰：倉部郎中何澤上疏請置太子侍讀，敕旨：'何澤早處班行，深明典制，固根本而別彰憂國，上封章而足表匡君，其所敷陳，實爲允當，特議施行。'"明本《册府》卷八七五《總錄部·訟冤門四》："晉何澤初仕後唐，同光中爲河南尹時。洛陽令羅貫爲樂人強占稅户，譖於莊宗，下獄考掠，逼令招

罪。見害。天成二年，澤爲倉部郎中，因逢恩赦，上表昭雪，救河南縣，是神州赤縣縣令。乃明庭籍：‘臣未審罪名，便當極法。不削不貶，不案不彰，困枯木於廣衢，抱沉冤而至死。衆人具見有耳。皆聞何澤，對宰洛陽，委其實狀。今此伸屈直貢，表章請雪，吞聲以旌幽壤。遂其冥冥下士，非玄恩以不知。蕩蕩無私，俾輿情而共感，宜加昭雪，兼賜贈官。’其子彧，文行可稱，便許録。”

五代之際，民苦於兵，往往因親疾以割股，或既喪而割乳廬墓，以規免州縣賦役。户部歲給蠲符，不可勝數，而課州縣出紙，號爲“蠲紙”。澤上書言其敝，明宗下詔悉廢户部蠲紙。[1]

[1]户部：官署名。主管全國田户、均輸、錢穀之政令。“五代之際”至“明宗下詔悉廢户部蠲紙”：《新五代史》卷五六《何澤傳》。《宋本册府》卷一六〇《帝王部·革弊門二》後唐明宗天成三年（928）閏八月：“吏部郎中何澤請廢户部蠲紙。奉敕：‘日月流行之處，王人億萬之家，既絕煩苛，無濫力役。唯忠孝二柄，可以旌表户門。若廣給蠲符，深爲弊事。昨者所爲地圖，方域逐閏重疊上供，州郡之中，皆須厚斂。而猶尋降誡束，並勒廢停。今此倖端，豈合更啓？逐年蠲紙宜令削去。’”

澤與宰相趙鳳有舊，數私于鳳，求爲給諫。[1]鳳薄其爲人，以爲太常少卿。[2]敕未出而澤先知之，即稱新官上章自訴。章下中書，鳳等言：“澤未拜命而稱新官，輕侮朝廷，請坐以法。”乃以太僕少卿致仕，[3]居于河陽。澤時年已七十，尚希仕進，即遣婢宜子詣匭上章言事，請立秦王爲皇太子。秦王素驕，多不軌，遂成其

禍，由澤而始。晉高祖入立，^[4]召爲太常少卿，以疾卒于家。^[5]

[1]趙鳳：人名。幽州（今北京市）人。後唐明宗朝宰相。傳見本書卷六七、《新五代史》卷二八。　給諫：給事中與諫議大夫的合稱。

[2]太常少卿：官名。太常寺次官。佐太常卿掌宗廟、祭祀、禮樂及教育等。正四品上。

[3]太僕少卿：官名。太僕寺次官。協助太僕卿管理車輿厩牧，審計籍帳，通判本寺事務。從四品上。

[4]晉高祖：即後晉高祖石敬瑭。沙陀部人。五代後唐將領、後晉開國皇帝。紀見本書卷七五至八○、《新五代史》卷八。

[5]"澤與宰相趙鳳有舊"至"以疾卒于家"：《新五代史》卷五六《何澤傳》。明本《册府》卷九三八《總錄部·姦佞門二》："何澤爲太僕少卿致仕。長興四年八月，自河陽遣婢宜子投匭上書，請立秦王從榮爲皇太子。澤前任吏部郎中，舊曾與宰相趙鳳使府同院爲判官，因是舊數泣告於鳳，求爲給諫。鳳怒其躁佞，除授秘書少監。堂吏有姓何者，私報澤，澤即稱新授秘書少監臣澤上章訴屈。大略云：'臣伏尋近例，自郎中拜給諫者，即崔惧、張延雍，皆自郎官拜諫議。況臣在郎署，粗有勤勞，無罪左遷，有同排擯。'事下中書，宰臣執奏：'何澤新命未下，便敢稱謂開天，不知澤何處授此官位？誣弄朝綱，法當不敬。'由是命太僕少卿致仕，退居河陽。澤性好内，侍婢十餘，凡公私請託，多令諸婢出入。至於掌閽待客，輒無形迹。既久退居，心常鬱鬱，年七十餘，求進未已。既見從榮位望隆盛，帝又多病，自素與執政私憾，欲報仇於一時。即令婢宜子詣闕，投匭上章，大略曰：'立儲之事，人所難言。内外大臣，不忍輕議。臣所以冒死以聞。'又云：'臣前在班行，不求致仕。乃是宰執抑臣屏退，所以不盡臣才。'明宗覽澤表，不悦，私謂近臣曰：'群臣欲立儲君，吾自歸

河東養老。’雖然，不得已令大臣商議。大臣聞帝所言，不敢可否，即議加從榮大元帥之命。俄而致從榮不軌之變，由澤啓其釁端也。”亦見明本《册府》卷四八一《臺省部·輕躁門》，《宋本册府》卷九三六《總録部·躁競門》，《通鑑》卷二七八後唐明宗長興四年（933）八月壬戌、丁卯條。

孔昭序

孔昭序，爲給事中。[1]天成三年九月丁酉，上言曰："伏見本朝儀制：北省官爲近侍之班，遂異常參之禮，所以百僚則曰拜，蓋云謝食；北省官不赴廊飧，[2]食於本署，故常朝不拜。況今耆舊，皆目覩躬行。伏望陛下順考古道，率由舊章，正立朝之常規，遵先王之定制。"[3]

[1]給事中：官名。秦始置。隋、唐以來，爲門下省屬官。掌讀署奏抄、駁正違失。正五品上。

[2]北省官：官名。指中書、門下官。沿唐舊稱，門下省、中書省稱爲北省，尚書省稱爲南省。

[3]"孔昭序，爲給事中"至"遵先王之定制"：《宋本册府》卷四七五《臺省部·奏議門六》。孔昭序，籍貫不詳。《輯本舊史》卷三八《唐明宗紀四》天成二年（927）八月辛巳條："以右諫議大夫孔昭序爲給事中。"同書卷七六《晋高祖紀二》天福二年（937）二月壬寅條："以左散騎常侍孔昭序爲太子賓客。"同年九月戊午條："以太子賓客孔昭序爲工部尚書致仕。"同書卷一二七《馬裔孫傳》："劉昫爲僕射，性剛，群情嫉之，乃共贊右常侍孔昭序論行香次第，言：‘常侍侍從之臣，行立合在僕射之前。’疏奏，下御史臺

定例。"亦見明本《册府》卷三三五《宰輔部·不稱門》、卷九三九《總録部·譏誚門》。《吴越備史》卷二應順元年（934）正月條："閔帝改元，大赦，敕遣鞍轡庫使王延縞來宣告，仍賜國信，尋又遣散騎常侍孔昭序、駕部員外郎張繕册王爲吴越王。"

劉頎

劉頎，爲鴻臚卿，留司洛下。[1]嘗於水南治第，有古墓在其下，因發之，其棺柩遺骸棄於洛水。俄而疾作，舉家相繼卒焉。[2]

[1]鴻臚卿：官名。秦稱典客，漢初改大行令，漢武帝時改大鴻臚，北齊置鴻臚寺，以鴻臚寺卿爲長官，後代沿置。掌四夷朝貢、宴飲賞賜、送迎外使等禮儀活動。從三品。

[2]洛水：即今洛河。 "劉頎"至"舉家相繼卒焉"：《宋本册府》卷九五一《總録部·咎徵門二》。劉頎，籍貫不詳。《輯本舊史》卷四八《唐末帝紀下》清泰三年（936）六月己巳條："以西上閤門副使、少府監兼通事舍人劉頎爲鴻臚卿，職如故。"同書卷七六《晋高祖紀二》天福二年（937）六月乙酉條："以祕書少監致仕劉頎爲鴻臚卿致仕。"同書卷七七天福三年三月戊午條："鴻臚卿劉頎卒，贈太子賓客。"

聶延祚

後唐聶延祚爲少府監，明宗天成元年上言："牌印舊體，不與朱記相參。伏自近年，亦歸當監鑄造。既須篆字，何異印文？伏乞下中書釐革。"[1]（天成二年十月甲辰）敕少府監聶延祚等以大駕巡幸，告祭神祠。[2]（長興三年七月丁酉）雲州節度使沙彥珣奏，桑遷謀應太原，遷報應州尹暉，謀逐殺沙彥珣，暉復部送遷至伏罪。遣太子賓客聶延祚宣賜彥珣、尹暉戎服、金帶、錢幣，及犒賞在城軍士。[3]

[1]少府監：官名。少府監長官。隋初置，唐初廢，太宗時復置。掌百工技巧之事。從三品。　“後唐聶延祚爲少府監”至“伏乞下中書釐革”：《宋本册府》卷六二〇《卿監部·舉職門》。聶延祚，籍貫不詳。

[2]敕少府監聶延祚等以大駕巡幸，告祭神祠：明本《册府》卷一一四《帝王部·巡幸門三》。《輯本舊史》卷四二《唐明宗紀八》長興二年（931）三月庚辰條：“以少府監聶延祚爲殿中監。”

[3]沙彥珣：人名。籍貫不詳。五代後唐將領。事見本書卷四七、卷四八。　桑遷：人名。籍貫不詳。事見本書卷四八。　應州：州名。治所在今山西應縣。　尹暉：人名。魏州大名（今河北大名縣）人。五代後唐、後晉將領。傳見本書卷八八。　太子賓客：官名。爲太子官屬。唐高宗顯慶元年（656）始置。掌侍從規諫、贊相禮儀。正三品。　“雲州節度使沙彥珣奏”至“及犒賞在城軍士”：明本《册府》卷一二八《帝王部·明賞門二》。《輯本舊史》卷四八《唐末帝紀下》清泰三年（936）七月乙巳條：“以衛尉卿聶延祚爲太子賓客。”同書卷八〇《晋高祖紀六》天福六年十一月甲寅條：“遣太子賓客聶延祚、吏部郎中盧撰持節册天下兵馬元帥、守尚書令、吳越國王錢元瓘。”同書卷八二《晋少帝紀二》天福八年（943）十二月乙丑條：“太子賓客聶延祚卒。”

王伾

（天福元年）以王伾爲將作監。[1]伾，河内人，[2]歷河陽度支使、鄴都河東少尹，與帝潜龍時有舊也。[3]

[1]將作監：官名。秦代設將作少府，唐代改將作監，其長官即爲將作監。掌宮廷器物置辦及宮室修建事宜。從三品。

[2]河内：縣名。治所在今河南沁陽市。

[3]度支使：官名。度支本爲户部的一司，唐中期以後特派大臣判度支，後來獨立於户部之外，稱度支使或知度支事，或稱勾當支使。與判户部及鹽鐵轉運使合稱三司。至五代後唐，合爲一職，稱三司使。　少尹：官名。唐、五代於三京、鳳翔等府均置少尹，爲尹的副職。協助尹通判列曹諸務。從四品下。　"以王伾爲將作監"至"與帝潜龍時有舊也"：《宋本册府》卷一七二《帝王部·求舊門二》。《輯本舊史》卷七六《晋高祖紀二》天福二年（937）九月乙亥條："以將作監王伾爲太子賓客。"同年十一月丙辰條："太子賓客王伾卒。"

于嶠

于嶠爲户部員外郎，[1]知制誥。天成二年，嶠上言請邊上兵士起置營田，敩趙充國、諸葛亮之術，[2]庶令且戰且耕，望致輕徭。三年，嶠又上言曰："有國有家，既定君臨之位；無偏無黨，方明王者之心。苟少虧於同軌同文，則微損於盡善盡美。竊知河朔令録須俟本道薦揚，[3]朝廷就加真命。况今萬國諸侯，猶請行而貢職；豈使一方令長，獨端坐以邀官？未敦革故之風，深缺維新之化。覿兹闕政，敢貢直言。乞宣付中書，委於銓管，此後並從常調。”七月，嶠上言曰：“協和萬邦，明王所以安社稷；平章百姓，哲后所以懷黎民。將延七百載之洪基，須安億兆衆之黔首。臣幸遇聖明之代，敢傾愚直之誠。伏以朝廷先有指揮，今年不更通括苗畝，宣從特旨，頒作溥恩。且屬夏秋已來，霜雨頻降。在山川高土則必有豐年，想藪澤下田非無水瀰。脱或已作黄汙行潦，猶徵青苗地頭，不唯損邦國化風，兼恐傷天地和氣。儻或皇帝陛下念兹狂直，哀彼災祥，特於淹浸之田，別示優隆之澤。重委鄉村父老通括，不令州縣節級下鄉。如或檢驗不虛，即日蠲減租税。或有司以軍糧未濟，兵食是虞，即請却於山川之田，豐熟之地，或於麻鞋稈草、鹽鹽地頭，據其本分價錢，折納諸色斛斗。所謂公私俱濟，苦樂皆均，捨其短以從其長，將有餘而補不足。臣每因急務，方敢上言。前後所奏十件，有司未行一件。伏乞陛下念臣苦思，察臣盡心，或可施行，不令停滯。”[4]爲比部郎中，知制誥。天成四年四月丙午，上章以兩班有老病者，咸絶其俸，慮玷聖明，請各授致仕官仍加錫賚，以符尚齒之化。[5]祕書少監于嶠者，自莊宗時即與（趙）鳳俱爲翰林學士，[6]而嶠亦訐直敢言，與鳳素善。及鳳已貴，而嶠久不遷，自以材名在鳳上而不用，因與蕭希甫數非斥時政，[7]尤詆訾鳳，鳳心銜之，未有以發。而嶠與隣家爭水竇，爲安重誨所怒，鳳即左遷嶠祕書少監。嶠因被酒往見鳳，鳳知其必不遜，乃辭以沐髮，嶠詬直吏，又溺於從者直廬而去。省吏白鳳，嶠溺於客次，且詬鳳。鳳以其事聞，明宗下詔奪嶠官，長流武州百姓，又流振武，[8]天下冤之。[9]

[1]户部員外郎：官名。户部郎中的副職。從六品上。

[2]趙充國：人名。隴西上邽（今甘肅天水市）人。西漢名將。傳見《漢書》卷六九。　諸葛亮：字孔明，號卧龍。徐州琅玡郡陽都（今山東沂南縣）人。三國時期著名政治家、軍事家。輔佐劉備在四川地區建立蜀漢政權。後積勞成疾而病逝。傳見《三國志》卷三五。

[3]河朔：古地區名。泛指黄河以北地區。

[4]“于嶠爲户部員外郎”至“不令停滯”：《宋本册府》卷五五三《詞臣部·獻替門二》。亦見同書卷五〇三《邦計部·屯田門》後唐明宗天成二年（927）八月。明本《册府》卷三三六《宰輔部·强很門》豆盧革條：“莊宗幸洛，車駕次汜水。翰林學士劉昫、趙鳳、于嶠等議：高祖太宗廟在洛北，請帝親行拜薦，庶天下知敬祖奉先之道。”

[5]比部郎中：官名。唐、五代刑部比部司長官，掌管勾會内外賦斂、經費俸禄等。從五品上。　“爲比部郎中”至“以符尚齒之化”：《宋本册府》卷四七五《臺省部·奏議門六》。

[6]祕書少監：官名。唐承隋制，置祕書省，設祕書少監二人協助祕書監工作。從四品上。　翰林學士：官名。由南北朝始設之學士發展而來，唐玄宗改翰林供奉爲翰林學士，備顧問，代王言，掌拜免將相、號令征伐等詔令的起草。

[7]蕭希甫：人名。宋州（今河南商丘市睢陽區）人。五代後梁、後唐官員。傳見本書卷七一、《新五代史》卷二八。

[8]振武：方鎮名。後梁貞明二年（916）以前，治所位於單于都護府城（今内蒙古和林格爾縣）。貞明二年，單于都護府城爲契丹占據。此後至後唐清泰三年（936），治所位於朔州（今山西朔

州市朔城區）。後晋隨燕雲十六州割予契丹，改名順義軍。

[9]"祕書少監于嶠者"至"天下冤之"：《新五代史》卷二八《趙鳳傳》。亦見明本《册府》卷四八一《臺省部·輕躁門》。《輯本舊史》卷三〇《唐莊宗紀四》同光元年（923）十一月丁巳條："以左拾遺于嶠守本官，充翰林學士。"同書卷四〇《唐明宗紀六》天成四年（929）十一月癸未條："祕書少監于嶠配振武長流百姓，永不齒任，爲宰臣趙鳳誣奏也。"同書卷七六《晋高祖紀二》天福二年（937）五月甲子條："以虞部郎中、知制誥于嶠爲中書舍人。"明本《册府》卷九三九《總録部·譏誚門》馬胤孫條："時知制誥于嶠與閣下諸舍人嘲曰：'生前爕治，曾不聞於上言；死後魂靈，但空聞其下語。'"

翟進宗

翟進宗，不知其何人也。初事唐，後事晋，爲淄州刺史。[1]楊光遠反，[2]以騎兵數百脅取至青州，進宗不屈，光遠遂殺進宗。出帝贈進宗左武衛上將軍。[3]及光遠平，曲赦青州。詔求進宗尸，加禮歸葬，葬事官給，以其子仁欽爲東頭供奉官。[4]

[1]淄州：州名。治所在今山東淄博市。

[2]楊光遠：人名。沙陀部人。五代後唐、後晋將領。傳見本書卷九七、《新五代史》卷五一。

[3]左武衛上將軍：官名。唐置，掌宫禁宿衛。唐代置十六衛之一，從二品。

[4]仁欽：人名。即翟仁欽。事迹不詳。　東頭供奉官：官名。泛指侍奉皇帝左右的臣僚，亦爲東、西頭供奉官通稱。　"翟進

宗”至“以其子仁欽爲東頭供奉官”：《新五代史》卷三三《翟進
宗傳》。《輯本舊史》卷八二《晋少帝紀二》天福八年（943）十二
月丁卯條：“淄州奏，青州節度使楊光遠反，遣兵士取淄州，刺史
翟進宗入青州。”《通鑑》卷二八三後晋高祖天福八年十二月乙巳
條：“楊光遠遣騎兵入淄州，刺史翟進宗歸于青州。”《宋本册府》
卷一四〇《帝王部·旌表門四》晋少帝開運元年（944）：“敕曰：
故淄州刺史翟進宗，不穀不德，營兵叛予，陷爾属階，力屈遇害。
念兹忠瘁，實用盡傷。蜀主恕其黄權，魯公誅其卜國，皆非罪也。
吾將贈之，用慰貞魂，宜頒漏澤，可贈左武衛上將軍。”明本《册
府》卷九四《帝王部·赦宥門一三》晋少帝開運元年閏十二月乙
酉：“制曰：……故淄州刺史翟進宗，清風凜物，貞骨淩秋。當光
遠跋扈之初，被逆黨脅驅之際，而仗節守義，經死徇忠，終異叛
徒，以及遇害。雖已行褒贈，而未稱朕懷。宜覃延賞之恩，仍示殊
常之禮。其翟進宗靈櫬委本處類會本人骨肉加禮歸葬，葬事官給；
其子仁欽可特授官資，補充東頭供奉官。”

李文謙

（清泰二年七月）涼州留後李文謙獻馬三十匹。[1]

[1]涼州：州名。治所在今甘肅武威市。　涼州留後李文謙獻
馬三十匹：《宋本册府》卷九七二《外臣部·朝貢門五》。李文謙，
籍貫、生平不詳。《輯本舊史》卷八〇《晋高祖紀六》天福六年
（941）七月壬戌條：“涇州奏，西涼府留後李文謙今年二月四日閉
宅門自焚，遣元入西涼府譯語官楊行實與來人齎三部族蕃書進之。”
其中“楊行實”三字據《宋本册府》卷九八〇《外臣部·通好門》
補。《通鑑》卷二八二繫此事於天福六年二月。《輯本舊史》卷一
三八《吐蕃傳》：“清泰元年，留後李文謙來請命。後數年，涼州人

逐出文謙，靈武馮暉遣牙將吳繼興代文謙爲留後，是時天福七年。"此處所記有誤。

衛審峻

衛審峻，初仕後唐，爲河中都指揮使。康福除靈武節，[1]奉宣授送赴鎮，爲一行步軍都指揮使。破吐蕃於青堈峽，擊李賓於河西，[2]有功，授郢州刺史、檢校司空。[3]

[1]康福：人名。蔚（今河北蔚縣）人。五代後唐、後晉將領。傳見本書卷九一、《新五代史》卷四六。 靈武：郡名。治所在今寧夏吳忠市。乾元元年（758），改名靈州。此處代指治所在靈州的方鎮朔方軍。

[2]吐蕃：古代青藏高原地區的政權。自7至9世紀，共歷九主，二百餘年。參見才讓《吐蕃史稿》，人民出版社2010年版。青堈峽：地名。亦作青岡嶺。位於今甘肅環縣西北。 李賓：人名。籍貫不詳。五代將領。事見本書卷一三二。

[3]郢州：州名。治所在今湖北鍾祥市。 檢校司空：官名。爲散官或加官，以示恩寵，無實際執掌。 "衛審峻"至"檢校司空"：《宋本册府》卷三六〇《將帥部·立功門一三》。《輯本舊史》卷八〇《晉高祖紀六》天福七年（942）五月己亥條："左威衛上將軍衛審峻卒，贈太子少保。"《通鑑》卷二七六後唐明宗天成四年（929）十月戊戌條："前磁州刺史康福，善胡語，上退朝，多召入便殿，訪以時事，福以胡語對；安重誨惡之，常戒之曰：'康福，汝但妄奏事，會當斬汝！'福懼，求外補。重誨以靈州深入胡境，爲帥者多遇害，戊戌，以福爲朔方、河西節度使。福見上，涕泣辭之；上命重誨爲福更他鎮，重誨曰：'福自刺史無功建節，尚復何

求！且成命已行，難以復改。'上不得已，謂福曰：'重誨不肯，非朕意也。'福辭行，上遣將軍牛知柔、河中都指揮使衛審峻等將兵萬人衛送之。審峻，徐州人也。"同年十一月條："康福行至方渠，羌胡出兵邀福，福擊走之；至青剛峽，遇吐蕃野利、大蟲二族數千帳，皆不覺唐兵至，福遣衛審峻掩擊，大破之，殺獲殆盡。由是威聲大振，遂進至靈州，自是朔方始受代。"

張薦明

晋高祖天福四年九月辛卯，召道士崇真大師張薦明，賜以繒帛。薦明，燕人也，少爲儒，遊學河朔，漁獵《莊》《老》，故性與道俱。其後雲衣星冠，奉自然之教。帝素尚玄元，御極之初，數數召見。帝問曰："道可以治世乎？"薦明對曰："道也者，妙萬物而爲言，摠兩儀而稱德。得之上者爲道，得之中者爲仁義，得之外者爲禮智信。外而失之，非人也。得其極者，尸居衽席之間以治天下，豈止乎世者也！"帝遂延入内殿，講老氏《道德經》。召宰臣馮道授卷而聽，道曰："道士講《老子》，僧人受戒，令文有之，不可輕也。"帝遂禮之爲師，益加崇重。嘗聞宮中奏時鼓，乃曰："陛下聞鼓聲乎？守一而已。夫絃匏金石，其聲十二；其黄鐘也，唯合於黄鐘。其不應者五十有九，出乎多門也。鼓之爲音也，奚其間然，無宮商無角徵，無羽無變，和而契之，其一故也。人能混成於心，則天地俱矣，何患世之不淳哉。"帝繇是虚心致静，尊道貴德。故每一召見，多所頒賜。天福五年十一月，賜張薦明號通玄先生，令以《道》《德》二經雕上印板，命學士和凝別撰新序，冠于卷首，俾頒行天下。[1]後不知其所終。[2]

[1]和凝：人名。鄆州須昌（今山東東平縣）人。歷仕後梁至後周，五代官員、詞人。傳見本書卷一二七、《新五代史》卷五六。

"晋高祖天福四年九月辛卯"至"俾頒行天下"：明本《册府》卷五四《帝王部·尚黄老門二》。"天福五年十一月"，《輯本舊史》卷七九《晋高祖紀五》繫於六月癸亥："道士崇真大師張薦明賜號通玄先生。是時，帝好《道德經》，嘗召薦明講説其義，帝悦，有是命。尋令薦明以《道》《德》二經雕上印版，命學士和凝別撰新序，冠于卷首，俾頒行天下。"

[2]後不知其所終：《新五代史》卷三四《張薦明傳》。

王弘贄

王弘贄，不知其世家何人也。唐明宗時，爲合階二州刺史、右千牛衛將軍、衛州刺史。[1]（長興元年十一月）石敬瑭入散關，階州刺史王弘贄、瀘州刺史馮暉與前鋒馬步都虞候王思同、步軍都指揮使趙在禮引兵出人頭山後，過劍門之南，[2]還襲劍門，壬申，克之，殺東川兵三千人，獲都指揮使齊彦温，[3]據而守之。甲戌，弘贄等破劍州，[4]而大軍不繼，乃焚其廬舍，取其資糧，還保劍門。[5]

[1]合：州名。治所在今重慶市合川區。　階：州名。治所在今甘肅隴南市武都區。　右千牛衛將軍：官名。唐代置十六衛之一，掌宫禁宿衛。從三品。　"王弘贄"至"衛州刺史"：《新五

代史》卷四八《王弘贄傳》。

[2]散關：地名。即大散關。位於今陝西寶鷄市西南大散嶺上。秦嶺著名關隘之一。　瀘州：州名。治所在今四川瀘州市江陽區。

馮暉：人名。魏州（今河北大名縣）人。五代後唐至後周將領。傳見本書卷一二五、《新五代史》卷四九。　馬步都虞候：官名。五代侍衛親軍馬步軍統兵官，僅次於馬步軍都指揮使、副都指揮使。　王思同：人名。幽州（今北京市）人。唐末盧龍節度使劉仁恭外孫。五代後唐將領。傳見本書卷六五、《新五代史》卷三三。

步軍都指揮使：官名。五代時軍鎮統兵官，爲行軍臨時而設。趙在禮：人名。涿州（今河北涿州市）人。五代後唐、後晉將領。傳見本書卷九〇、《新五代史》卷四六。　人頭山：山名。位於今四川廣元市西南。　劍門：關隘名。即劍門關。位於今四川劍閣縣北劍門鎮北大劍山口。

[3]東川：方鎮名。指劍南東川節度使，簡稱東川。至德二載（757）分劍南節度使東部地區置劍南東川節度使，治所在梓州（今四川三臺縣）。　齊彥溫：人名。籍貫不詳。劍南東川節度使董璋部將。事見本書卷四一。

[4]劍州：州名。治所在今四川劍閣縣。

[5]“石敬瑭入散關”至“還保劍門”：《通鑑》卷二七七。《輯本舊史》卷四一《唐明宗紀七》：“（長興元年）九月乙丑，階州刺史王弘贄上言：‘一州主客户緫及千數，並無縣局，臣今檢括得新舊主客已及三千二百，欲依舊額立將利、福津二縣，請置令佐。’從之……十一月……辛巳，西面軍前奏，今月十三日，階州刺史王弘贄、瀘州刺史馮暉，自利州取山路出劍門關外倒下，殺敗董璋守關兵士三千人，收復劍州。”

（清泰元年四月庚午）未明，閔帝至衛州東數里，遇石敬瑭；帝大喜，問以社稷大計，敬瑭曰：“聞康義誠西討，何如？陛下何爲至此？”帝曰：“義誠亦叛去矣。”敬瑭俛首長歎數四，曰：“衛州刺史王弘贄，宿將習事，請與圖之。”乃往見弘贄問之，弘贄曰：“前代天子播遷多矣，然皆有將相、侍衛、府庫、法物，使群下有所瞻仰；今皆無之，獨以五十騎自隨，雖有忠義之心，將若之何？”敬瑭還，見帝於衛州驛，以弘贄之言告。（五月）王弘贄遷閔帝於州廨，帝遣弘贄之子殿直巒往鴆之。戊寅，巒至衛州謁見，閔帝問來故，不對。弘贄數進酒，閔帝知其有毒，不飲，巒縊殺之。[1]

[1]巒：人名。即王巒。籍貫不詳。王弘贄之子。事見本書卷四五。　“未明”至“巒縊殺之”：《通鑑》卷二七九。亦見《輯本舊史》卷四五《唐閔帝紀》應順元年（934）四月條。

（開運三年二月丙子）光禄卿致仕弘贄卒，贈太常卿。[1]

[1]光禄卿：官名。南朝梁天監七年（508）改光禄勳置，隋唐沿置。掌宮殿門户、帳幕器物、百官朝會膳食等。從三品。　光禄卿致仕弘贄卒，贈太常卿：《輯本舊史》卷八四《晋少帝紀四》。《新五代史》卷四八《王弘贄傳》：“贈太傅。”

韓昭裔

初，廢帝起於鳳翔，與共事者五人：節度判官韓昭裔、掌書記李專美、牙將宋審虔、客將房暠，而延朗爲孔目官。[1]初，愍帝即位，徙廢帝爲北京留守，不降制書，遣供奉官趙處愿促帝上道。[2]帝疑惑，召昭裔等計議，昭裔等皆勸帝反，由是事無大小，皆此五人謀之。帝既立，以昭裔爲左諫議大夫、端明殿學士。[3]久之，以昭裔爲樞密使。由是昭裔掌機密。當晋之將起，廢帝以昭裔爲中書侍郎、同中書門下平章事，[4]出爲河陽節度使，與審虔、文遇皆不知其所終。[5]

[1]李專美：人名。京兆萬年（今陝西西安市長安區）人。五代後梁、後唐、後晋官員。傳見本書卷九三。　宋審虔：人名。籍貫不詳。五代後唐官員。事見本書卷四八、《新五代史》卷二七。

房暠：人名。京兆長安（今陝西西安市）人。五代後唐、後晋大臣。傳見本書卷九六。　延朗：人名。即劉延朗。宋州虞城（今河南虞城縣）人。五代後唐大臣。傳見本書卷六九、《新五代史》卷二七。　孔目官：官名。唐玄宗開元五年（717）始於集賢殿置孔目官一人，掌檔案及圖書目録。後諸鎮節度使府皆置孔目官，掌管檔案及文書收發，綜理衆務，其職掌略似於諸州、府之録事參軍，爲幕府要職之一。

[2]趙處愿：人名。籍貫不詳。五代後唐官員。事見《新五代史》卷二七。

[3]左諫議大夫：官名。隸門下省。唐代置左、右諫議大夫各四人，分隸門下省、中書省。掌諫諭得失、侍從贊相。正四品下。

端明殿學士：官名。五代後唐天成元年（926）明宗初即位，每有四方書奏，多令樞密使安重誨進讀，重誨不曉文義。於是孔循獻議，設端明殿學士，命馮道等爲之，位在翰林學士之上。此後沿置。

[4]中書侍郎：官名。中書省副長官。唐後期三省長官漸爲榮銜，中書侍郎、門下侍郎却因參議朝政而職位漸重，常常用爲以

“同三品”或“同平章事”任宰相者的本官。正三品。　同中書門下平章事：官名。簡稱“同平章事”。唐代高宗以後，凡實際任宰相之職者，常在其本官後加同平章事的職銜，後成爲宰相專稱。後晉天福五年（940），升中書門下平章事爲正二品。

[5]文遇：人名。即薛文遇。籍貫不詳。五代後唐大臣。事見本書卷四八及《通鑑》卷二七九、卷二八〇。　“初”至“文遇皆不知其所終”：《新五代史》卷二七《劉延朗傳》。“韓昭裔”，《新五代史》原作“韓昭胤”，因避宋諱改。《輯本舊史》卷四六《唐末帝紀上》清泰元年（934）四月丁亥條：“鳳翔節度判官韓昭裔爲左諫議大夫，充端明殿學士。”同月庚寅條：“史館奏：‘凡書詔及處分公事，臣下奏議，望令近臣録付當館。’詔端明殿學士韓昭裔、樞密直學士李專美録送。”同年五月丙午條：“以端明殿學士韓昭裔爲樞密使。”同月戊午條：“以樞密使、左諫議大夫韓昭裔爲刑部尚書，使如故。”同書卷四七《唐末帝紀中》清泰二年四月癸未條：“以樞密使韓昭裔爲中書侍郎兼兵部尚書、平章事，充樞密使。”同年十二月壬申條：“以中書侍郎兼兵部尚書、充樞密使韓昭裔爲檢校司空、同平章事，充河中節度使。”同書卷七六《晋高祖紀二》天福元年（936）閏十一月甲申條：“制：‘……宰臣馬裔孫、樞密使房暠、宣徽使李專美、河府節度使韓昭裔等四人，並令釋放。’”亦見明本《册府》卷九三《帝王部·赦宥門一二》、卷五五七《國史部·採撰門三》。同書卷七八《晋高祖紀四》天福四年四月丙戌條：“以韓昭裔爲兵部尚書致仕……唐末帝之舊臣也。”同書卷一一一《周太祖紀二》廣順元年（951）三月丙子條：“兵部尚書致仕韓昭裔爲尚書右僕射。”同書卷一一四《周世宗紀一》顯德元年九月己亥條：“以右僕射致仕韓昭裔、左僕射致仕楊凝式並爲太子太保致仕。”《宋本册府》卷一四五《帝王部·弭災門三》唐末帝清泰元年六月丙子：“詔內外差官祈雨。自去年秋不雨，冬無雪。帝初至至德宮，雨數寸。至是旱，京師暍死十數人。帝命韓昭裔開廣化寺三藏塔，是夕，雨三寸。”同書卷一五〇《帝王部·寬

刑門》唐末帝清泰元年七月："詔曰：'朕自中春釁生家國，長子重吉遽陷無辜，其供奉官楚祚乘幼主之猜嫌，徇賊臣之指使，纔聞差使，遽自請行，坐情過甚於仇讎，臨法不依於制度，恣加淩辱，隱奪資財，縱便致於族誅，亦未平於深恥。朕再惟大體，不欲極刑，抑沉痛於恩情，示好生於天道。且令遠斥，粗釋幽冤，宜配登州長流百姓，常知所在。其父西京副指揮使虔章放令自便，縱逢恩赦，不在齒錄之限。'重吉，明宗時爲控鶴指揮使，鄂王時朱、馮忌嫉，出爲亳州團練使。重吉初不奉詔，弘昭令宋州節度使召赴州，令楚祚往害之。帝息嗣不多，倂罹非禍，言發涕零。後知祚殺重吉時，詬辱笞掠，以責家財。時祚在外位，立令追攝，將加極刑。韓昭裔曰：'帝王天下君父，臣下皆爲赤子，論刑定罪，須合人心。楚祚承命，檢校家財，理須窮詰。若以此加法，懼失物情。今便族楚祚之門，亦逝者何救？臣受恩殊等，安敢惜言。'帝曰：'吾兒不可復得，殺一楚祚，何足與言！'帝性仁恕，終爲韓開釋，而祚免死。"卷一七二《帝王部‧求舊門二》後唐明宗長興二年（931）三月："韓昭裔檢校户部員外郎、守太子左贊善大夫，仍賜紫金魚袋……帝在藩舊參佐也。"明本《册府》卷一八一《帝王部‧無斷門》後唐廢帝清泰元年六月："三司使劉昫上言：'天下州郡，於天成二年括定税率，迨今八年。近有民於本道及詣闕訴田不均，乞檢視；累行蠲放，漸失賦租，請朝臣中選清强巡行檢視。'從之。昫奉詔，便欲曉諭。樞密使韓昭裔言：'俟更詳議。'其事不報。帝猶豫少決，皆此類也。"《通鑑》卷二七九後唐廢帝清泰元年七月乙卯條："帝欲殺楚匡祚，韓昭胤曰：'陛下爲天下父，天下之人皆陛下子，用法宜存至公。匡祚受詔檢校重吉家財，不得不爾。今族匡祚，無益死者，恐不厭衆心。'乙卯，長流匡祚於登州。"同卷清泰二年四月癸未條："加樞密使、刑部尚書韓昭胤中書侍郎、同平章事。"同年十二月壬申條："以中書侍郎、同平章事、充樞密使韓昭胤同平章事、充護國節度使。"同書卷二八二天福四年四月丙戌條："以韓昭胤爲兵部尚書……致仕。"

王緒

王緒，性姦猾，多心術。爲魏博杜重威從事，[1]聚斂無已。重威承詔攻安重榮於常山，[2]緒從之。城未下，獻謀於重威，率境內百姓地畝錢以備贍給。俄而城下，依前令督之。重威素貪黷，深重之。尋以他事忤意，乃薦於朝廷，授太常丞，家於營丘。[3]常致書於楊光遠。時緒有妾之兄以貧匱告緒，緒不爲賙給，又詬辱之，繇是挾隙，告與楊光遠連謀，每密書述朝廷機事。侍衛使景延廣收捕下獄，[4]奏斬於澶州北市。[5]

[1]杜重威：人名。其先朔州（今山西朔州市朔城區）人，後徙居太原（今山西太原市）。五代後晋、後漢將領。傳見本書卷一〇九、《新五代史》卷五二。

[2]安重榮：人名。朔州人。五代後唐、後晋將領。傳見本書卷九八、《新五代史》卷五一。 常山：即鎮州，治所在今河北正定縣。

[3]太常丞：官名。太常寺屬官。掌判寺事。凡大饗太廟，則修七祀於太廟西門之內。若祫享，則兼修配享功臣之禮。從五品上。 營丘：地名。位於今山東淄博市臨淄區西北臨淄故城。

[4]侍衛使：官名。五代禁軍將領。時有內外巡檢侍衛指揮使、牙（衙）內侍衛指揮使，又有侍衛親軍馬步軍都指揮使、侍衛馬軍都指揮使、侍衛步軍都指揮使等。 景延廣：人名。陝州（今河南三門峽市陝州區）人。五代後晋將領。傳見本書卷八八、《新五代史》卷二九。

[5]澶州：州名。唐、五代初，治所在河南清豐縣。後晋天福四年（939），移治於今河南濮陽縣。 "王緒"至"奏斬於澶州

北市”：明本《册府》卷九三五《總録部·構患門》。王緒，籍貫不詳。《輯本舊史》卷八二《晋少帝紀二》開運元年（944）三月條：“太常丞王緒棄市。緒家於青州，常致書於楊光遠。緒有妾之兄慊緒不爲關給，遂告與光遠連謀，密書述朝廷機事，遂收捕斬之。”《宋本册府》卷九三一《總録部·枉横門》：“晋王緒爲太常丞。少帝時，因使德州迴，與景延廣有隙，則奏與楊光遠通謀，遣吏繫於麾下，鍛成其事。判官盧億累勸解，不從，尋有詔棄市。時甚冤之。”《通鑑》卷二八三後晋高祖天福八年條：“順國節度使杜威奏稱軍食不足，請如諸州例，許之。威用判官王緒謀，檢索殆盡，得百萬斛。威止奏三十萬斛，餘皆入其家。”

王彦璘

（天福三年六月丁丑）右監門衛上將軍王彦璘卒。[1]

[1]右監門衛上將軍：官名。唐置十六衛之一，掌宫禁宿衛。從二品。　右監門衛上將軍王彦璘卒：《輯本舊史》卷七七《晋高祖紀三》。王彦璘，籍貫、生平不詳。

韋濤

（韋）説子濤，官至尚書郎，坐其父廢。至晋天福初，濤爲尚書膳部員外郎，卒。[1]

[1]尚書膳部員外郎：官名。尚書省禮部膳部司郎官之一。爲郎中的副職，協助負責本司事務。從六品上。膳部掌管百官飲食餼饌及祭祀宴饗等方面的政令。　“説子濤”至“卒”：《新五代史》

卷二八《豆盧革傳》。《輯本舊史》卷三六《唐明宗紀二》天成元年（926）七月甲申條：“詔曰：‘……同州長春宮判官、朝請大夫、檢校尚書禮部郎中、賜紫金魚袋豆盧昇，將仕郎、守尚書屯田員外郎、崇文館學士、賜緋魚袋韋濤等，各因權勢，驟列班行，無才業以可稱，竊寵榮而斯久。比行貶謫，以塞尤違。朕以纂襲之初，含容是務，父既寬於後命，子宜示於特恩，並停見任。’”同書卷三七《唐明宗紀三》天成元年八月丁亥條：“豆盧昇、韋濤仍削除自前所受官秩。”

楊漢賓

後唐楊漢賓前任爲黔南節度使，毆故開州刺史陵約男彥徽致損，[1]兼加拘縛，令人點檢彥徽家業、錢穀。法司勘鞫漢賓，款招情罪。大理少卿康澄詳斷曰：“楊漢賓早列偏裨，曾分茅土。事若先於恕己，理不在於尤人。豈可忘姻婭之舊情，憑官資之威力，遽因毆擊，顯致訟論。自歸有過之門，須舉無偏之道，合該議減，亦舉律文。其漢賓前任黔南節度使，是三品使，關八議準律減一等，杖九十。準名例律，官少不盡其罪，餘罪收贖；罪少不盡其官，留官收贖。其楊漢賓所犯罪，杖九十，准律贖銅九斤，准格每斤納錢一百二十文。”從之。[2]會東川節度使董璋叛，攻城。漢賓棄城走，投忠州。[3]

[1]黔南：方鎮名。治所在黔州（今重慶市彭水縣）。　開州：州名。治所在今重慶市開州區。　陵約：人名。籍貫、事跡不詳。彥徽：人名。籍貫、事跡不詳。

[2]大理少卿：官名。大理寺的副長官。協助大理卿負責本寺的具體事務。從四品上。　康澄：人名。籍貫不詳。五代後唐官員。事見本書卷四三。　"後唐楊漢賓前任爲黔南節度使"至"從之"：明本《册府》卷四五四《將帥部・豪横門》。楊漢賓，籍貫不詳。

[3]忠州：州名。治所在今重慶市忠縣。　會東川節度使董璋叛，攻城。漢賓棄城走，投忠州：明本《册府》卷四五〇《將帥部・失守門》。"董璋"，《册府》誤作"董卓"。《輯本舊史》卷三九《唐明宗紀五》天成三年（928）三月癸亥條："以前鄭州刺史楊漢賓爲洋州武定軍留後。"同書卷四〇《唐明宗紀六》天成四年五月乙酉條："以黔州留後楊漢賓爲本州節度使。"同書卷四二《唐明宗紀八》長興二年（931）六月乙酉條："以前黔州節度使楊漢賓爲羽林統軍。"同書卷四七《唐末帝紀中》清泰二年（935）六月壬申條："以新州節度使楊漢賓爲同州節度使。"同書卷七六《晋高祖紀二》天福元年十二月癸巳條："同州小校門鐸殺節度使楊漢賓，燒劫州城。"《通鑑》卷二七七後唐明宗長興元年十一月甲申條："朱偓將至涪州，武泰節度使楊漢賓棄黔南，奔忠州。偓追至豐都，還取涪州。"同書同卷長興二年三月辛酉條："李仁罕至夔州，寧江節度使安崇阮棄鎮，與楊漢賓自均、房逃歸。"

王暉

（長興元年十一月甲申）董璋遣前陵州刺史王暉將兵三千，會李肇等，[1]分屯劍州南山。（十二月乙未）李肇、王暉陳于河橋。（長興三年四月乙丑）東川節度使董璋會諸將謀襲成都，[2]皆曰必克；前陵州刺史王暉曰："劍南萬里，成都爲大，時方盛夏，師出無名，必無成功。"（五月乙酉）璋至梓州，[3]肩輿而入，王暉迎問曰："太尉全軍出征，今還者無十人，何也？"璋涕泣不能對，至府第。方食。暉與璋從子牙內都虞候延浩帥兵三百大譟而入。[4]璋引妻子登城，子光嗣自殺，璋至北門樓，呼指揮使潘稠使討亂兵，[5]稠引十卒登城，斬璋首，及取光嗣首以授王暉，暉舉城迎降。[6]（天福二年七月丙辰）安州威和指揮使王暉聞范延光作亂，殺安遠節度使周瓌，[7]自領軍府，欲俟延光勝則附之，敗則渡江奔吳。帝遣右領軍上將軍李金全將千騎如安州巡檢，許赦王暉爲唐州刺史。[8]（八月）山南東道節度使安從進恐王暉奔吳，遣行軍司馬張朏將兵會復州兵於要路邀之。[9]暉大掠安州，將奔吳，部將胡進殺之。[10]八月，癸巳，以狀聞。（乙巳）赦張從賓、符彥饒、王暉之黨，[11]未伏誅者皆不問。[12]

[1]陵州：州名。治所在今四川仁壽縣。　李肇：人名。汝陰（今安徽阜陽市）人。五代後唐、後蜀將領。事見《新五代史》卷六四。

[2]成都：府名。治所在今四川成都市。

[3]梓州：州名。治所在今四川三臺縣。

[4]牙內都虞候：官名。唐末、五代藩鎮衙內之牙將。　延浩：人名。即董延浩。董璋從子。事見《通鑑》卷二七七。

[5]光嗣：人名。即董光嗣。董璋之子。事見《新五代史》卷六四。　潘稠：人名。籍貫不詳。事見《通鑑》卷二七七。

[6]"董璋遣前陵州刺史王暉將兵三千"至"暉舉城迎降"：《通鑑》卷二七七。王暉，籍貫不詳。《輯本舊史》卷四三《唐明宗紀九》長興三年（932）六月戊午條："荊南奏：'東川董璋領兵

至漢州，西川孟知祥出兵逆戰，璋大敗，得部下人二十餘，走入東川城，尋爲前陵州刺史王暉所殺，孟知祥已入梓州。'"同書卷六二《董璋傳》："先是，前陵州刺史王暉爲璋所邀，寓於東川。至是因璋之敗，率衆以害之，傳其首於西川。"

[7]安遠：方鎭名。治所在安州（今湖北安陸市）。　周瓌：人名。亦作"周環"。晋陽（今山西太原市）人。五代將領。傳見本書卷九五。

[8]右領軍上將軍：官名。唐置十六衛之一，掌宮禁宿衛。從二品。　李金全：人名。吐谷渾族，早年爲五代後唐明宗李嗣源奴僕，驍勇善戰，因功升遷。後晋時封安遠軍節度使，後投奔南唐。傳見本書卷九七、《新五代史》卷四八。　唐州：州名。治所在今河南唐河縣。

[9]張朏：人名。籍貫不詳。安從進部將。事見本書卷九五。復州：州名。治所在今湖北天門市。

[10]胡進：人名。籍貫不詳。五代將領。事見本書卷九五。

[11]張從賓：人名。籍貫不詳。五代後唐、後晋將領。傳見本書卷九七。　符彦饒：人名。陳州宛丘（今河南淮陽縣）人。符存審次子。五代後唐、後晋將領。傳見本書卷九一、《新五代史》卷二五。

[12]"安州威和指揮使王暉聞范延光作亂"至"未伏誅者皆不問"：《通鑑》卷二八一。《輯本舊史》卷七六《晋高祖紀二》天福二年（937）七月甲戌條："安州軍亂，指揮使王暉害節度使周瓌於理所，遣右衛上將軍李金全領千騎赴安州。"此條有《舊五代史考異》："王暉害周瓌，《五代春秋》《通鑑》俱不書日，《歐陽史》作丙子，《薛史》作甲戌，諸史所載俱異。"同年八月乙巳條："詔：'……應自張從賓作亂以來，有曾被張從賓及張延播脅從染污者，及符彦饒下隨身軍將等，兼安州王暉徒黨，除已誅戮外，並從釋放，一切不問。'"同書卷九五《周瓌傳》："先是，威和指揮使王暉領部下兵屯於安陸，瓌至鎭，待之甚厚。俄聞范延光叛於魏博，

張從賓寇於汜水，暉以瓌高祖之元臣也，幸國朝方危，遂害瓌於理所，自總州事，以爲延光勝則附之，敗則渡江而遁，斯其計也。既而襄陽安從進遣行軍司馬張朏，會復州兵於要路以徼之，李金全承詔繼至，暉遂掠城中財帛士女，欲奔江南，尋爲其下所殺。”此條有《舊五代史考異》：“《歐陽史》作王暉南走，爲從進兵所殺，與《薛史》異。《通鑑》作暉時奔吳，部將胡進殺之，與《薛史》同。”同書卷九七《李金全傳》：“高祖即位之明年，安州屯將王暉殺節度使周瓌，詔遣金全以騎兵千人鎮撫其地。未及境，暉爲部下所殺。”

王謙

（天福二年三月己未）兗州李從溫奏，節度副使王謙搆軍士作亂，尋已處置。[1]

　　[1]李從溫：人名。代州崞縣（今山西原平市）人。後唐明宗李嗣源之侄。五代大臣、藩鎮軍閥。傳見本書卷八八。　“兗州李從溫奏”至“尋已處置”：《輯本舊史》卷七六《晉高祖紀二》。王謙，籍貫、生平不詳。

張萬迪

　　張萬迪者，不知其何人也。初事唐，後事晉，爲登州刺史。楊光遠反，以騎兵百脅取二刺史至青州，萬迪聽命。及光遠平，曲赦青州，雖光遠子孫皆見慰釋，而獨不赦萬迪，暴其罪而斬之。[1]

　　[1]“張萬迪者”至“暴其罪而斬之”：《新五代史》卷三三

《翟進宗傳》附《張萬迪傳》。《輯本舊史》卷四八《唐末帝紀下》清泰三年（936）七月條："彰聖指揮使張萬迪以部下五百騎叛入太原，詔誅家屬於懷州本營。"同書卷七五《晋高祖紀一》清泰三年八月條："懷州彰德軍使張萬迪等各率千餘騎來降。"同書卷八三《晋少帝紀三》開運元年（944）閏十二月乙酉條："前登州刺史張萬迪削奪官爵處斬。"明本《册府》卷九四《帝王部·赦宥門一三》後晋少帝開運元年閏十二月乙酉制曰："……去順效逆，頗蠹人倫；濟惡助姦，難逃國典。前登州刺史張萬迪，恩隆郡寄，顯受朝恩，不能事君盡忠，輒敢從人於亂，備彰逆節，須舉明章。其張萬迪宜從別敕處分，尚在寬宥，特免族誅，其骨肉並從釋放。"

劉景巖　附熊皦

劉景巖，延州人也。其家素富，能以貲交游豪俊。事高萬金爲部曲，其後爲丹州刺史。晋高祖起兵太原，唐廢帝調民七户出一卒爲義兵。延州節度使楊漢章發鄉民赴京師，將行，景巖遣人激怒之，義兵亂，殺漢章，迎景巖爲留後。晋高祖即位，即拜景巖節度使。[1]

[1]延州：州名。治所在今陝西延安市。　高萬金：人名。延州（今陝西延安市）人。高萬興之弟。事見本書卷一三二《高萬興傳》、《新五代史》卷四〇。　丹州：州名。治所在今陝西宜川縣。　"劉景巖"至"即拜景巖節度使"：《新五代史》卷四七《劉景巖傳》。《宋本册府》卷八八三《總録部·形貌門》："漢劉景巖，昂藏巨準，時人號爲大鼻。"同書卷九四五《總録部·巧宦門》："漢劉景巖，初仕後唐，爲丹州刺史，家富於財，能交結豪右。"《輯本舊史》卷四八《唐末帝紀下》清泰三年（936）十一月

丁酉條：“延州上言：節度使楊漢章爲部衆所殺。以前坊州刺史劉景巖爲延州留後。”同書卷七六《晋高祖紀二》天福二年（937）正月庚午條：“延州節度使劉景巖……加食邑實封。”同書卷七九《晋高祖紀五》天福六年五月庚申條：“延州節度使劉景巖爲邠州節度使。”同書卷八四《晋少帝紀四》開運二年六月癸酉條：“以邠州節度使劉景巖爲陝州節度使。”同年十二月乙亥條：“陝府節度使劉景巖來朝。”同卷開運三年（946）正月癸卯條：“以陝州節度使劉景巖爲鄧州節度使。”《通鑑》卷二八〇後晋高祖天福元年十一月丁酉條：“前坊州刺史劉景巖，延州人也，多財而喜俠，交結豪傑，家有丁夫兵仗，人服其强，勢傾州縣。彰武節度使楊漢章無政，失夷、夏心，會括馬及義軍，漢章帥步騎數千人將赴軍期，閲之于野。景巖潛使人撓之曰：‘契丹强盛，汝曹有去無歸。’衆懼，殺漢章，奉景巖爲留後。唐主不獲已，丁酉，以景巖爲彰武留後。”明本《册府》卷一六九《帝王部·納貢獻門》晋少帝開運三年十月：“太子太師致仕劉景巖進馬三十匹。”《宋本册府》卷一七九《帝王部·姑息門四》清泰三年十二月：“劉景巖爲彰武軍節度留後。景巖，故河西廊延帥高萬金之將校，累任至坊州刺史。家在延州，父子豪右，私家有丁夫兵仗，勢傾郡邑，邑人憚其强，多推服之。會楊漢章帥延州無政，失蕃漢之私。是時，有詔借括戰馬及壯丁，漢章以數千人將赴軍期，其兵仗鞍馬閲之於野，而便成行。景巖密令人撓之，言契丹在河東，丁壯有去無歸。衆心懼，殺漢章，乃以其衆至景巖墅，推爲留後。朝廷不獲已而命之。”

　　景巖從事熊曒，爲人多智，陰察景巖跋扈難制，懼其有異心，欲以利愚之，因語景巖，以謂邊地不可以久安，爲陳保名享利之策，言邠、涇多善田，[1] 其利百倍，宜多市田射利以自厚。景巖信之，歲餘，其獲甚多。景巖使曒朝京師，曒乃言：“景巖不宜在邊，可徙之內地。”乃移景巖邠州，皪入拜補闕，而景巖又徙鎮保義，居未幾，又徙武勝。[2]景巖乃悟皪爲賣己，遂誣奏皪隱己玉帶，皪坐貶商州上津令。皪懼景巖邀害之，道亡，匿山中。[3]

　　[1]邠：州名。治所在今陝西彬縣。　　涇：州名。治所在今甘肅涇川縣。

　　[2]補闕：官名。唐武則天時始置。分爲左右，左補闕隸於門下省，右補闕隸於中書省。掌規諫諷諭，大事可以廷議，小事則上封奏。從七品上。　　保義：方鎮名。龍紀元年（889）以陝虢節度使爲保義軍，治所在陝州（今河南三門峽市陝州區）。　　武勝：方鎮名。治所在鄧州（今河南鄧州市）。

　　[3]上津：縣名。治所在今湖北鄖西縣上津鎮。　　“景巖從事熊皪”至“匿山中”：《新五代史》卷四七《劉景巖傳》。明本《册府》卷七二二《幕府部·裨贊門》：“熊皪，閩人，多知數，邠州節度使劉景巖辟爲判官。景巖比以盜據延州，朝廷常姑息之。皪前入朝，言已説景巖肯移近地，遂降命改鎮。執政以爲皪有緩頰之力，乃賜以金紫。”同書卷九四九《總録部·亡命門》：“晋熊皪，以少帝開運三年謫授商州上津縣令。赴任，至白馬寺止宿，遇夜暗逃。皪，閩中人，爲詩甚工，以進士擢第。嘗爲延州劉景巖從事。景巖入移内地，皪有力焉。後景巖承詔休致，心甚不樂，前使皪送金帶遺宰臣馮玉，玉不受。皪時爲左補闕，雖云歸帶與景巖之來使，而不甚明。景巖以失意怨皪，因誣其隱帶以達玉。玉奏之，故有是謫。皪懼後命，遂竄。”《郡齋讀書志》卷四有熊皪《屠龍集》五卷，云：“熊皪，後唐清泰二年進士，爲延安劉景巖從事。天福中，説景巖歸朝，擢右司諫，坐累黜上津令。”

　　開運三年，景巖罷武勝，以太子太師致仕，[1]居華州。契丹犯京師，以周密鎮延州，[2]景巖乃還故里。而州人逐密，立高允權。[3]允權妻劉氏，景巖孫女也。景巖良田、甲第、僮僕甚盛，党項司家族畜牧近郊，尤富彊，景巖與之往來，允權頗患之。允權妻歲時歸省，景巖謂曰："高郎一縣令，而有此州，其可保乎？"允權益惡之，而心又利其田宅，乃誣其反而殺之，年八十餘。[4]

[1]太子太師：官名。與太子太傅、太子太保統稱太子三師。隋唐以後多作加官或贈官。從一品。

[2]周密：人名。應州神武川（今山西山陰縣）人。五代將領。傳見本書卷一二四。

[3]高允權：人名。延州（今陝西延安市）人。五代將領。傳見本書卷一二五。

[4]党項：部族名。源出羌族，時活躍於今甘肅東部、寧夏、陝西北部一帶。參見湯開建《党項西夏史探微》，商務印書館2013年版。　"開運三年"至"年八十餘"：《新五代史》卷四七《劉景巖傳》。《輯本舊史》卷八四《晋少帝紀四》開運三年（946）七月丙申條："以前鄧州節度使劉景巖爲太子太師致仕。"同書卷一〇一《漢隱帝紀上》乾祐元年（948）十二月辛卯條："延州節度使高允權奏，得都頭李彦、李遇等告：'太子太師致仕劉景巖與鄉軍指揮使高志，結集草寇，欲取臘辰窺圖州城。尋請使臣與指揮使李勳，聊將兵士巡檢偵邏，劉景巖果出兵鬪敵，時即殺敗，其劉景巖尋獲斬之。'詔曰：'劉景巖年已衰暮，身處退閑，曾無止足之心，輒肆苞藏之毒，結集徒黨，窺伺藩垣。所賴上將輸忠，三軍協力，盡除醜類，克殄渠魁。其劉景巖次男前德州刺史行琮已行極法，長男渭州刺史行謙、孫男邢州馬軍指揮使崇勳特放。"同書卷一二五《高允權傳》："太子太師致仕劉景巖，允權妻之祖也，退老於州之

別墅。景巖舊事高氏爲牙校，亦嘗爲延帥，甚得民心。景巖以允權婚家後輩，心輕之。允權恒忌其强。是歲冬，盡殺景巖之家，收其家財萬計，以謀叛聞，朝廷不能辨。"《新五代史》卷一〇《漢本紀》乾祐元年十二月己卯條："彰武軍節度使高允權殺太子太師致仕劉景巖。"

　　長子行琮，德州刺史，罷，留京師，亦被誅。次子行謙，允權婦翁也，爲奏言非劉氏子，遂免不誅。[1]

　　[1] "長子行琮"至"遂免不誅"：《新五代史》卷四七《劉景巖傳》。

高唐英

　　（天福十二年二月甲戌）契丹主聞帝即位，以通事耿崇美爲昭義節度使，高唐英爲彰德節度使，崔廷勳爲河陽節度使，[1]以控扼要害。（丁丑）滏陽賊帥梁暉，[2]有衆數百，送款晉陽求效用，帝許之。磁州刺史李穀密通表於帝，[3]令暉襲相州。暉偵知高唐英未至，相州積兵器，無守備，丁丑夜，遣壯士踰城入，啓關納其衆，殺契丹數百，其守將突圍走。暉據州自稱留後，表言其狀。（三月辛亥）契丹主將攻相州，梁暉請降；契丹主赦之，許以爲防禦使，暉疑其詐，復乘城拒守。（四月己未）未明，契丹主命蕃漢諸軍急攻相州，食時克之，悉殺城中男子，驅其婦女而北，胡人擲嬰孩於空中，舉刃接之，以爲樂。留高唐英守相州。唐英閱城中，遺民男女得七百餘人。其後節度使王繼弘斂城中髑髏瘞之，[4]凡得十餘萬。[5]（六月庚辰）初，契丹主德光命奉國都指揮使南宮王繼弘、都虞候樊暉以所部兵戍相州，[6]彰德節度使高唐英善待之。戍兵無鎧仗，唐英以鎧仗給之，倚信如親戚。唐英聞帝南下，舉鎮請降；使者未返，繼弘、暉殺唐英。繼弘自稱留後，遣使告云唐英反覆，詔以繼弘爲彰德留後。庚辰，以暉爲磁州刺史。安國節度使高奉明聞唐英死，心不自安，請於麻答，署馬步都指揮使劉鐸爲節度副使，[7]知軍府事，身歸恒州。[8]

[1]通事：官名。契丹（遼）建國後，置通事一職以處理漢人事務。《通鑑》卷二八一胡三省注：“契丹置通事以主中國人，以知華俗、通華言者爲之。”　耿崇美：人名。籍貫不詳。契丹大將，時爲昭義節度使。事見《通鑑》卷二八六。　昭義：方鎮名。治所在潞州（今山西長治市）。　彰德：方鎮名。治所在相州（今河南安陽市）。　崔廷勳：人名。籍貫不詳。五代後晋將領。傳見本書卷九八。

[2]梁暉：人名。磁州滏陽（今河北磁縣）人。五代河朔地區酋豪。曾率兵奪相州，後爲契丹主耶律德光攻滅。事見本書卷九九。

[3]李穀：人名。潁州汝陰（今安徽阜陽市）人。後周宰相。傳見《宋史》卷二六二。

[4]王繼弘：人名。南宮（今河北南宮市）人。五代將領。傳見本書卷一二五。

[5]“契丹主聞帝即位”至“凡得十餘萬”：《通鑑》卷二八六。高唐英，籍貫不詳。

　　[6]德光：人名。即遼太宗耶律德光。契丹族。遼太祖耶律阿保機次子。927 年至 947 年在位。紀見《遼史》卷三至卷四。　奉國都指揮使：官名。奉國爲五代後晉禁軍名。唐末、五代軍隊皆置都指揮使、指揮使，爲領兵將領。　南宮：縣名。治所在今河南南宮市。　樊暉：人名。籍貫不詳。事見本書卷一二五。

　　[7]安國：方鎮名。治所在邢州（今河北邢臺市）。　高奉明：人名。籍貫不詳。契丹將領。事見本書卷一〇〇、《通鑑》卷二八七。　麻答：人名。即耶律拔里得。契丹人。遼初皇室，遼太宗耶律德光堂弟。傳見《遼史》卷七六。參見鄧廣銘（署名鄺又銘）《〈遼史·兵衛志〉“御帳親軍”“大首領部族軍”兩事目考源》，《北京大學學報》（人文科學）1956 年第 2 期。　劉鐸：人名。籍貫不詳。契丹將領，時爲安國軍節度副使、知邢州事。傳見本書本卷。

　　[8]恒州：州名。即鎮州。治所在今河北正定縣。　“初”至“身歸恒州”：《通鑑》卷二八七。《輯本舊史》卷九八《張礪傳》：“礪素耿直，嗜酒無檢。始陷契丹時，曾背契丹南歸，爲追騎所獲。契丹主怒曰：‘爾何捨我而去？’礪曰：‘礪，漢人也，衣服飲食與此不同，生不如死，請速就刃。’契丹主顧通事高唐英曰：‘我常戒爾輩善待此人，致其逃去，過在爾輩。’因笞唐英一百。”同書卷九九《漢高祖紀上》天福十二年（947）二月甲戌條：“高唐英爲相州節度使。”同年四月己未條：“契丹主先遣僞命相州節度使高唐英率兵討之。未幾，契丹主至城下，是月四日攻拔之，遂屠其城。翌日，契丹主北去，命高唐英鎮之。唐英閱城中遺民，得男女七百人而已。”同書卷一〇〇《漢高祖紀下》天福十二年六月條：“是月，契丹所命相州節度使高唐英爲屯駐指揮使王繼弘、樊暉所殺。”明本《冊府》卷八《帝王部·創業門》漢高祖開運四年（947）正月：“邪律氏亦以帝觀望不動，生猜貳焉，即以虜通事高唐英領安陽，耿崇美領上黨，僞侍中崔廷勳赴河橋，且欲扼太原之衝也。”卷七五九《總錄部·忠門二》梁暉條：“虜主先遣僞命相州節度使高唐英率兵討之，未幾，虜主至城下。”同書卷九四三《總錄部·不誼門》王繼弘

條："周王繼弘，在晉爲奉國指揮使。虜陷中原，從虜主至相州，遂令以本軍戍守。虜主留高唐英爲相州節度使，唐英善待繼弘，每候其第，則升堂拜繼弘之母，贈遺甚厚，倚若戚親，又給與兵仗，略無猜忌。會虜主死，漢祖赴洛，唐英遣使歸漢。漢祖大悦，將厚待唐英。使未迴，繼弘與指揮使樊暉等共殺唐英，繼弘自稱留後，令判官張易奉表于漢祖。人或責以見利忘義。繼弘曰：'吾儕小人也，若不因利乘便，以求富貴，畢世以來，未可得志也。'及漢祖討杜重威，至德清軍，繼弘來朝，乃授節旄。"參見《輯本舊史》卷一二五《王繼弘傳》。《宋本册府》卷一六六《帝王部·招懷門四》漢隱帝乾祐二年（949）九月："未幾，（高奉明）聞高祖南渡，高唐英死於安陽，心不自安，乃請麻答署馬部都指揮使，留鐸爲本州副使，尋令知軍府事，奉明歸於鎮州。"同書卷九九七《外臣部·殘忍門》："漢高祖初自汴北迴，陷相州，殺留後梁暉，遂屠其城。翌日北去，命高唐英鎮之。唐英閲城中遺民，得男女七百人而已。乾（祐）中，王繼弘鎮相州，於城中得髑髏十五萬。殺人之數，從可知也。"屠城者當爲契丹，非後漢高祖，此條表述有誤。

劉鐸

（天福十二年六月）安國節度使高奉明聞（高）唐英死，心不自安，請於麻答，署馬步都指揮使劉鐸爲節度副使，知軍府事，身歸恒州。（閏七月）麻答遣使督運於洺州，洺州防禦使薛懷讓聞帝入大梁，[1] 殺其使者，舉州降。帝遣郭從義將兵萬人會懷讓攻劉鐸於邢州，[2] 不克。鐸請兵於麻答，麻答遣其將楊安及前義武節度使李殷將千騎攻懷讓於洺州。[3] 懷讓嬰城自守，安等縱兵大掠於邢、洺之境。（八月庚寅）劉鐸聞麻答遁去，舉邢州降；懷讓詐云巡檢，引兵向邢州，鐸開門納之，懷讓殺鐸，以克復聞。朝廷知而不問。[4]

[1]薛懷讓：人名。祖先爲戎人，徙居太原（今山西太原市）。五代將領。傳見《宋史》卷二五四。

[2]郭從義：人名。沙陀部人。五代、宋初大臣。傳見《宋史》卷二五二。

[3]楊安：人名。籍貫不詳。契丹將領。事見本書卷一〇六。

義武：方鎮名。治所在定州（今河北定州市）。　李殷：人名。薊州（今天津市薊州區）人。五代後唐、後晋將領。傳見本書卷一〇六。

[4]“安國節度使高奉明聞唐英死”至“朝廷知而不問”：《通鑑》卷二八七。劉鐸，籍貫不詳。《輯本舊史》卷一〇〇《漢高祖紀下》天福十二年（947）八月己酉條：“是日，薛懷讓奏，收復邢州，殺僞命節度副使、知州事劉鐸。初，懷讓爲洺州防禦使，契丹麻答發健步督洺州糧運，懷讓殺之以聞。帝遣郭從義與懷讓攻取邢州，蕃將楊袞來援鐸，懷讓拒之，不勝，退保洺州。敵騎掠其部，民大被其苦。會鎮州逐麻答，楊袞收兵而退，鐸乃上表請命。懷讓乘其無備，遣人紿鐸云：‘奉詔襲契丹，請置頓於郡。’鐸開門迎之，即爲懷讓所害，時人冤之。鐸初受契丹，命爲邢州都指揮使，及永康王以高奉明爲節度使，麻答署鐸爲邢州副使兼都指揮使。帝至東京，奉明歸鎮州，令鐸知邢州事，至是遇害。”《新五代史》卷一〇《漢本紀》天福十二年八月丙申條：“安國軍節度使薛懷讓殺契丹之將劉鐸，入于邢州。”

梁暉

漢梁暉，滏陽人，少爲盜。會契丹犯闕，暉收集徒黨，先入磁州，無所侵犯，遣使送款於高祖。暉偵知相州頗積餉，且無守備，遂以三月二十一日夜，與其徒踰垣而入，殺契丹十人，奪器用數萬計，遂據其城。虜主先遣僞命相州節度使高唐英率兵討之，未幾，虜主至城下。是月四日攻拔之，遂屠其城。[1]

[1]高唐英：人名。籍貫不詳。遼官員，後曾任相州節度使。傳見本書本附録。　　"漢梁暉"至"遂屠其城"：明本《册府》卷七五九《總録部‧忠門二》。"滏陽"原作"淦陽"，據《通鑑》卷二八六改。《輯本舊史》卷九九《漢高祖紀上》天福十二年（947）二月丁丑條："磁州賊帥梁暉據相州。"同年四月乙未條："是日，契丹主取相州，殺留後梁暉。"亦見同書卷一三七《契丹傳》。《新五代史》卷一〇《漢本紀》天福十二年二月："磁州賊首梁暉取相州來歸。"同年四月："契丹陷相州，殺梁暉。"《通鑑》卷二八六後漢高祖天福十二年二月丁丑條："滏陽賊帥梁暉，有衆數百，送款晋陽求效用，帝許之。磁州刺史李穀密通表於帝，令暉襲相州。暉偵知高唐英未至，相州積兵器，無守備，丁丑夜，遣壯士踰城入，啓關納其衆，殺契丹數百，其守將突圍走。暉據州自稱留後，表言其狀。"同年三月辛亥條："契丹主將攻相州，梁暉請降；契丹主赦之，許以爲防禦使，暉疑其詐，復乘城拒守。"同年四月己未條："未明，契丹主命蕃漢諸軍急攻相州，食時克之，悉殺城中男子，驅其婦女而北，胡人擲嬰孩於空中，舉刃接之，以爲樂。留高唐英守相州。唐英閲城中，遺民男女得七百餘人。其後節度使王繼弘斂城中髑髏瘞之，凡得十餘萬。"

王瓊

（天福十二年二月癸未）鎮寧節度使邪律郎五，[1]性殘虐，澶州人苦之。賊帥王瓊帥其徒千餘人，夜襲據南城，北度浮航，縱兵大掠，圍郎五於牙城。契丹主聞之，甚懼，始遣天平節度使李守貞、天雄節度使杜重威還鎮，[2]由是無久留河南之意。遣兵救澶州；瓊退屯近郊，遣弟超奉表來求救。[3]癸未，帝厚賜超，遣還。瓊兵敗，爲契丹所殺。[4]

[1]鎮寧：方鎮名。治所在澶州（今河南濮陽市）。 邪律郎五：人名。即耶律郎五、耶律忠。傳見《遼史》卷一七。

[2]李守貞：人名。河陽（今河南孟州市）人。五代將領。傳見本書卷一〇九、《新五代史》卷五二。 天雄：方鎮名。治所在魏州（今河北大名縣）。

[3]超：王超。王瓊之弟。

[4]"鎮寧節度使邪律郎五"至"爲契丹所殺"：《通鑑》卷二八六。王瓊，籍貫不詳。《輯本舊史》卷九九《漢高祖紀上》天福十二年（947）二月癸未條："澶州賊帥王瓊與其衆斷本州浮橋，瓊敗，死之。時契丹以族人朗五爲澶州節度使，契丹性貪虐，吏民苦之。瓊爲水運什長，乃搆夏津賊帥張乙，得千餘人，沿河而上，中夜竊發，自南城殺守將，絶浮航，入北城，朗五據牙城以拒之。數日，會契丹救至，瓊敗死焉。契丹主初聞其變也，懼甚，由是大河之南無久留之意，尋遣天雄軍節度使杜重威歸鎮。"

王益

（乾祐元年四月）時供奉官時知化、王益自鳳翔部署，前永興軍節度使趙贊部下牙兵趙思綰等三百餘人赴闕。三月二十四日，行次永興，思綰等作亂，突入府城，據城以叛。故命從義以討之。[1]

[1]時知化：人名。籍貫不詳。五代後漢供奉官。事見本書卷一〇一、卷一〇二。　永興軍：方鎮名。治所在京兆府（今陝西西安市）。　趙贊：人名。幽州薊（今北京市）人。五代後唐、遼朝將領趙延壽之子。五代後唐至宋初將領。傳見《宋史》卷二五四。　趙思綰：人名。魏州（今河北大名縣）人。五代將領。傳見本書卷一〇九、《新五代史》卷五三。　從義：人名。即郭從義。沙陀部人。五代、宋初大臣。傳見《宋史》卷二五二。　“時供奉官時知化”至“故命從義以討之”：明本《册府》卷一二三《帝王部·征討門三》漢隱帝條。亦見《輯本舊史》卷一〇一《漢隱帝紀上》乾祐元年（948）四月壬午條。王益，籍貫不詳。同書卷一〇二《漢隱帝紀中》乾祐二年七月丁卯條：“郭從義奏，處斬前巡檢使喬守溫，供奉官王益、時知化、任繼勳等。守溫受高祖命巡檢京兆，會王益自鳳翔押送趙思綰等赴闕，行至京兆，守溫迎益於郊外，思綰等突然作亂，遂據其城。及郭從義率兵攻討，令守溫部署役夫。守溫有愛姬陷在賊城，爲思綰所録，及收城，從義盡得思綰之婢僕，守溫求其愛姬，從義雖與之，意有所慊，遂發前罪，密啓于郭威，請除之，與王益等併誅焉。”

王松

王松，父徽，爲唐僖宗宰相。松舉進士，後唐時，歷刑部郎中，唐末，從事方鎮。晋高祖鎮太原，辟松節度判官。晋高祖即位，拜右諫議大夫，累拜工部尚書。出帝北遷，蕭翰立許王從益於京師，以松爲左丞相。[1]漢高祖入洛，先遣人馳詔東京百官嘗授僞命者皆焚之，使勿自疑，由是御史臺悉斂百官僞敕焚之。松以手指其胸，引郭子儀自誚，[2]以語人曰：“此乃二十四考中書令也。”聞者笑之。松子仁寶爲李守貞河中支使，[3]守貞反，松以子故上書自陳，高祖憐之，但使解職而已。松有田城東，歲時往來京師，以疾卒。[4]

[1]蕭翰：人名。契丹人。遼朝宰相蕭敵魯之子，述律太后之侄，太宗皇后之兄。遼初將領。傳見本書卷九八、《遼史》卷一一三。 從益：人名。即李從益。五代後唐明宗幼子，封許王。947年，契丹滅後晉，立從益爲中原皇帝，國號梁。旋即爲後漢高祖所殺。傳見本書卷五一、《新五代史》卷一五。 左丞相：官名。秦漢始置，爲百官之長，輔佐皇帝綜理全國事務。

[2]郭子儀：人名。華州鄭縣（今陝西渭南市華州區）人。唐代大將，平定安史之亂的功臣。傳見《舊唐書》卷一二〇。

[3]仁寶：人名。即王仁寶。王松之子。事見本書卷一〇二。支使：官名。唐、五代節度使、觀察使等下屬官員中有支使，其職與掌書記同。位在副使、判官之下，推官之上。掌表奏書檄等。

[4]“王松”至“以疾卒”：《新五代史》卷五七《王松傳》。《輯本舊史》卷五一《許王從益傳》：“從益於崇元殿見群官，蕭翰率部衆列拜於殿上，群官趨拜於殿下，乃僞署王松爲左丞相，趙上交爲右丞相，李式、翟光鄴爲樞密使，王景崇爲宣徽使，餘官各有署置。”《新五代史》卷一五《淑妃王氏傳》：“德光北歸，留蕭翰守汴州。漢高祖起太原，翰欲北去，乃使人召從益，委以中國。從益子母逃於徽陵域中，以避使者，使者迫之以東，遂以從益權知南朝軍國事。從益御崇元殿，翰率契丹諸將拜殿上，晉群臣拜殿下。群臣入謁太妃，妃曰：‘吾家子母孤弱，爲翰所迫，此豈福邪？禍行至矣！’乃以王松、趙上交爲左右丞相，李式、翟光鄴爲樞密使，燕將劉祚爲侍衛親軍都指揮使。翰留契丹兵千人屬祚而去。漢高祖

擁兵而南，從益遣人召高行周、武行德等爲拒，行周等皆不至，乃與王松謀以燕兵閉城自守。"《輯本舊史》卷六七《韋說傳》："及崇韜得罪，說懼流言所鍾，乃令門人左拾遺王松、吏部員外郎李慎義等上疏云：'崇韜往日專權，不閑故實，塞仕進之門，非獎善之道。'"同書卷一四八《選舉志》："唐同光四年三月，中書門下奏議：'左拾遺王松、吏部員外郎李慎儀上疏，以諸道州縣，皆是攝官，誅剝生靈，漸不存濟。比者郭崇韜在中書日，未詳本朝故事，妄被閑人獻疑，點檢選曹，曲生異議。或告赤欠少，一事闕違，保內一人不來，五保即須並廢；文書一紙有誤，數任皆不勘詳。其年選人及行事官一千二百五十餘員，得官者才及數十，皆以渝濫爲名，盡被焚毀棄逐，或斃踣於旅店，或號哭於道途。以至二年已來，選人不敢赴集，銓曹無人可注，中書無人可除。去年闕近二千，授官不及六十。伏請特降敕文，宣布遐邇，明往年制置，不自於宸衷；此日焦勞，特頒於睿澤。望以中書條件及王松等所論事節，委銓司點檢，務在酌中，以爲定制。'從之。時議者以銓注之弊，非止一朝，搢紳之家，自無甄別，或有伯叔告赤，鬻於同姓之家，隨賂改更，因亂昭穆，至有季父伯舅反拜姪甥者。郭崇韜疾惡太深，奏請釐革，豆盧革、韋說僶俛贊成。或有親舊訊其事端者，革、說曰：'此郭漢子之意也。'及崇韜誅，韋說即教門人王松上疏奏論，故有此奏。識者非之。"王松上疏之事亦見明本《册府》卷三三五《宰輔部·自全門》，卷六三二《銓選部·條制門四》繫於同光四年（926）二月。《輯本舊史》卷七六《晋高祖紀二》天福二年（937）正月庚申條："以前吏部郎中兼侍御史、知雜事王松爲左諫議大夫。"同月丙寅條："以左諫議大夫王松判度支。"同年九月癸酉條："以左諫議大夫、判度支王松爲尚書工部侍郎。"卷七七《晋高祖紀三》天福三年正月壬戌條："工部侍郎、判度支王松改尚書刑部侍郎。"卷七八《晋高祖紀四》天福四年九月丙申條："刑部侍郎王松改户部侍郎。"卷七九《晋高祖紀五》天福六年四月己亥條："户部侍郎王松改御史中丞。"卷八〇《晋高祖紀六》天福六年十一月甲子條：“以御史中丞王松爲尚書右丞。”卷八一《晋少帝紀一》天福八年五月辛卯條：“以尚書右丞王松爲吏部侍郎。”卷八二《晋少帝紀二》開運元年（944）六月戊辰條：“以門下侍郎王松爲左丞。”卷八三《晋少帝紀三》開運元年閏十二月己丑條：“左丞王松爲太常卿。”卷八四《晋少帝紀四》開運二年五月壬子條：“太常寺卿王松改工部尚書。”同年八月丙子條：“以工部尚書王松權知貢舉。”同卷開運三年七月壬辰條：“以工部尚書王松爲禮部尚書。”卷一〇二《漢隱帝紀中》乾祐二年（949）九月己酉條：“禮部尚書、判吏部尚書銓事王松停見任，坐子仁寶爲李守貞從事也，尋卒於其家。”《宋本册府》卷一五四《帝王部·明罰門三》周太祖廣順三年（953）二月：“（桑）維翰父珙有愛姬，生子歲餘，珙卒，姬求出，遂攜兒而去，兒即（桑）能也。其後莫知所之，及維翰貴，潛遣人求訪音問，微知在青州。會王松權知青州，時維翰鎮兖州，以誠託松，松至郡訪能，果得之於博興縣民家。能母適玄氏，能即爲玄氏子。松即送能至維翰所，維翰表其事。”卷六九八《牧守部·失政門》：“漢王松，初仕晋，權知青州軍州事。松性坦率，不事邊幅，樂於歡宴，政事不治，人士譏之。”卷七一九《幕府部·清廉門》：“漢王松，晋高祖鎮太原時，松爲節度判官，晋祖令監帑廩，以清苦見重。”卷九二五《總錄部·譴累門》：“漢王松爲禮部尚書。隱帝乾祐二年敕：‘松事因有玷誠功，上章述避嫌之辭，形告退之意。其男仁寶，雖因除名，曾授僞官，一昨既翦，兇酋合從，俘執未明，死所乃漏，刑書路岐，雖限於山河，情愛且關於父子，便議連坐，恐失寬條，以爾朝列舊臣，班行宿德，累有退閑之請，宜弘軫惻之恩。特俾免官，用明減等，宜停見任。’”

史萬山

漢史萬山爲深州刺史。[1]乾祐三年春，虜大入寇，萬山城守有功。[2] 虜退，周太祖遣索方進率騎七百屯深州，一日，虜數十騎侵周東門。萬山父子以虜不多，乃率牙兵百餘人襲虜。虜偽退十餘里而兵發，萬山血戰，急請救於方進。方進勒兵不出，萬山死之。[3]

[1]深州：州名。治所在今河北深州市。

[2]乾祐：後漢高祖劉知遠、隱帝劉承祐年號（948—950）。北漢亦用此年號。

[3]周太祖：五代後周開國皇帝郭威。邢州堯山（今河北隆堯縣）人。紀見本書卷一一○至卷一一三、《新五代史》卷一一。

索方進：人名。即索萬進。五代後周將領。事見本書卷一○三、卷一一三。　“漢史萬山爲深州刺史”至“萬山死之”：明本《册府》卷四二五《將帥部・死事門二》。史萬山，籍貫不詳。《五代會要》卷二九党項羌條長興三年（932）二月：“上令告捷使史萬山宣諭軍中，所獲牛羊等物，各令士卒自取，勿得收斂以進奉爲名。”《輯本舊史》卷一○三《漢隱帝紀下》乾祐三年（950）四月辛未條：“故深州刺史史萬山贈太傅。先是，契丹入邊，萬山城守，郭威遣索萬進率騎七百屯深州。一日，契丹數千騎迫州東門，萬山父子率兵百餘人襲之。契丹偽退十餘里而伏兵發，萬山血戰，急請救於萬進，萬進勒兵不出，萬山死之，契丹亦解去。時論以萬進爲罪，故加萬山贈典焉。”《遼史》卷五《世宗紀》天禄三年（949）十月條：“殺深州刺史史萬山，俘獲甚衆。”

謝攀

（天福六年八月）遣光禄卿張澄、國子博士謝攀使高麗行册禮。[1]

[1]張澄：人名。籍貫不詳。五代後晋官員。事見《通鑑》卷二八二。　高麗：朝鮮半島古國。即王氏高麗。918 年，後三國（即朝鮮新羅、後百濟、泰封）之一泰封國武將王建自立爲王，改國號爲高麗，935 年滅新羅，次年滅後百濟，再次統一朝鮮。參見〔朝〕鄭麟趾等《高麗史》，西南師範大學出版社 2014 年版。　遣光禄卿張澄、國子博士謝攀使高麗行册禮：明本《册府》卷九六五《外臣部·封册門三》晋高祖條。亦見《輯本舊史》卷八〇《晋高祖紀六》天福六年（941）八月甲寅條，《會要》卷三〇高麗條。謝攀，籍貫、生平不詳。《輯本舊史》卷一〇三《漢隱帝紀下》乾祐三年（950）六月癸卯條：“太僕卿致仕謝攀卒，輟視朝一日。”

王景崇[1]

[1]王景崇，據《輯本舊史》卷五四《王鎔傳》，鎔之父亦名景崇，與本傳非同一人。

王景崇，邢州人也。爲人明敏巧辯，善事人。唐明宗鎮邢州，以爲牙將，其後嘗從明宗，隸麾下。明宗即位，拜通事舍人，[1]歷引進閤門使，[2]馳詔方鎮、監軍征伐，必用景崇。後事晋，累拜左金吾衛大將軍，常怏怏人主不能用其材。晋亡，蕭翰據京師，景崇厚賂其將高牟翰以求用。[3]已而翰北歸，許王從益居京師，用景崇爲宣徽使、監左藏庫。[4]

[1]通事舍人：官名。東晋始置。唐代爲中書省屬官，全稱中書通事舍人。掌殿前承宣通奏。從六品上。
[2]引進：官名。即引進使。五代後梁始置，爲引進司長官，

五代諸司使之一。掌臣僚及外國與少數民族進奉禮物諸事。　閤門使：官名。唐代始設，掌扈從乘輿、朝會禮儀、大宴引贊、引接朝見等事務。

[3]高牟翰：人名。《遼史》作“高模翰”。渤海族人。遼朝將領。傳見《遼史》卷七六。

[4]宣徽使：官名。唐始置。宣徽南院使、北院使通稱宣徽使。初用宦官，五代以後改用士人。通掌内諸司及三班内侍之名籍，郊祀、朝會、宴享供帳之儀，檢視内外進奉名物。詳見王永平《論唐代宣徽使》，《中國史研究》1995 年第 1 期；王孫盈政《再論唐代的宣徽使》，《中華文史論叢》2018 年第 3 期。　監左藏庫：官名。領左藏庫事。掌錢、帛、雜彩、天下賦税之出納。　“王景崇”至“用景崇爲宣徽使、監左藏庫”：《新五代史》卷五三《王景崇傳》。《輯本舊史》卷四六《唐末帝紀上》清泰元年（934）八月乙酉條：“以司農卿兼通事舍人、判四方館事王景崇爲鴻臚卿，依前通事舍人、判四方館。”同書卷四八《唐末帝紀下》清泰三年五月戊戌條：“以鴻臚卿兼通事舍人、判四方館王景崇爲衛尉卿，充引進使。”同書卷八〇《晋高祖紀六》天福六年（941）八月丁未條：“引進使、鴻臚卿王景崇爲客省使。”《通鑑》卷二八一天福二年正月丙辰條：“詔以前北面招收指揮使安重榮爲成德節度使，以祕瓊爲齊州防禦使，遣引進使王景崇諭瓊以利害。重榮與契丹將趙思温偕如鎮州，瓊不敢拒命。丙辰，重榮奏已視事。景崇，邢州人也。”同書卷二八七天福十二年五月壬寅條：“左金吾大將軍王景崇爲宣徽使。”《宋本册府》卷七六六《總錄部·攀附門二》：“王景崇，邢州人，後唐明宗之鎮邢臺，景崇爲牙將。明宗以其明敏憐之，自後累鎮，皆自麾下。明宗踐阼，擢爲通事舍人，歷引進閤門使。晋末遷左金吾大將軍，充街使，常以時主用才不盡，憤然不樂。契丹蕭翰立許王李從益知軍國事，署爲宣徽使，監左藏庫。”明本《册府》卷八一《帝王部·慶賜門三》後晋少帝開運二年（945）正月：“宴青州立功將校於永福殿……都監王景崇……等各等第賜金

銀帶衣服匹段銀器等。"亦見卷一二八《帝王部·明賞門二》。

　　漢高祖起太原，景崇取庫金奔迎高祖，高祖至京師，拜景崇右衛大將軍，未之奇也。高祖攻鄴，景崇不得從，乃求留守起居表，詣行在見高祖，願留軍中效用，爲高祖畫攻戰之策，甚有辯，高祖乃奇其材。[1]

　　[1]漢高祖：即五代後漢高祖劉知遠。沙陀部人，後世居於太原。917年至948年在位。紀見本書卷九九至卷一〇〇、《新五代史》卷一〇。　　"漢高祖起太原"至"高祖乃奇其材"：《新五代史》卷五三《王景崇傳》。《宋本册府》卷七六六《總錄部·攀附門二》："蕭翰歸蕃，景崇聞高祖起河東，南幸蒲、陝，乃私取庫金，請行迎奉。從益不能制，遇高祖于河洛，駕至汴，削其僞官，授右衛大將軍。"

　　是時，漢方新造，鳳翔侯益、永興趙贊皆嘗受命契丹，高祖立，益等內顧自疑，乃陰召蜀人爲助，高祖患之。及已破鄴，益等懼，皆請入朝。會回鶻入貢，言爲党項所隔不得通，願得漢兵爲援，高祖遣景崇以兵迎回鶻。景崇將行，高祖已疾，召入臥內，戒之曰："益等已來，善矣，若猶遲疑，則以便宜圖之。"景崇行至陝，趙贊已東入朝，而蜀兵方寇南山，景崇擊破蜀兵，追至大散關而還。高祖乃詔景崇兼鳳翔巡檢使。[1]

　　[1]侯益：人名。汾州平遥（今山西平遥縣）人。五代後唐至宋初將領。傳見《宋史》卷二五四。　　巡檢使：官名。五代始設巡檢於京師、陪都、重要的州及邊防重鎮。　　"是時"至"高祖乃

詔景崇兼鳳翔巡檢使"：《新五代史》卷五三《王景崇傳》。《輯本舊史》卷一〇一《漢隱帝紀上》乾祐元年（948）二月壬辰條："右衛大將軍王景崇奏：於大散關大敗蜀軍，俘斬三千人。初，契丹犯京師，侯益、趙贊皆受其命節制岐、蒲。聞高祖入洛，頗懷反仄。朝廷移贊於京兆，侯益與贊皆求援於蜀。蜀遣何建率軍出大散關以應之。至是，景崇糾合岐、雍、邠、涇之師以破之。"同月丙午條："鳳翔巡檢使王景崇遣人送所獲偽蜀將校軍士四百三十八人至闕下，詔釋之，仍各賜衣服。"同年四月甲申條："王景崇奏，趙思綰叛，見起兵攻討。"同年六月辛卯條："永興兵馬都部署郭從義奏，得王景崇報，有兵自隴州來，欲投河中，追襲至鄜城。"《新五代史》卷一〇《漢本紀》乾祐元年二月壬辰條："右衛大將軍、鳳翔巡檢使王景崇及蜀人戰于大散關，敗之。"同年七月乙亥條："王景崇叛附于李守貞。"《通鑑》卷二八七後漢高祖乾祐元年正月條："帝以趙匡贊、侯益與蜀兵共爲寇，患之。會回鶻入貢，訴稱爲党項所阻，乞兵應接。詔左衛大將軍王景崇、將軍齊藏珍將禁軍數千赴之，因使之經略關西。晉昌節度判官李恕，久在趙延壽幕下，延壽使之佐匡贊。匡贊將入蜀，恕諫曰：'燕王入朝，豈所願哉！今漢家新得天下，方務招懷，若謝罪歸朝，必保富貴。入蜀非全計也，"蹄涔不容尺鯉"，公必悔之。'匡贊乃遣恕奉表請入朝。景崇等未行而恕至，帝問恕：'匡贊何爲附蜀？'對曰：'匡贊自以身受虜官，父在虜庭，恐陛下未之察，故附蜀求苟免耳。臣以爲國家必應存撫，故遣臣來祈哀。'帝曰：'匡贊父子，本吾人也，不幸陷虜。今延壽方墜檻穽，吾何忍更害匡贊乎！'即聽其入朝。侯益亦請赴二月四日聖壽節上壽。景崇等將行，帝召入臥內，敕之曰：'匡贊、益之心，皆未可知。汝至彼，彼已入朝，則勿問；若尚遷延顧望，當以便宜從事。'"同月丙子條："王景崇等至長安，聞蜀兵已入秦川，以兵少，發本道及趙匡贊牙兵千餘人同拒之。景崇恐匡贊牙兵亡逸，欲文其面，微露風旨；軍校趙思綰，首請自文其面以帥下，景崇悅。齊藏珍竊言曰：'思綰凶暴難制，不如殺之。'景崇不聽……蜀李廷珪將至長安，聞趙匡贊已入朝，欲引歸，王景崇邀之，敗廷珪於子午谷。張虔釗至寶雞，諸將議不協，按兵未進；侯益聞廷珪西還，因閉壁拒蜀兵，虔釗勢孤，引兵夜遁。景崇帥鳳翔、隴、邠、涇、鄜、坊之兵追敗蜀兵於散關，俘將卒四百人。”同年二月戊戌條：“詔以王景崇兼鳳翔巡檢使。景崇引兵至鳳翔，侯益尚未行，景崇以禁兵分守諸門。或勸景崇殺益，景崇以受先朝密旨，嗣主未之知，或疑於專殺，猶豫未決。益聞之，不告景崇而去，景崇悔，自詬。戊戌，益入朝，隱帝問：‘何故召蜀軍？’對曰：‘臣欲誘致而殺之。’帝哂之。”《宋本册府》卷三六〇《將帥部·立功門一三》：“王景崇爲右衛大將軍，乾祐元年春，鳳翔侯益、永興趙贊以受契丹僞署，引蜀軍至南山，詔委景崇以西面之事。景崇至雍，趙贊已入朝，遂部分雍軍破蜀寇於子午谷。糾合諸軍再破蜀軍於大散關。詔景崇爲鳳翔巡檢。”《宋史》卷二五四《侯益傳》：“景崇怒曰：‘子去，勿爲游説，吾將族爾。’益知不用渥言，即率數十騎奔入朝。”

　　景崇至鳳翔，侯益未有行意，而高祖崩，或勸景崇可速誅益，景崇念獨受命先帝而少主莫知，猶豫未決。益從事程渥，與景崇同鄉里，有舊，往説景崇曰：“吾與子爲故人，吾位不過賓佐，而子已貴矣，奈何欲以陰狡害人而取之乎？侯公父子爪牙數百，子毋妄發，禍行及矣！非吾，誰爲子言之。”於是景崇頗不欲殺益，益乃亡去，景崇大悔，失不殺之。[1]

　　[1]程渥：人名。籍貫不詳。五代後漢時人。事見《新五代史》卷五三。　“景崇至鳳翔”至“失不殺之”：《新五代史》卷五三《王景崇傳》。

　　益至京師，隱帝新立，史弘肇、楊邠等用事，[1]益乃厚賂邠等，陰以事中景崇。已而益拜開封尹，景崇心不自安，諷鳳翔將吏求己領府事。朝廷患之，拜景崇邠州留後，以趙暉爲鳳翔節度使。[2]景崇乃叛，盡殺侯益家屬，與趙思綰共推李守貞爲秦王，隱帝即以趙暉討之。景崇西招蜀人爲助，蜀兵至寶鷄，爲暉將藥元福、李彥從所敗。[3]暉攻鳳翔，塹而圍之，數以精兵挑戰，景崇不出。暉乃令千人潛之城南一舍，僞爲蜀兵旗幟，循南山而下，聲言蜀救兵至矣，須臾塵起，景崇以爲然，乃令數千人潰圍而出以爲應。暉設伏以待之，景崇兵大敗，由是不敢復出。[4]

　　[1]隱帝：即後漢隱帝劉承祐。後漢高祖劉知遠次子。紀見本書卷一〇一至卷一〇三、《新五代史》卷一〇。　史弘肇：人名。鄭州滎澤（今河南鄭州市）人。五代後漢將領。傳見本書卷一〇七、《新五代史》卷三〇。　楊邠：人名。魏州冠氏（今山東冠縣）人。後漢時任樞密使、宰相。傳見本書卷一〇七、《新五代史》卷三〇。

　　[2]趙暉：人名。澶州（今河南濮陽市）人。五代後唐至後周將領。傳見本書卷一二五。

　　[3]寶鷄：縣名。治所在今陝西寶鷄市。　藥元福：人名。晋陽（今山西太原市）人。五代後唐至宋初將領。傳見《宋史》卷二五四。　李彥從：人名。汾州孝義（今山西孝義市）人。五代後漢將領。傳見本書卷一〇六。

　　[4]“益至京師”至“由是不敢復出”：《新五代史》卷五三《王景崇傳》。《輯本舊史》卷一〇一《漢隱帝紀上》乾祐元年（948）七月乙亥條：“新授鳳翔節度使趙暉奏，與八作使王繼濤領

部下兵同赴鳳翔，時王景崇拒命故也。"同年九月戊申條："侯益部曲王守筠自鳳翔來奔，言益家屬盡爲王景崇所害。"同月壬申條："郭威奏，得郭從義報，今月十四日，鳳翔王景崇兵士離本城，尋遣監軍李彥從率兵襲至法門寺西，殺戮二千餘人。"同年十月戊寅條："趙暉奏，破王景崇賊軍於鳳翔城下。"《通鑑》卷二八八後漢隱帝乾祐元年三月丙寅條："侯益家富於財，厚賂執政及史弘肇等，由是大臣争譽之。丙寅，以益兼中書令，行開封尹……侯益盛毁景崇於朝，言其恣横。景崇聞益尹開封，知事已變，内不自安，且怨朝廷。會詔遣供奉官王益如鳳翔，徵趙匡贊牙兵詣闕，趙思綰等甚懼，景崇因以言激之。"同月甲戌條："王景崇諷鳳翔吏民表景崇知軍府事，朝廷患之，甲戌，徙静難節度使王守恩爲永興節度使，徙保義節度使趙暉爲鳳翔節度使，並同平章事。以景崇爲邠州留後，令便道之官。"同年四月乙未條："王景崇遷延不之邠州，閱集鳳翔丁壯，詐言討趙思綰，仍牒邠州會兵。"同月壬戌條："王景崇遣蜀鳳州刺史徐彥書，求通互市。壬戌，蜀主使彥復書招之。"同年五月乙酉條："王景崇遣使請降于蜀，亦受李守貞官爵。"同年七月乙亥條："鳳翔節度使趙暉至長安，乙亥，表王景崇反狀益明，請進兵擊之。"同年八月己丑條："以王景崇爲岐陽節度使、同平章事。"同年九月壬子條："蜀兵援王景崇，軍于散關，趙暉遣都監李彥從襲擊破之，蜀兵遁去。"同月庚申條："王景崇盡殺侯益家屬七十餘人。"同年十月條："王景崇遣其子德讓，趙思綰遣其子懷義，見蜀主于成都。"同月戊寅條："景崇遣兵出西門，趙暉擊破之，遂取西關城。景崇退守大城；暉塹而圍之，數挑戰，不出。暉潛遣千餘人擐甲執兵，效蜀旗幟，循南山而下，令諸軍聲言：'蜀兵至矣。'景崇果遣兵數千出迎之，暉設伏掩擊，盡殪之。自是景崇不復敢出。"同月丙申條："王景崇遣前義成節度使酸棗李彥舜等逆蜀兵。"同年十二月壬午條："王景崇累表告急於蜀，蜀主命安思謙再出兵救之。"明本《册府》卷九五《帝王部·赦宥門一四》後漢隱帝乾祐二年正月乙巳制："鳳翔王景崇、永興趙思綰等，比與國家，素無讐釁，偶因疑懼，遂致叛違……其李守真、王景崇、趙思綰等，宜令逐處都部署分明曉諭。若能翻然順歸，朕並待之如初，當保始終，享其富貴，明申信誓，固無改移。其或不認推誠，堅欲拒命，便可應時攻擊，尅日盪平。"本書卷一二三《帝王部·征討門三》後漢隱帝乾祐元年七月："鳳翔節度使王景崇拒命，不受代。詔新除鳳翔節度使趙暉充鳳翔行營都部署以討之。三年正月，王景崇平。"

　　明年，守貞、思綰相次皆敗，景崇客周璨謂景崇曰："公能守此者，以有河中、京兆也。[1]今皆敗矣，何所恃乎？不如降也。"景崇曰："誠累君等，然事急矣，吾欲爲萬有一得之計可乎？吾聞趙暉精兵皆在城北，今使公孫輦等燒城東門僞降，[2]吾以牙兵擊其城北兵，脫使不成而死，猶勝於束手也。"璨等皆然之。遲明，輦燒東門將降，而府中火起，景崇自焚矣，輦乃降暉。[3]

　　[1]周璨：人名。籍貫不詳。五代後漢時人。事見《新五代史》卷五三。　河中：此處代指河中節度使李守貞。　京兆：府名。治所在今陝西西安市。此處代指占據京兆府的趙思綰。

　　[2]公孫輦：人名。籍貫不詳。五代後漢時人。事見《新五代史》卷五三。

　　[3]"明年"至"輦乃降暉"：《新五代史》卷五三《王景崇傳》。《輯本舊史》卷一〇三《漢隱帝紀下》乾祐三年（950）正月己亥條："鳳翔行營都部署趙暉奏，前月二十四日，收復鳳翔，逆賊王景崇舉族自燔而死。"《通鑑》卷二八八後漢隱帝乾祐二年十二月辛卯條："趙暉急攻鳳翔，周璨謂王景崇曰：'公曩與蒲、雍相表裹；今二鎮已平，蜀兒不足恃，不如降也。'景崇曰：'善，吾更

思之.' 後數日, 外攻轉急。景崇謂其黨曰:'事窮矣, 吾欲爲急計.' 乃謂其將公孫輦、張思練曰:'趙暉精兵, 多在城北, 來日五鼓前, 爾二人燒城東門詐降, 勿令寇入, 吾與周璨以牙兵出北門突暉軍, 縱無成而死, 猶勝束手.' 皆曰:'善.'" 同月癸巳條:"未明, 輦、思練燒東門請降, 府牙火亦發; 二將遣人詗之, 景崇已與家人自焚矣。璨亦降。"明本《册府》卷四三五《將帥部·獻捷門二》:"漢隱帝乾祐元年二月, 右衛大將軍王景崇奏:於大散關大敗蜀軍, 俘斬三千人。初, 北虜犯京師, 侯益、趙贊皆受虜命, 節制岐、蒲。聞高祖入洛, 頗懷反仄。朝廷移贊於京兆, 益與贊皆求援於蜀。蜀遣何建率軍出大散關以應之, 至是景崇糾合岐、雍、邠、涇之師以破之, 又遣人送所獲僞蜀將校軍士四百三十八人至闕下, 詔釋之, 仍各賜衣服。九月……永興行營都部署郭從義奏:'今月十四日, 鳳翔王景崇兵士離本城, 尋遣監軍李彥從率兵追襲至法門寺西, 殺戮二千餘人.' 趙暉又奏:'破王景崇賊軍於鳳翔城下.' 二年正月, 河中府軍前奏:'今月四日夜, 賊軍偷斫入西寨捕斬七百餘級.' 時蜀軍自大散關來援王景崇……三年春正月, 鳳翔行營都部署趙暉奏:'前月二十四日收鳳翔, 逆賊王景崇舉家自燔而死。請供奉官張銖押逆賊王景崇首級并同惡周璨至闕下獻俘馘.' 命徇於六街, 磔於兩市。"

葉仁魯

葉仁魯,[1]漢乾祐中授衛州刺史。部内多盜賊, 仁魯每親自擒捕, 隨意殺戮, 濫死者衆。嘗有群賊, 部民聚而追之, 追至山林, 不復見賊矣。仁魯至, 盡執追者爲盜, 悉斷其足筋, 曝於林麓之下, 宛轉號呼, 數日而死。[2]

[1]葉仁魯：人名。籍貫不詳。後漢高祖劉知遠親將。後周時爲萊州刺史，因坐贓賜死。傳見本書附錄。

[2]"漢乾祐中授衛州刺史"至"數日而死"：《宋本册府》卷六九七《牧守部・酷虐門》。《新五代史》卷三〇《蘇逢吉傳》："是時，天下多盗，逢吉自草詔書下州縣，凡盗所居本家及鄰保皆族誅。或謂逢吉曰：'爲盗族誅，已非王法，況鄰保乎！'逢吉悵以爲是，不得已，但去族誅而已。於是鄆州捕賊使者張令柔盡殺平陰縣十七村民數百人。衛州刺史葉仁魯聞部有盗，自帥兵捕之。時村民十數共逐盗，入于山中，盗皆散走。仁魯從後至，見民捕盗者，以爲賊，悉擒之，斷其脚筋，暴之山麓，宛轉號呼，累日而死。聞者不勝其冤，而逢吉以仁魯爲能，由是天下因盗殺人滋濫。"

爲萊州刺史，貪暴特甚，吏民不勝其苦。受代日，遁離本州。及爲部民所訟，下獄鞫之，仁魯伏罪，贓污狼籍。[1]

[1]萊州：州名。治所在今山東萊州市。　"爲萊州刺史"至"贓污狼藉"：《宋本册府》卷七〇〇《牧守部・貪黷門》。《輯本舊史》卷一一二《周太祖紀三》廣順三年（953）正月庚午條："前萊州刺史葉仁魯賜死，坐爲民所訟故也。"《宋本册府》卷一四七《帝王部・恤下門二》："廣順三年正月庚午，萊州刺吏葉仁魯犯贓法等斷處死，賜自盡。將死，太祖遣中使賜酒食，宣曰：'汝自抵刑憲，國法如此。爾有老母，當遣存卹耳。'仁魯感恩泣下，尋死之。"又見《通鑑》卷二九一後周太祖廣順三年正月條。

申師厚

申師厚，少起盜賊，爲兖州牙將，與王峻相善。[1]
洎太祖登極，師厚以峻爲樞密使兼輔相。每旭旦于峻馬
首望塵而拜，訴羈旅，乞任使。久之，偶西涼請帥，[2]
太祖詔宰臣擬議，訪諸率府率、供奉官之間，竟無願
者，峻遂以師厚奏之。太祖曰："西涼陷在西戎，不欲
强之，冀從人所欲。"峻問師厚曰："爾領一節制，可
否？"師厚駭愕，亦不之信。峻以其事諭之，師厚欣然
求往。乃奏起師厚爲左衛將軍，已而拜河西節度使。[3]
翊日制下，不宣于朝，遽得環衛之任，俾鎮西涼，錫賚
繒帛、駞馬、旌節以遣之。[4]廣順二年九月，[5]師厚奏薦
蕃州將吏，請加恩命，從之。左厢押蕃副使折逋支、右
厢崔亮心並授銀青光禄大夫、檢校工部、禮部尚書；[6]
楊妃谷大首領沈念般授懷化大將軍；[7]左厢大首領籛于
必篤爲歸德大將軍；[8]没林葛、于凝盧、伴氈、折逋窮
羅並爲懷化大將軍；[9]右厢大首領鹿悉迦、阿羅岳騷奴
並爲歸德大將軍；[10]劉念般、秕與龍、温光積並爲懷化
大將軍、攝節度掌書記、守涼州姑臧令；[11]中厢首領岳
阿、西安九十並爲懷化大將軍。[12]王庭瀚授監察御史裏
行充河西軍節度掌書記、攝節度推官；[13]温崇業試秘書
省校書郎充河西節度推官、攝録事參軍；[14]劉少英爲涼
州録事參軍。[15]師厚又言："自涇州安國鎮至西涼府沿
路，三處扼控，各立州名，欲補大首領爲刺史。又管州
界部落大首領三十餘人，各望賜空名告身。"並

從之。[16]

[1]王峻：人名。相州安陽（今河南安陽市）人。五代後漢、後周將領。傳見本書卷一三〇、《新五代史》卷五〇。

[2]西凉：府名。五代以涼州爲西涼府。治所在今甘肅武威市。時西涼府爲吐蕃部落占據。

[3]河西：方鎮名。治所在涼州（今甘肅武威市）。

[4]“少起盜賊”至“錫賚繒帛、駞馬、旌節以遣之”：《宋本册府》卷九五五《總録部・知舊門》。“少起盜賊”“乃奏起師厚爲左衛將軍已而拜河西節度使”，據《輯本舊史》卷一三八《外國列傳二・吐蕃傳》、《新五代史》卷七四《四夷附録三・吐蕃傳》補。《輯本舊史》卷一三八《吐蕃傳》：“周廣順二年，嘉施遣人市馬京師。是時樞密使王峻用事。峻故人申師厚者，少起盜賊，爲兗州牙將，與峻相友善，後峻貴，師厚弊衣蓬首，日候峻出，馬前訴以飢寒，峻未有以發。而嘉施等來請帥，峻即建言，涼州深入夷狄，中國未嘗命吏，請帥募府率供奉官能往者，月餘，無應募者，乃奏起師厚爲左衛將軍，已而拜河西節度使。”《輯本舊史》卷一一二《周太祖紀三》、《通鑑》卷二九〇將此事繫於廣順元年（951）十月，《宋史》卷四九二《外國八・吐蕃傳》繫於廣順三年。據下條，申師厚任河西節度使，至遲不晚於廣順二年九月。

[5]廣順：五代後周太祖郭威年號（951—953）。

[6]押蕃副使：官名。押蕃使副長官。唐開元二十年（732）以朔方節度使增領押諸蕃部落使。五代後唐、後晉沿置。監管轄區内少數民族政權事。原作“押衙副使”，中華書局本據浙江本改，今從。　折逋支：人名。少數民族首領。事見《通考》卷三三五。　崔亮心：人名。即崔虎心。籍貫不詳。事見本書卷一三八、《新五代史》卷七四。　銀青光禄大夫：官名。唐、五代散官。從三品。　檢校工部、禮部尚書：檢校工部尚書，官名。爲散官或加

官，以示恩寵，無實際執掌。檢校禮部尚書，官名。爲散官或加官，以示恩寵，無實際執掌。

[7]楊妃谷：地名。又作陽暉谷。即今甘肅武威市青嘴喇嘛灣。唐屬涼州。 沈念般：人名。籍貫不詳。事見本書卷一三八、《新五代史》卷七四。

[8]籛于必篤：人名。少數民族首領。事跡不詳。

[9]没林葛、于凝盧、伴氈、折逋窮羅：皆爲少數民族首領。

[10]鹿悉迦、阿羅岳騷奴：皆爲少數民族首領。

[11]劉念般、秕與龍、温光積：皆爲少數民族首領。 姑臧：地名。位於今甘肅省武威市涼州區。

[12]岳阿、西安九十：皆爲少數民族首領。

[13]王庭瀚：人名。又作“王廷翰”。中國留人子孫。事見本書卷一三八、《新五代史》卷七四。

[14]温崇業：人名。又作“温崇樂”。中國留人子孫。事見本書卷一三八、《新五代史》卷七四。 秘書省校書郎：官名。東漢始置，掌典校收藏於蘭臺的圖書典籍，亦稱校書郎中。唐秘書省及著作局皆置，正九品上；弘文館亦置，從九品上。

[15]劉少英：人名。中國留人子孫。事見本書卷一三八、《新五代史》卷七四。

[16]“廣順二年九月”至“並從之”：明本《册府》卷一七〇《帝王部·來遠門》，又見《會要》卷三〇吐蕃條。“中廂首領”至“懷化大將軍”一句、“涇州”二字，據《會要》補。“崔亮心”，《會要》《輯本舊史·吐蕃傳》《新五代史·吐蕃傳》作“崔虎心”。“劉念般”，《會要》作“沈念般”，按沈念般已見上文，此處當作“劉念般”。“温光積”，《會要》作“文温光積”。“西涼府”原作“西涼州”，按《輯本舊史》《新五代史》中均無西涼州，然有西涼府記載，《續資治通鑑長編》卷二〇咸平元年（998）十一月條云“河西軍，即西涼府也”，可見此處當爲“西涼府”，據《會要》改。“管州界”原作“官界”，據《會要》改。《輯本舊

史·吐蕃傳》記此事云："師厚至涼州，奏薦押衙副使崔虎心、陽妃谷首領沈念般等，及中國留人子孫王廷翰、温崇樂、劉少英爲將吏，又自安國鎮至涼州，立三州以控扼諸羌，用其酋豪爲刺史。"

十一月，師厚進馬一百一十六匹，詔還其直。[1]顯德元年七月，師厚責授右監門衛率府副率。師厚在涼州歲餘，以所部艱食，蕃情反覆，奏乞入朝，尋留其子爲留後，不俟詔離任，故責之。[2]

[1]"十一月"至"詔還其直"：明本《册府》卷一六九《帝王部·納貢獻門》。

[2]顯德：五代後周太祖郭威年號（954）。世宗柴榮、恭帝柴宗訓沿用（954—960）。　右監門衛率府副率：官名。即"太子右監門率府副率"。掌諸門禁衛。凡財物、器用，出者有籍。　"顯德元年七月"至"故責之"：《輯本舊史》卷一一四《周世宗紀一》顯德元年（954）七月癸酉條。《輯本舊史》卷一三八《外國列傳二·吐蕃傳》："然涼州夷夏雜處，師厚小人，不能撫有。至世宗時，師厚留其子而逃歸，涼州遂絶於中國。獨瓜、沙二州，終五代常來。"

史佺

史佺。[1]漢天福十二年正月，契丹主以佺爲彰義節度使。[2]

[1]史佺：籍貫、家世不詳。

[2]彰義：方鎮名。治所在涇州（今甘肅涇川縣）。　佺爲彰

義節度使：《通鑑》卷二八六後晉高祖天福十二年（947）正月條。

廣順元年春二月己亥，以左領軍衛上將軍佺爲右衛上將軍。[1]

[1]《輯本舊史》卷一一一《周太祖紀二》廣順元年（951）春二月己亥條。

顯德六年八月甲午，以左武衛上將軍佺爲左金吾上將軍致仕。辛丑，左金吾上將軍致仕佺卒。[1]

[1]《輯本舊史》卷一二〇《周恭帝紀》顯德六年（959）八月甲午、辛丑條。

樊愛能

樊愛能，顯德元年正月壬辰，以龍捷左厢都指揮使、睦州防禦使愛能爲侍衛馬軍都指揮使、洋州節度使，加檢校太保。[1]三月丁丑，潞州奏，河東劉崇入寇，兵馬監押穆令均部下兵士爲賊軍所襲，[2]官軍不利。命宣徽使向訓、馬軍都指揮使愛能、步軍都指揮使何徽、滑州節度使白重贊、鄭州防禦使史彥超、前耀州團練使符彥能等，[3]領兵先赴澤州。[4]

[1]龍捷左厢都指揮使：官名。所部統兵將領。龍捷爲部隊番號。　睦州：州名。治所在今浙江建德市。　侍衛馬軍都指揮使：

官名。爲侍衛親軍馬軍司長官。後梁始置侍衛親軍，爲禁軍的一支，後唐沿置並成爲禁軍主力，下設馬軍、步軍。 檢校太保：官名。爲散官或加官，以示恩寵，無實際執掌。 "顯德元年正月壬辰"至"加檢校太保"：《輯本舊史》卷一一三《周太祖紀四》顯德元年（954）正月壬辰條。《通鑑》卷二九一後周太祖顯德元年正月壬辰條："馬軍都指揮使樊愛能領武定節度使。"

　　[2]劉崇：人名。即劉旻。太原（今山西太原市）人。後漢高祖劉知遠從弟。後漢時任太原尹，專制一方。後周代漢，他稱帝於太原，國號漢，史稱北漢。傳見本書卷一三五、《新五代史》卷七〇。 兵馬監押：官名。軍隊統兵官，掌軍旅屯戍、營防、訓練之政令。 穆令均：人名。又作"穆令鈞"。籍貫不詳。五代將領。事見《通鑑》卷二九一、《宋史》卷四八四。

　　[3]向訓：人名。懷州河内（今河南沁陽市）人。五代、宋初將領。避周恭帝諱改名向拱。傳見《宋史》卷二五五。 何徽：人名。高平之戰中不戰而逃，後被周世宗處死，以正軍法。傳見本書本卷。 白重贊：人名。沙陀族，憲州樓煩（今山西婁煩縣）人。五代、宋初將領。傳見《宋史》卷二六一。 鄭州：州名。治所在今河南鄭州市。 史彦超：人名。雲州（今山西大同市）人。五代後周武將。傳見本書卷一二四、《新五代史》卷三三。 耀州：州名。治所在今陝西銅川市耀州區。 團練使：官名。唐代中期以後，於不設節度使的地區設團練使，掌本區各州軍政。 符彦能：人名。籍貫不詳。五代將領，歷任耀州團練使、澤州防禦使。事見本書卷一一四。

　　[4]"三月丁丑"至"領兵先赴澤州"：《輯本舊史》卷一一四《周世宗紀一》顯德元年三月丁丑條。

　　三月乙酉，世宗御戎服，親總六師出東都。[1]壬辰，次澤州。癸巳，前鋒與賊軍相遇。世宗慮其奔遁，促兵

以擊之。乃命侍衛馬軍都指揮使愛能、步軍都指揮使何
徽將右，居陣之東廂；世宗介馬觀陣，兩軍交鋒，未
幾，愛能望賊而遁，東廂騎軍潰亂，步卒數萬皆解甲投
賊，呼萬歲數聲。世宗覺勢危，乃自率親騎臨陣督
戰。[2]諸將分兵追襲，勢若風雨，僵尸棄甲填滿山谷。
己亥，宴從官於潞州之衙署。[3]即收愛能、徽及所部軍
使以上七十餘人，責之曰：“汝輩皆累朝宿將，非不能
戰，今望風奔遁者，無他，正欲以朕爲奇貨，賣與劉
崇耳！”[4]

　　[1]世宗：即柴榮。邢州龍岡（今河北邢臺市）人。郭威養
子，五代後周君主。紀見本書卷一一四至卷一一九、《新五代史》
卷一二。
　　[2]“三月乙酉”至“乃自率親騎臨陣督戰”：明本《册府》
卷一一八《帝王部·親征門三》。
　　[3]“諸將分兵追襲”至“宴從官於潞州之衙署”：《宋本册
府》卷五七《帝王部·英斷門》。
　　[4]“即收愛能”至“賣與劉崇耳”：《通鑑》卷二九一後周太
祖顯德元年（954）三月條。

　　是日，誅愛能、何徽及諸軍將校監押使臣等共七十
餘人，以高平陣見賊奔遁故也。[1]愛能暨徽皆自戎伍而
爲列校，漢末太祖自鄴入平內難，各率部兵以從，及太
祖踐祚，累加擢用，尋以愛能爲侍衛馬軍都校，[2]徽爲
侍衛步軍都校，皆遙領節制，其寵遇委用非不至也。而
姦猾爲性，臨事顧望，至是與劉崇對陣，愛能望賊而

遁，徽所部兵未及成列，爲蹂踐而散。既伏誅，中外無不盛稱帝之英斷。自是驕將惰卒股慄而知懼矣。[3]四月戊申，命河陽節度使劉詞押步騎三千赴洺州，[4]皆愛能、何徽之部兵也。上以既誅其主，將不欲加罪於衆，乃遣詞押領，分屯於洺州。[5]

[1]高平：縣名。治所在今山西高平市。

[2]侍衛馬軍都校：官名。爲侍衛親軍馬軍司將領。後梁始置侍衛親軍，爲禁軍的一支，後唐沿置並成爲禁軍主力，下設馬軍、步軍。

[3]“是日”至“自是驕將惰卒股慄而知懼矣”：《宋本册府》卷五七《帝王部·英斷門》。

[4]劉詞：人名。元城（今河北大名縣）人。五代將領。傳見本書卷一二四、《新五代史》卷五〇。

[5]“四月戊申”至“分屯於洺州”：《宋本册府》卷四一《帝王部·寬恕門》。“洺州”，明本《册府》作“洺州”。

何徽

何徽，廣順元年十月，契丹遣彰國節度使蕭禹厥將奚、契丹五萬會北漢兵入寇。[1]時巡檢使王萬敢權知晋州，[2]與龍捷都指揮使史彦超、虎捷指揮使徽共拒之。[3]

[1]彰國：方鎮名。治所在應州（今山西應縣）。　蕭禹厥：人名。籍貫不詳。遼朝將領。事見《新五代史》卷七〇。　奚：中古時代居住在今中國東北地區的少數民族。傳見《舊唐書》卷一九九下、《新唐書》卷二一九。參見王凱《20 世紀 80 年代以來奚族

研究綜述》，《東北史地》2011 年第 1 期；畢德廣《唐代奚族居地的變遷》，《中國歷史地理論叢》2014 年第 1 期；畢德廣《遼代奚境變遷考論》，《中國邊疆史地研究》2014 年第 3 期；王麗娟《奚族文獻史料探究》，《宋史研究論叢》2015 年第 2 期。

　　[2]王萬敢：人名。籍貫不詳。歷任密州刺史、晉州巡檢、防禦使。事見本書卷一〇三、卷一一二、卷一二四。

　　[3]虎捷指揮使：官名。所部統兵將領。虎捷爲部隊番號。
"廣順元年十月"至"虎捷指揮使徽共拒之"：《通鑑》卷二九〇後周太祖廣順元年（951）十月丁未條。

　　二年二月戊子，虎捷第五軍指揮使、檢校司空、領秀州刺史徽加司徒，封太原縣男，食邑三百户。亦以固守晉州之功也。[1]

　　[1]秀州：州名。治所在今浙江嘉興市。　"二年二月戊子"至"亦以固守晉州之功也"：明本《册府》卷一二八《帝王部・明賞門二》。

　　三年六月，鄭州夫一千五百人脩原武河堤。宿州言遣虎捷廂主徽，率兵往靈河脩堤。[1]

　　[1]原武：縣名。治所在今河南原陽縣。　宿州：州名。治所在今安徽宿州市。　"三年六月"至"率兵往靈河脩堤"：明本《册府》卷四九七《邦計部・河渠門二》。

　　顯德元年正月壬辰，以虎捷左廂都指揮使、果州防禦使徽爲侍衛步軍都指揮使、利州節度使，加檢校太保。[1]

[1]果州：州名。治所在今四川南充市。 利州：州名。治所在今四川廣元市。 "顯德元年正月壬辰"至"加檢校太保"：《輯本舊史》卷一一三《周太祖紀四》顯德元年（954）正月壬辰條。

三月丁丑，潞州奏，河東劉崇入寇，兵馬監押穆令均部下兵士爲賊軍所襲，官軍不利。命宣徽使向訓、馬軍都指揮使樊愛能、步軍都指揮使徽、滑州節度使白重贊、鄭州防禦使史彦超、前耀州團練使符彦能等領兵先赴澤州。[1]癸巳，前鋒與賊軍相遇。乃命侍衛馬軍都指揮使樊愛能、步軍都指揮使徽將右，居陣之東廂。未幾，樊愛能望賊而遁，東廂騎軍潰亂，步卒數萬皆解甲投賊，呼萬歲數聲。世宗覺勢危，乃自率親騎臨陣督戰。[2]己亥，宴從官於潞州之衙署。是日，誅樊愛能、徽及諸將、軍較、監押使臣等共七十餘人，以高平地見賊奔遁故也。[3]

[1]樊愛能：人名。籍貫不詳。後周將領，高平之戰中不戰而逃，後被周世宗處死，以正軍法。傳見本書本卷。 "三月丁丑"至"前耀州團練使符彦能等領兵先赴澤州"：《輯本舊史》卷一一四《周世宗紀一》顯德元年（954）三月丁丑條。

[2]"癸巳"至"乃自率親騎臨陣督戰"：明本《册府》卷一一八《帝王部·親征門三》。《通曆》卷一五："高平之役，兩軍既成列，賊騎來挑戰，愛能望風而退，何徽以徒兵陣於後，爲奔騎所突，即時潰亂，二將南走。"

[3]“己亥”至“以高平地見賊奔遁故也”:《宋本册府》卷五七《帝王部·英斷門》。

世宗欲誅樊愛能等以肅軍政，猶豫未決；晝臥行宮帳中，張永德侍側，[1]世宗以其事訪之，對曰：“愛能等素無大功，忝冒節鉞，望敵先逃，死未塞責。且陛下方欲削平四海，苟軍法不立，雖有熊羆之士，百萬之衆，安得而用之！”世宗擲枕於地，大呼稱善。即收愛能、徽及所部軍使以上七十餘人，責之曰：“汝輩皆累朝宿將，非不能戰，今望風奔遁者，無它，正欲以朕爲奇貨，賣與劉崇耳！”[2]世宗以徽有平陽守禦之功，欲貸其罪，竟不可，與愛能俱殺之，皆給櫬車歸葬。[3]

[1]張永德：人名。并州陽曲（今山西陽曲縣）人。五代、宋初大將。頗受宋太祖、宋太宗信用。傳見《宋史》卷二五五。

[2]“世宗欲誅樊愛能等以肅軍政”至“賣與劉崇耳”:《通鑑》卷二九一後周世宗顯德元年（954）三月條，“晝臥行宮帳中”前有“己亥”。

[3]平陽：地名。位於今山西臨汾市。　“世宗以徽有平陽守禦之功”至“皆給櫬車歸葬”:《輯本舊史》卷一一四《周世宗紀一》顯德元年三月條。

李蕘

李蕘，天福八年十二月癸丑，詔亳州蕘、懷州薛懷讓並赴闕，分命使臣諸州郡巡檢，以契丹入寇故也。[1]

[1]亳州：州名。治所在今安徽亳州市。　懷州：州名。治所在今河南沁陽市。　"天福八年十二月癸丑"至"以契丹入寇故也"：《輯本舊史》卷八二《晉少帝紀二》天福八年（943）十二月癸丑條。

九年正月丙申，虜以偏師寇黎陽，遣右武衛上將軍張彥澤、亳州防禦使蕁、坊州刺史陳思讓率勁騎三千拒之。[1]

[1]黎陽：縣名。治所在今河南浚縣。　右武衛上將軍：官名。唐置十六衛之一，掌宮禁宿衛。從二品。　張彥澤：人名。突厥人，徙居太原（今山西太原市）。五代後晉將領，後投降於契丹。傳見本書卷九八、《新五代史》卷五二。　陳思讓：人名。幽州盧龍（今河北盧龍縣）人。五代、宋初將領。傳見《宋史》卷二六一。　"九年正月丙申"至"坊州刺史陳思讓率勁騎三千拒之"：明本《冊府》卷一一八《帝王部・親征門三》。

廣順三年正月，以兗州慕容彥超反狀已具，無以招懷，乃命侍衛步軍指揮使曹英爲都部署，起兵討之。仍以前棣州刺史蕁、坊州刺史靳霸、懷州刺史李萬超并佐營軍。[1]

[1]慕容彥超：人名。沙陀部人（一說"吐谷渾部人"）。五代後漢將領，後漢高祖劉知遠同母弟。傳見本書卷一三〇、《新五代史》卷五三。　曹英：人名。常山真定（今河北正定縣）人。五代後唐至後周將領。傳見本書卷一二九。　棣州：州名。治所在今山東惠民縣。　坊州：州名。治所在今陝西黃陵縣。　靳霸：人

名。籍貫不詳。五代將領。事見明本《册府》卷八一《帝王部·慶賜門》、卷一二八《帝王部·明賞門》。　李萬超：人名。并州太原（今山西太原市）人。五代、宋初將領。傳見《宋史》卷二六一。　"廣順三年正月"至"懷州刺史李萬超并佐營軍"：明本《册府》卷一二三《帝王部·征討門三》。

顯德五年秋七月癸未，以工部尚書田敏爲太子少保，[1]以刑部侍郎裴巽爲尚書左丞，[2]以左武衛上將軍薛懷讓爲太子太師，以右羽林大將軍萼爲右千牛衛上將軍。自敏已下皆致仕。[3]

[1]田敏：人名。淄州鄒平（今山東鄒平縣）人。五代宋初大臣、學者。傳見《宋史》卷四三一。　太子少保：官名。與太子少傅、太子少師合稱"三少"，唐後期、五代多爲大臣、勳貴加官。從二品。

[2]刑部侍郎：官名。尚書省刑部次官。協助刑部尚書掌天下刑法及徒隸、勾覆、關禁之政令。正四品下。　裴巽：人名。籍貫不詳。後周官員，曾任左散騎常侍、御史中丞、刑部侍郎、尚書左丞。事見本書卷一一四、卷一一八。

[3]右羽林大將軍：官名。唐代右羽林軍統兵官。唐置六軍，分左、右羽林，左、右龍武，左、右神武等，即"北衙六軍"。從二品。《通鑑》卷二二九記載爲"從三品"。　右千牛衛上將軍：官名。唐置，掌宮禁宿衛。唐代置十六衛，即左右衛、左右驍衛、左右武衛、左右威衛、左右領軍衛、左右金吾衛、左右監門衛、左右千牛衛，各置上將軍，從二品；大將軍，正三品；將軍，從三品。　"顯德五年秋七月癸未"至"自敏已下皆致仕"：《輯本舊史》卷一一八《周世宗紀五》顯德五年（958）七月癸未條。

六年十二月甲午，西京奏，左屯衛上將軍致仕蕚卒。[1]

[1]左屯衛上將軍：官名。唐置十六衛之一，掌宮禁宿衛。從二品。左屯衛，隋置。唐龍朔二年（662）改名爲左威衛。五代後周廣順二年（952）復名左屯衛。宋代存其名而無職司。　"六年十二月甲午"至"左屯衛上將軍致仕蕚卒"：《輯本舊史》卷一二〇《周恭帝紀》顯德六年（959）十二月甲午條。

郭令圖

郭令圖，[1]廣順元年三月丙戌，以襄州節度副使令圖爲宗正卿。[2]

[1]郭令圖：籍貫、家世不詳。
[2]廣順元年三月丙戌，以襄州節度副使令圖爲宗正卿：《輯本舊史》卷一一一《周太祖紀二》廣順元年（951）三月丙戌條。

六月丙辰，西京奏，新授宗正卿令圖卒。[1]

[1]"六月丙辰"至"新授宗正卿令圖卒"：《輯本舊史》卷一一一《周太祖紀二》廣順元年（951）六月丙辰條。

皇甫暉

皇甫暉，魏州人也。爲魏軍卒，戍瓦橋關，歲滿當

代歸，而留屯貝州，[1]爲魏博指揮使楊仁晸部兵。[2]同光
四年二月，暉與其徒夜博不勝，因人情不安，遂作亂，
劫仁晸曰："主上所以有天下，吾魏軍力也；魏軍甲不
去體，馬不解鞍者十餘年，今天下已定，天子不念舊
勞，更加猜忌。遠戍踰年，方喜代歸，去家咫尺，不使
相見。今聞皇后弑逆，京師已亂，將士願與公俱歸，仍
表聞朝廷。若天子萬福，興兵致討，以吾魏博兵力足以
拒之，安知不更爲富貴之資乎！"[3]仁晸曰："汝等何謀
之過耶。今英主在上，天下一家，從駕精兵不下百萬，
西平巴蜀，威振華夷，公等各有家族，何事如此。"軍
人乃抽戈露刃環仁晸曰："三軍怨怒，咸欲謀反，苟不
聽從，須至無禮。"仁晸曰："吾非不知此，但丈夫舉
事，須計萬全。"軍人即斬仁晸。[4]又劫小校，不從，又
殺之。效節指揮使趙在禮聞亂，[5]衣不及帶，踰垣而走，
暉追及，曳其足而下之，示以二首，在禮懼而從之。亂
兵遂奉以爲帥，焚掠貝州。[6]暉擁甲士數百騎，大掠城
中，至一民家，問其姓，曰："姓國。"暉曰："吾當破
國。"遂盡殺之。又至一家，問其姓，曰："姓萬。"暉
曰："殺萬家足矣。"又盡殺之。[7]入鄴都，都巡檢使孫
鐸等拒戰不勝，亡去。趙在禮據宮城，署皇甫暉及軍校
趙進爲馬步都指揮使，縱兵大掠。[8]是日，衆推在禮爲
兵馬留後，草奏以聞。帝怒，命宋州節度使李紹榮率騎
三千赴鄴都招撫，詔徵諸道之師進討。[9]

　　[1]瓦橋關：關名。唐置。位於今河北雄縣。五代後晉初地入
契丹。後周顯德六年（959）收復，建爲雄州。與益津關、淤口關

合稱三關。　　“皇甫暉”至“而留屯貝州”：《新五代史》卷四六《皇甫暉傳》。

[2]楊仁晸：人名。一作“楊仁晟”。籍貫不詳。唐末將領。事見本書卷九〇、《新五代史》卷四九《皇甫暉傳》。

[3]“爲魏博指揮使楊仁晸部兵”至“安知不更爲富貴之資乎”：《通鑑》卷二七四天成元年（926）二月條，又見《新五代史》卷四九《皇甫暉傳》。

[4]“仁晸曰”至“軍人即斬仁晸”：《輯本舊史》卷三四《唐莊宗紀八》同光四年（926）二月丙申條。

[5]效節指揮使：官名。所部統兵將領。“效節”爲部隊番號。

[6]“又劫小校”至“焚掠貝州”：《通鑑》卷二七四後唐明宗天成元年二月條，又見《新五代史》卷四九《皇甫暉傳》。

[7]“暉擁甲士數百騎”至“又盡殺之”：《新五代史》卷四九《皇甫暉傳》。

[8]趙進：人名。籍貫不詳。五代後唐將領。事見本書卷三四、卷九〇。　　“入鄴都”至“縱兵大掠”：《通鑑》卷二七四後唐明宗天成元年二月條。“馬步都指揮使”，《輯本舊史》卷三四《唐莊宗紀八》作“都虞候、斬斫使”。

[9]宋州：州名。治所在今河南商丘市睢陽區。　　李紹榮：人名。即元行欽。幽州（今北京市）人。五代後唐將領。傳見本書卷七〇、《新五代史》卷二五。　　“是日”至“詔徵諸道之師進討”：《輯本舊史》卷三四《唐莊宗紀八》。“李紹榮”原作“元行欽”，按此時尚未復名，故仍作“李紹榮”。

　　李紹榮至鄴都，進攻南門，以詔書招諭城中，趙在禮獻羊酒勞軍，登城遥拜紹榮曰：“將士經年離隔父母，不取敕旨歸寧，上貽聖憂，追悔何及。儻公善爲敷奏，俾從渙汗，某等亦不敢不改過自新。”紹榮曰：“上以汝輩有社稷功，必行赦宥。"因以詔書諭之。[1]史彥瓊戟手大罵曰："群死賊，城破萬段！"皇甫暉謂其衆曰："觀史武德之言，上不赦我矣。"因聚噪，掠敕書，手壞之，守陴拒戰。紹榮攻之不利，以狀聞，帝怒曰："克城之日，勿遺噍類！"大發諸軍討之。[2]紹榮屯澶州，分諸鎮兵爲五道，毀民車輪、門扉、屋椽爲筏，渡長慶河攻冠氏門，不克。[3]三月，李嗣源至鄴都，從馬直軍士張破敗作亂，[4]殺都將，焚營舍。詰旦，亂兵逼中軍，嗣源帥親軍拒戰，不能敵，亂兵益熾。因擁嗣源及李紹真等入城，城中不受外兵，皇甫暉逆擊張破敗，斬之，外兵皆潰。趙在禮帥諸校迎拜嗣源，泣謝曰："將士輩負令公，敢不惟命是聽！"[5]明宗爲其所逼，霍彥威從入魏州，皇甫暉等尤忌彥威，欲殺之，彥威機辯開説，竟免。及出，彥威部下兵士獨全，衛護明宗至魏縣。[6]

[1]"李紹榮至鄴都"至"因以詔書諭之"：《輯本舊史》卷三四《唐莊宗紀八》同光四年（926）二月辛丑條。

[2]史彥瓊：人名。後唐莊宗時伶人。爲武德使，居鄴都，掌魏博六州之政。傳見本書附録、《新五代史》卷三七。　　"史彥瓊戟手大罵曰"至"大發諸軍討之"：《通鑑》卷二七四後唐明宗天成元年（926）二月條。

[3]長慶河：河流名。流經鄴都（今河北大名縣）附近。　冠氏門：城門名。爲鄴都（今河北大名縣）城門。　　"紹榮屯澶州"至"不克"：《新五代史》卷二五《元行欽傳》。

[4]從馬直：部隊番號。五代後唐親軍。後唐明宗李嗣源創置。其兵丁選自諸軍驍勇敢戰者，没有額定兵員。平時宿衛，戰時隨駕親征。　張破敗：人名。五代後唐侍衛親軍。後爲皇甫暉所殺。事

見本書卷三五、《通鑑》卷二七四。

[5]"三月"至"敢不惟命是聽"：《通鑑》卷二七四後唐明宗天成元年三月條，有節略。另見《輯本舊史》卷三四《唐莊宗紀八》、卷三五《唐明宗紀一》。

[6]魏縣：縣名。治所在今河北魏縣。　"明宗爲其所逼"至"衛護嗣源至魏縣"：《輯本舊史》卷六四《霍彥威傳》。"嗣源"原作"明宗"，按此時明宗尚未稱帝，故與上文《通鑑》劃一，稱嗣源。

　　天成元年五月，授趙在禮滑州節度使、檢校太保。制下，在禮密奏軍情，未欲除移，且乞更伺少頃，尋就改天雄軍兵馬留後、鄴都留守、興唐尹。[1]趙在禮之徙滑州，不之官，亦實爲其下所制。在禮欲自謀脫禍，陰遣腹心詣闕求移鎮。帝乃爲之除皇甫暉陳州刺史，趙進貝州刺史，徙在禮爲橫海節度使。[2]

　　[1]"天成元年五月"至"興唐尹"：《輯本舊史》卷九〇《趙在禮傳》。

　　[2]橫海：方鎮名。治所在滄州（今河北滄縣舊州鎮）。"趙在禮之徙滑州"至"徙在禮爲橫海節度使"：《通鑑》卷二七五後唐明宗天成二年（927）三月條。《輯本舊史》卷九〇《趙在禮傳》："既而在禮將皇甫暉、趙進等相次除郡赴任，在禮乃上表乞移旌節。"前後次序與《通鑑》不同。

　　晉天福中，以衛將軍居京師。在禮已秉旌節，罷鎮來朝，暉往候之曰："與公俱起甘陵，[1]卒成大事，然由我發也，公今富貴，能恤我乎？不然，禍起坐中。"在禮懼，遽出器幣數千與之，而飲以酒，暉飲自若，不謝而去。[2]開運末，爲密州刺史。[3]戎虜犯闕，因掠其部民以奔至江南。江南即遣使具舟楫以迓之。行及秦淮，暉心不自安，因自投於水，沿流百餘步而不没，舟人拯之而免。後人或訊之，云："初落水如履一大石，欲求溺而不得，故獲免焉。"及至金陵，禮遇甚厚，僞署爲歙州刺史，後遷僞奉化軍節度使。[4]乾祐二年二月，淮北群盜多請命於唐，唐主遣神衛都虞候皇甫暉等將兵萬人出海、泗以招納之，蒙城鎮將咸師朗等降於暉。徐州將成德欽敗唐兵於峒峿鎮，俘斬六百級，暉等引歸。[5]

[1]甘陵：地名。指代貝州，治所在今河北清河縣。

[2]"晋天福中"至"不謝而去"：《新五代史》卷四九《皇甫暉傳》。

[3]密州：州名。治所在今山東諸城市。

[4]金陵：地名。今江蘇南京市古稱。　歙州：州名。治所在今安徽歙縣。　奉化軍：方鎮名。治所在江州（今江西九江市）。

"開運末"至"後遷僞奉化軍節度使"：明本《册府》卷四三八《將帥部·奔亡門》。《通鑑》卷二八六天福十二年（947）二月條："晋密州刺史皇甫暉，棣州刺史王建，皆避契丹，帥衆奔唐；淮北賊帥多請命於唐。"

[5]神衛都虞候：武官名。唐末、五代時期軍隊高級統兵官，海：州名。治所在今江蘇連雲港市海州區。　泗：州名。治所在今江蘇盱眙縣。　蒙城：縣名。治所在今安徽蒙城縣。　咸師朗：人名。籍貫不詳。五代十國將領。事見《通鑑》卷二九〇、卷二九二。　徐州：州名。治所在今江蘇徐州市。　成德欽：人名。籍貫不詳。五代將領。事見《通鑑》卷二八八。　峒峿鎮：地名。位於

今江蘇宿遷市北峒嵋鎮。　"乾祐二年二月"至"暉等引歸"：《通鑑》卷二八八後漢隱帝乾祐二年（949）二月條。《新五代史》卷六二《南唐世家》亦云："是時，漢隱帝少，中國衰弱，淮北群盜多送款於景，景遣皇甫暉出海、泗諸州招納之。"

　　顯德二年十一月，周師伐淮。唐人聞周兵將至而懼，劉仁贍神氣自若，[1]部分守禦，無異平日，衆情稍安。唐主以神武統軍劉彥貞爲北面行營都部署，[2]將兵二萬趣壽州，奉化節度使、同平章事皇甫暉爲應援使，常州團練使姚鳳爲應援都監，[3]將兵三萬屯定遠。[4]是時江、淮久安，民不習戰，彥貞既敗，唐人大恐，張全約收餘衆奔壽州，劉仁贍表全約爲馬步左厢都指揮使。皇甫暉、姚鳳退保清流關。[5]顯德三年二月，上命今上倍道襲清流關。皇甫暉等陳於山下，方與前鋒戰，今上引兵出山後，暉等大驚，走入滁州，欲斷橋自守，今上躍馬麾兵涉水，直抵城下。暉曰："人各爲其主，願容成列而戰。"今上笑而許之。暉整衆而出，今上擁馬頸突陳而入，大呼曰："吾止取皇甫暉，他人非吾敵也！"手劍擊暉，中腦，生擒之，並擒姚鳳，遂克滁州。[6]今上繫送所獲皇甫暉、姚鳳至行在。[7]世宗召見之，暉曰："臣力憊矣，欲暫坐。"及坐，又曰："臣欲暫臥。"不俟命而臥，神色自若。世宗亦復容之。乃言曰："臣非不盡忠於本國，實以甲兵勇怯不敵。臣早事晋朝，屢將兵與契丹相持，未如大朝此日甲馬之盛。昨者退守滁州，不謂天兵便能逾城攻取，如履平地。臣力所不加，故就擒耳。"因盛稱今上之武勇。世宗命釋之，賜衣服帶鞍馬。後數日，暉以金瘡尋卒於洛陽。暉本驍將，唐莊宗之基業因暉而敗焉，故暉有名於天下。[8]

　[1]劉仁贍：人名。彭城（今江蘇徐州市）人。五代十國南唐將領。傳見本書卷一二九、《新五代史》卷三二。

　[2]神武統軍：官名。唐、五代神武軍統兵官。唐置六軍，分左、右羽林，左、右龍武，左、右神武等，即“北衙六軍”。興元元年（784），六軍各置統軍，以寵功勳臣。其品秩，《唐會要》卷七一、《舊唐書》卷一二記載爲從二品，《通鑑》卷二二九記載爲從三品。　劉彥貞：人名。兗州中都（今山東汶上縣）人。五代十國南唐將領。事見《新五代史》卷六二。　北面行營都部署：官名。凡行軍征討，掛帥率軍戰鬥，總管行營事務。

　[3]常州：州名。治所在今江蘇常州市。　姚鳳：人名。籍貫不詳。五代十國時期南唐將領，爲後周所擒。事見本書卷一一六《周世宗本紀》。

　[4]定遠：縣名。治所在今安徽定遠縣。　“顯德二年十一月”至“將兵三萬屯定遠”：《通鑑》卷二九二後周世宗顯德二年（955）十一月條。“周師伐淮”，據《新五代史》卷四九《皇甫暉傳》增。

　[5]張全約：人名。籍貫不詳。事見本書卷一一六。　馬步左廂都指揮使：五代軍隊編制，五百人爲一指揮，設指揮使、副指揮使；十指揮爲一軍，設都指揮使、副都指揮使。　清流關：地名。位於今安徽滁州市。

　[6]滁州：州名。治所在今安徽滁州市。　“是時江、淮久安”至“遂克滁州”：《通鑑》卷二九二後周世宗顯德三年（956）正月、二月條。“今上”，原皆作“太祖皇帝”，依體例改。

　[7]今上繫送所獲皇甫暉、姚鳳至行在：《輯本舊史》卷一一六《周世宗紀三》顯德三年二月條。

［8］"世宗召見之"至"故暉有名於天下"：《御覽》卷三二六《兵部・擒獲門》引《周史》。"今上"原作"太祖"，依體例改。

徐台符

徐台符，字光信，深州武強人。幼善屬文，唐同光中擢進士第，釋褐爲鎮定從事。[1]鎮州有市人劉方遇，[2]家富於財。方遇卒，無子。妻弟田令遵者，[3]幼爲方遇治財，善殖貨，劉族乃共推令遵爲方遇子，親族共立券書，以爲誓信。累年後，方遇二女取資於令遵不如意，乃訟令遵冒姓，奪父家財，李從敏令判官陸浣鞫其獄，[4]而殺令遵。令遵父謂臺訴冤，詔本州節度副使符蒙、掌書記台符鞫之，[5]備明姦狀。及詰二女，伏行賂於節度使趙環、代判高知柔、觀察判官陸浣，[6]並捕下獄，具服贓罪。[7]天福二年十二月，以監察御史徐台符爲尚書膳部員外郎、知制誥。[8]開運元年六月，復置翰林學士，以金部郎中、知制誥武強徐台符爲學士。[9]二年六月，爲中書舍人。[10]

［1］武強：縣名。治所在今河北武強縣。　釋褐：易粗布衣而服官服，指代做官。　鎮定：地名。正定古稱。正定，縣名，治所在今河北正定縣。　"徐台符"至"釋褐爲鎮定從事"：《宋本册府》卷七七五《總録部・幼敏門三》。《通鑑》卷二八四後晋少帝開運元年（944）六月戊辰條云"武強徐台符"。又《輯本舊史》卷一三一《賈緯傳》："賈緯，真定獲鹿人也……翰林學士徐台符，緯邑人也。"未知孰是。

[2]劉方遇：人名。籍貫不詳。事見《北夢瑣言》卷二〇。

[3]田令遵：人名。籍貫不詳。事見《北夢瑣言》卷二〇。

[4]李從敏：人名。後唐明宗李嗣源之侄。傳見本書卷一二三、《新五代史》卷一五。　判官：官名。唐、五代方鎮僚屬，位在行軍司馬下。分掌使衙内各曹事，並協助使職官員通判衙事。　陸浣：人名。籍貫不詳。事見本書卷四四、卷一二三。

[5]符蒙：人名。籍貫不詳。後唐、後晋時曾任鎮州節度副使、右諫議大夫、給事中、禮部侍郎。事見本書卷七七、卷八一、卷八三。

[6]趙環：人名。籍貫不詳。事見本書卷一二三。　代判：官名。代替節度使管理文書、處理政務等事宜。參見劉喆《五代十國時期藩鎮制的變化及特點》，《唐史論叢》2015 年第 2 期。　高知柔：人名。籍貫不詳。事見本書卷四四。

[7]"鎮州有市人劉方遇"至"具服贓罪"：《輯本舊史》卷一二三《李從敏傳》。此事另見本書卷四四。

[8]監察御史：官名。唐代屬御史臺之察院，掌監察中央機構、州縣長官及祭祀、庫藏、軍旅等事。唐中期以後，亦作爲外官所帶之銜。正八品下。　"天福二年十二月"至"知制誥"：《輯本舊史》卷七六《晋高祖紀二》天福二年（937）十二月條。

[9]金部郎中：官名。掌天下庫藏財帛出納之事，頒其節制，司其簿領。從五品上。　"開運元年六月"至"知制誥武强徐台符爲學士"：《通鑑》卷二八四開運元年六月條，又見《輯本舊史》卷八二《晋少帝紀二》。前未見徐台符爲金部郎中，故書官名。

[10]二年六月，爲中書舍人：《輯本舊史》卷八四《晋少帝紀四》開運二年六月條。

　　契丹之陷中原也，台符從虜帳北至於薊門。[1]及戎人内潰，乃竄身南歸。初，台符所乘馬好嘶鳴，及自虜中回，常露宿於草中，雖胡騎連群經其左右，而台符馬若箝其口。然及行至漢地，即嘶鳴如故。時人以爲積善之所感也。[2] 乾祐中，賈緯受詔與王伸、竇儼修漢高祖實録，[3] 緯以筆削爲己任，然而褒貶之際，憎愛任情。晋相桑維翰執政日，[4] 薄緯之爲人，不甚見禮，緯深銜之。及敘維翰《傳》：“身没之後，有白金八千鋌，他物稱是。”台符，緯邑人也，與緯相善，謂緯曰：“切聞吾友書桑魏公白金之數，不亦多乎。但以十目所睹，不可厚誣。”緯不得已，改爲白金數千鋌。[5] 台符爲兵部尚書、翰林學士承旨，[6] 與太子太傅李崧爲執友。[7] 崧爲蘇逢吉、史弘肇所構。[8] 乾祐三年秋，夢崧謂曰：“予之冤横，得請於帝矣。”及蘇、史誅，並梟首於市，當崧所誅之地。[9]

　　[1]薊門：州名。指薊州。治所在今天津薊州區。
　　[2]“契丹之陷中原也”至“時人以爲積善之所感也”：《太平御覽》卷八九五《獸部·馬門》引《周史》，又見《册府》卷八一五《總録部·誠感門》。《通鑑》卷二八七天福十二年（947）五月條：“初，契丹主阿保機卒於勃海，述律太后殺酋長及諸將凡數百人。契丹主德光復卒於境外，酋長諸將懼死，乃謀奉契丹主兀欲勒兵北歸。契丹主以安國節度使麻答爲中京留守，以前武州刺史高奉明爲安國節度使。晋文武官及士卒悉留於恒州，獨以翰林學士徐台符、李澣及後宮、宦者、教坊人自隨。”同書卷二八八乾祐元年（948）四月條：“契丹主留晋翰林學士徐台符於幽州，台符逃歸。”徐台符被俘事又見《新五代史》卷七三《四夷附録二》兀欲條，逃歸事又見《輯本舊史》卷一〇一《漢隱帝紀上》。
　　[3]賈緯：人名。鎮州獲鹿（今河北石家莊市鹿泉區）人。五

代後唐至後周官員。傳見本書卷一三一、《新五代史》卷五七。
王伸：人名。籍貫不詳。五代大臣，史官。事見本書卷一〇二、卷
一一三、卷一三一。　竇儼：人名。薊州漁陽（今天津市薊州區）
人。五代、宋初大臣。傳見《宋史》卷二六三。

　　[4]桑維翰：人名。洛陽（今河南洛陽市）人。初爲石敬瑭節
度掌書記，石敬瑭稱帝後出任翰林學士、知樞密院事等職。傳見本
書卷八九、《新五代史》卷二九。

　　[5]“乾祐中”至“改爲白金數千鋌”：《輯本舊史》卷一〇
《賈緯傳》、《新五代史》卷五七《賈緯傳》。

　　[6]兵部尚書：官名。尚書省兵部長官。掌兵衛、武選、車輦、
甲械、廄牧之政令。正三品。　翰林學士承旨：官名。爲翰林學士
之首。掌拜免將相、號令征伐等詔令的起草。《舊唐書》卷四三
《職官志二》翰林院條：“例置學士六人，内擇年深德重者一人爲承
旨，所以獨承密命故也。”

　　[7]李崧：人名。深州饒陽（今河北饒陽縣）人。後晋宰相，
歷仕後唐至後漢。傳見本書卷一〇八、《新五代史》卷五七。

　　[8]蘇逢吉：人名。京兆長安（今陝西西安市）人。劉知遠爲
河東節度時的屬官，後漢初任宰相。傳見本書卷一〇八、《新五代
史》卷三〇。　史弘肇：人名。亦作史宏肇。鄭州滎澤（今河南鄭
州市）人。五代時後漢將領。傳見本書卷一〇七、《新五代史》卷
三〇。

　　[9]“台符爲兵部尚書”至“當崧所誅之地”：《宋本册府》卷
八九三《總録部·夢徵門二》，又見《輯本舊史》卷一〇八《李崧
傳》。徐台符爲兵部尚書、翰林學士承旨事，前史未見。

　　廣順二年八月，以中書舍人、史館修撰判館事徐台
符爲禮部尚書，充翰林學士承旨。[1]時禮部侍郎於貢部
或掌或否，邊光範拜官，[2]將及秋試，乃言於執政曰：

"單門偶進，何言名第。若他曹公事，光範不敢辭。若處文衡，校閱名賢，品藻優劣，非下走所能。"執政曰："公晉末爲翰林、樞密直學士，勿避事也。"及期，光範辭疾不出，乃以翰林學士承旨徐台符掌之，時論多其自知。[3]十二月，台符請誅誣告李崧者葛延遇及李澄，馮道以爲屢更赦，不許。王峻嘉台符之義，白於帝，癸卯，收延遇、澄，誅之。[4]

[1]"廣順二年八月"至"充翰林學士承旨"：《輯本舊史》卷一一二《周太祖紀三》廣順二年（952）八月條。按徐台符仕晉爲中書舍人，仕漢爲兵部尚書，又前皆未言史館修撰判館事，故書官名。

[2]邊光範：人名。并州陽曲（今山西太原市）人。歷仕五代後唐、後晉至宋代。傳見《宋史》卷二六二。

[3]樞密直學士：官名。五代後唐莊宗同光元年（923），改直崇政院置，選有政術、文學者充任。備顧問應對。"時禮部侍郎於貢部或掌或否"至"時論多其自知"：《宋史》卷二六二《邊光範傳》。此條只言"周廣順初"，未詳何時，但言"翰林學士承旨徐台符"，又台符於廣順二年（952）八月已明確權知貢舉，故姑繫於此。

[4]葛延遇：人名。籍貫不詳。李崧之弟李嶼僕從。事見本書卷一〇八《李崧傳》。　李澄：人名。籍貫不詳。蘇逢吉下屬。事見本書卷一〇八、《新五代史》卷五七。　"十二月"至"誅之"：《通鑑》卷二九一廣順二年十二月條，又見《新五代史》卷五七《李崧傳》。《宋本册府》卷八〇四《總錄部·義門四》："徐台符先與漢故太子太傅李崧爲執友。乾祐中，崧爲部曲葛延遇、李澄等誣告，族滅。廣順中，台符爲兵部侍郎，白於宰府，請誅延遇等。宰相馮道以延遇等已經赦宥，未之許也。時王峻執政，聞台符之言，

深加嘆服。因奏於太祖，遂誅延遇等。時人義之。"與《通鑑》《新五代史》互有詳略，尤其言徐台符爲兵部侍郎事，爲他史所無。

　　三年二月，吏部選人過門下，王峻當其事，頗疑選部不公，其擬官選人落下者三十餘人。次日寒食時節，臣僚各歸私第。午時，宣召宰臣、樞密使，及入，幽峻於別所。太祖見馮道已下，泣曰："峻淩朕頗甚，無禮太過，擬欲盡去左右臣僚，翦朕羽翼。朕兒在外，專意阻隔，暫令到闕，即懷怨望。豈有既總樞機，又兼宰相，堅求重鎮，尋亦授之，任其襟懷，尚未厭足，如此無君，誰能甘忍！"即召翰林學士台符等草制。其日，退朝宣制，貶授商州司馬，差供奉官蔣光遠援送赴商州。[1]七月，以台符爲刑部侍郎充職。[2]八月，刑部侍郎、權知貢舉台符奏請："試雜文二首外，其帖經、對義亦依元格。[3]却准元格帖律令各十五帖，對墨義二十道。"從之。[4]

　　[1]蔣光遠：人名。籍貫、事跡不詳。　"三年二月"至"差供奉官蔣光遠援送赴商州"：《輯本舊史》卷一三〇《王峻傳》。"三年二月"，據《輯本舊史》卷一一二《周太祖紀三》補。

　　[2]七月，以台符爲刑部侍郎充職：《輯本舊史》卷一一三《周太祖紀四》廣順三年（953）七月條。

　　[3]"八月"至"對義亦依元格"：《會要》卷二二進士條，又見《輯本舊史》卷一四八《選舉志》。

　　[4]"却准元格帖律令各十五帖"至"從之"：《會要》卷二三明法條。

　　是時，周世宗英武，樂延天下奇才，而尤禮文士，扈載與張昭、竇儼、陶穀、徐台符等俱被進用。[1]顯德二年四月，世宗臨軒顧謂宰臣曰："朕聽政之餘，思政教未敷，區宇未混，中宵輟寐，若納於隍。竊觀歷代君臣治國家，臨下事上之道，深爲不易。又念自唐晉失德之後，亂臣黠虜，僭竊暴慢者多。今中夏雖漸小康，吳、蜀、幽、并尚未平蕩。聲教有限，朕實疚懷。宜諭臣寮各述論策，宜尊經濟之略，副予求賢致理之志也。"於是命翰林學士台符已下二十餘人，各撰《爲君難爲臣不易論》《平邊策》各一首以進，帝皆親覽焉。[2]十二月，台符卒。[3]

　　[1]扈載：人名。幽州安次（今河北廊坊市）人。字仲熙。後周官員。傳見本書一三一、《新五代史》卷三一。　張昭：人名。世居濮州范縣（今河南范縣）。五代、宋初大臣。傳見《宋史》卷二六三。　陶穀：人名。邠州新平（今陝西彬縣）人。五代、宋初大臣。傳見《宋史》卷二六九。　"是時"至"徐台符等俱被進用"：《新五代史》卷三一《扈載傳》。"周世宗"原作"天子"，爲免與上文周太祖混淆，依文意改。

　　[2]"顯德二年四月"至"帝皆親覽焉"：明本《冊府》卷一〇四《帝王部·訪問門》，又見《輯本舊史》卷一一五《周世宗紀二》、《新五代史》卷三一《王朴傳》、《宋史》卷二六九《陶穀傳》。

　　[3]十二月，台符卒：《輯本舊史》卷一一五《周世宗紀二》顯德二年（955）十二月辛未條。

錢鏵[1]

[1]錢鏵，吳越國王錢鏐之弟。《輯本舊史》卷七九《晋高祖紀五》天福五年（940）十一月甲申條："以恩州團練使錢鏵爲檢校太尉、同平章事，遙領楚州順化軍節度使。""錢鏵"，原作"錢驛"，中華書局本有校勘記："據劉本、本書卷八四《晋少帝紀四》、《十國春秋》卷八三改。"考諸史未見"錢驛"其人，《古今姓氏書辯證》卷九錢條載："宋吳越錢氏，杭州臨安人，鏐、鏵、銶、鋸、鏢。"另有《吳越備史》卷四乾祐三年（950）二月杜建徽條載："開平中，（徽）與武肅王弟鏵率師救姑蘇。"餘事不詳。《輯本舊史》卷八四《晋少帝紀四》開運二年（945）十一月戊申條："兩浙奏，順化軍節度使鏵卒。"

鮑君福

鮑君福，字慶臣，餘姚縣人。[1]祖興，父燦，俱不仕。少羈貧，性淳厚，沉默少語，有膽勇。餘姚有井，面闊丈餘，君福每醉必寢上，面無畏色，鄉黨異之。及從軍，以驍勇聞。初事劉漢宏，及鏐東討，乃率其黨來附，號曰"歸明都"。累從征討，有功，能馬上輪兩劍，望之若飛電。沉默少語，軍中謂之"鮑不鬧"。淮人寇三衛，以君福爲應援使，屬刺史陳章叛，[2]淮人入其城，楊行密令其將李元嗣監守君福，[3]署以郡職，君福不受。鏐聞之，恐其被害也，乃密與絹書，令其就職。君福竟拒之。一夕，與李元嗣飲，伺其醉而殺之，奔歸錢塘，授衢州刺史。[4]淮人屢寇其境，君福每擊破之，及罷歸，鏐勞之曰："公在郡數年，戰鬥而已，豈爲優賢邪?"因復遣之任。元瓘領清海軍節度，[5]辟爲副使、同平章事、兼侍中。天福五年卒，年七十七。[6]

[1]餘姚縣：縣名。治所在今浙江余姚市。

[2]陳章：人名。籍貫不詳。五代後梁將領。事見本書卷五六。

[3]楊行密：人名。廬州合淝（今安徽合肥市）人。唐末軍閥，五代十國吳國政權奠基者，後被追尊爲吳國太祖。傳見《新唐書》卷一八八、本書卷一三四、《新五代史》卷六一。　李元嗣：人名。籍貫不詳。楊行密部將。事見《十國春秋》卷八四。

[4]錢塘：縣名。治所在今浙江杭州市。此處代指吳越政權。衢州：州名。治所在今浙江衢州市。

[5]元瓘：人名。即錢元瓘。祖籍臨安（今浙江杭州市）。錢鏐之子。五代十國吳越國國主，932 年至 941 年在位。傳見本書卷一三三、《新五代史》卷六七。　清海軍：方鎮名。治所在廣州（今廣東廣州市）。

[6]"鮑君福"至"年七十七"：《九國志》卷五《鮑君福傳》。《吳越備史》卷二《鮑君福傳》："鮑君福，字慶成，餘姚縣人。祖興，父璨，俱不仕。少羈貧，性淳厚，有膽勇。餘姚有井，面廣丈餘，君福每恣臥其上，面無畏色……鄉黨異之。及從軍，以驍果稱。初事（劉）漢宏，及武肅王東討，乃與其黨歸降。號曰'向盟都'。累從征伐，有功。能馬上輪雙劍，入陣望之若飛電，沉默少語，軍中謂之'鮑闥'，尋爲衢州應援指揮使。屬刺史陳章叛，淮人入其境，乃以淮帥命辟爲郡職，君福不納。武肅聞之，患其被害，乃密賜絹書使苟從之，因與賊徒李元嗣飲，伺其醉乃奔歸，尋授衢州刺史。淮將、信州刺史周本屢侵其境，君福每率數騎往逐之，本遁去。及將罷郡，武肅王勞曰：'比在任戰敵而已，未足爲副使優賀之道。'因復任之，凡三考。文穆王領清海軍節制，辟爲副使，

後遷湖州，復二考，累職鎮海軍節度副使、浙西行營司馬、奏授登州刺史、保大保順等軍節度使、檢校太尉、同平章事，兼侍中，終年七十七，敕謚曰忠壯。”《輯本舊史》卷四四《唐明宗紀十》長興四年（933）十一月：“庚辰，改慎州懷化軍爲昭化軍，升洮州爲保順軍。辛巳，以保大軍節度使、檢校太尉鮑君福爲保順軍節度、洮鄯等州觀察等使。”同書卷四八《唐末帝紀下》清泰三年（936）二月辛巳條：“保順軍節度使鮑君福加檢校太尉、同平章事。”同書卷七八《晋高祖紀四》天福四年（939）九月己卯條：“遥領洮州保順軍節度使鮑君福加檢校太師、兼侍中，判湖州諸軍事。”同書卷七九《晋高祖紀五》天福五年十二月壬辰條：“遥領洮州保順軍節度使檢校太尉、兼侍中、判湖州軍州事鮑君福卒，贈太傅。”

陸仁章

陸仁章，睦州人也。吳越王鏐嘗遊府園，見園卒仁章樹藝有智而志之。及蘇州被圍，使仁章通信入城，果得報而返。鏐以諸孫畜之，累遷兩府軍糧都監使，卒獲其用。[1]鏐卒，傳瓘與兄弟同幄行喪，[2]内牙指揮使仁章曰：“令公嗣先王霸業，將吏旦暮趨謁，當與諸公子異處。”乃命主者更設一幄，扶傳瓘居之，告將吏曰：“自今惟謁令公，禁諸公子從者無得妄入。”晝夜警衛，未嘗休息。鏐末年左右皆附傳瓘，獨仁章數以事犯之。至是，傳瓘勞之，仁章曰：“先王在位，仁章不知事令公，今日盡節，猶事先王也。”傳瓘嘉歎久之。内牙指揮使富陽劉仁杞及仁章久用事，[3]仁章性剛，仁杞好毀短人，皆爲衆所惡。一日，諸將共詣府門請誅之。元瓘使從子仁俊諭之曰：[4]“二將事先王久，吾方圖其功，汝曹乃欲逞私憾而殺之，可乎？吾爲汝王，汝當稟吾命；不然，吾當歸臨安以避賢路！"[5] 衆懼而退。乃以仁章爲衢州刺史，仁杞爲湖州刺史。[6] 中外有上書告訐者，元瓘皆置不問，由是將吏輯睦。[7]

　　[1] "陸仁章" 至 "卒獲其用"：《通鑑》卷二六七後梁太祖開平三年（909）四月淮南兵圍蘇州條。

　　[2] 傳瓘：人名。即錢元瓘，祖籍臨安（今浙江杭州市）。錢鏐第五子。五代十國吳越國國主，932 年至 941 年在位。傳見本書卷一三三、《新五代史》卷六七。

　　[3] 富陽：地名。今浙江杭州市富陽區。　劉仁杞：人名。籍貫不詳。吳越國將領。事見《十國春秋》卷七九、卷八三、卷八六。

　　[4] 仁俊：人名。即錢仁俊。吳越宗室。事見《十國春秋》卷八三。

　　[5] 臨安：地名。位於今浙江杭州市。

　　[6] 湖州：州名。治所在今浙江湖州市。

　　[7] "鏐卒" 至 "由是將吏輯睦"：《通鑑》卷二七七後唐明宗長興三年（934）二月傳瓘襲位條。其事亦見於《吳越備史》卷二。《輯本舊史》卷七八《晉高祖紀四》天福四年（939）五月丙寅條："以鎮海軍衙内統軍、上直馬步軍都監、檢校太傅、睦州刺史陸仁章爲同平章事，遙領遂州武信軍節度使。" 同書卷七九《晉高祖紀五》天福五年十一月壬戌條："遙領遂州武信軍節度使、鎮海軍衙内統軍、檢校太傅、同平章事陸仁章卒，贈太子太傅。" "仁章" 原作 "仁璋"，據《通鑑》及《輯本舊史》卷七八改。

姚彦章

姚彦章，字繼徽，汝南人，[1]少倜儻，有武略。乾符中，[2]黄巢盜起，秦宗權召募豪俊，以彦章隸帳下。善用鐵槊，重百餘斤，每上馬盤辟，疾如旋風，觀者壯之。隨孫儒渡淮拔廣陵，[3]儒死宣城，隨劉建鋒入湖南，[4]領廳直軍，最被親信。及建鋒遇害，張佶傷髀，[5]不能視事，佶與彦章首議迎馬殷，遂遣彦章率所部逆馬殷於邵州。[6]殷初疑之，猶豫未即還，彦章入白殷曰："劉龍驤、張行軍與足下同功一體之人也，不幸龍驤有不測之禍，行軍以髀病廢，是天意人望歸於足下，何遽疑也？"殷釋然，遂令彦章統衆先歸。國内既定，翌日，殷至代立，以功遷長直都指揮使。[7]彦章建議平嶺北七州，薦李瓊爲游奕使。[8]桂州平，奏授静江軍行軍司馬，監軍府事。遷檢校工部尚書、横州刺史。[9]容南龐巨昭歸款，[10]彦章率兵迎之。遷寧遠軍節度副史、知容州事。殷建國，拜左相，遷昭順軍節度使。[11]清泰中，加兼侍中，卒。[12]

[1]汝南：縣名。治所在今河南汝南縣。

[2]乾符：唐僖宗李儇年號（874—879）。

[3]廣陵：地名。位於今江蘇揚州市。

[4]宣城：地名。位於今安徽宣城市。　劉建鋒：人名。蔡州朗山（今河南確山縣）人。唐末軍閥。傳見《新唐書》卷一九〇。據中華書局本有校勘記，本書卷一三三《馬殷傳》作"劉建峰"，《新唐書》卷一九〇《劉建鋒傳》作"劉建鋒"，並云以其字"鋭

端”推之，當以“鋒”爲是。

[5]張佶：人名。長安（今陝西西安市）人。五代十國藩鎮將領。傳見本書卷一七。

[6]邵州：州名。治所在今湖南邵陽市。

[7]長直都指揮使：官名。所部統兵將領。長直爲部隊番號。

[8]李瓊：人名。籍貫不詳。五代十國藩鎮將領。事見《新五代史》卷六六。　游奕使：使職名。唐中期以後用兵，兵多地廣者則置，主巡營、防遏事。

[9]橫州：州名。治所在今廣西橫縣。

[10]容南：即容州，州名。治所在今廣西容縣。　龐巨昭：人名。籍貫不詳。唐末、五代軍閥。事見《新五代史》卷六五。據中華書局本有校勘記，《通鑑》卷二六五、卷二六七，《東都事略》卷二三作“龐巨昭”，本書卷一三五《劉陟傳》、《隆平集》卷一二作“龐巨源”，《通鑑》卷二六七《考異》引《湖湘故事》、《新唐書》卷一九〇《劉建鋒傳》作“龐巨曦”。

[11]昭順軍：方鎮名。治所在廬州（今安徽合肥市）。

[12]“姚彦章”至“卒”：《九國志》卷一一《姚彦章傳》。《輯本舊史》卷四二《唐明宗紀八》長興二年（931）閏五月甲午條：“以衡州刺史姚彦章爲昭順軍節度使。”同書卷四四《唐明宗紀十》長興四年二月丁巳條：“以廬州節度使兼武安軍副使姚彦章爲檢校太尉、同平章事。”同書卷七八《晉高祖紀四》天福四年（939）五月乙巳條：“昭順軍節度使姚彦章卒。”

舊五代史　附録二

《舊五代史》諸版本序跋

進《舊五代史》表　永瑢等

　　多羅質郡王臣永瑢等謹奏，爲《舊五代史》編次成書恭呈御覽事。

　　臣等伏案薛居正等所修《五代史》，原由官撰，成自宋初，以一百五十卷之書，括八姓十三主之事，具有本末，可爲鑒觀。雖值一時風會之衰，體格尚沿於冗弱；而垂千古廢興之迹，異同足備夫參稽。故以楊大年之淹通，司馬光之精確，無不資其賅貫，據以編摩，求諸列朝正史之間，實亦劉昫舊書之比。乃徵唐事者並傳天福之本，而考五代者惟行歐陽之書，致此逸文，寖成墜簡。閱沉淪之已久，信顯晦之有時。

　　欽惟我皇上紹繹前聞，網羅羣典，發祕書而讎校，廣四庫之儲藏。欣覯遺篇，因裒散帙，首尾略備，篇目可尋。經呵護以偶存，知表章之有待，非當聖世，曷闡成編。臣等謹率同總纂官右春坊右庶子臣陸錫熊、翰林院侍讀臣紀昀，纂修官編修臣邵晋涵等，按代分排，隨文勘訂，彙諸家以蒐其放失，臚衆説以補其闕殘，復爲完書，可以繕寫。

竊惟五季雖屬閏朝，文獻足徵，治忽宜監。有《薛史》以綜事蹟之備，有《歐史》以昭筆削之嚴，相輔而行，偏廢不可。幸遭逢乎盛際，得煥發其幽光，所裨實多，先睹爲快。臣等已將《永樂大典》所録《舊五代史》，依目編輯，勒一百五十卷，謹分裝五十八册，各加考證、粘籤進呈。敬請刊諸祕殿，頒在學官。搜散佚於七百餘年，廣體裁於二十三史。著名山之録，允宜傳播於人間；儲乙夜之觀，冀禀折衷於睿鑒。惟慚疏陋，伏候指揮，謹奏。乾隆四十年七月

多羅質郡王臣永瑢

經筵日講起居注官武英殿大學士臣舒赫德

經筵日講起居注官文華殿大學士臣于敏中

工部尚書和碩額駙一等忠勇公臣福隆安

經筵講官協辦大學士吏部尚書臣程景伊

經筵講官户部尚書臣王際華

經筵講官禮部尚書臣蔡新

經筵講官兵部尚書臣嵇璜

經筵講官刑部尚書仍兼户部侍郎臣英廉

都察院左都御史臣張若溎

經筵講官吏部左侍郎臣曹秀先

户部右侍郎臣金簡

（録自影庫本《舊五代史》）

《舊五代史》提要　陸錫熊等

臣等謹案：《舊五代史》一百五十卷並目録二卷，宋司空同中書門下平章事薛居正等撰，考晁公武《讀書志》云：開寶中詔修梁唐晉漢周書，盧多遜、扈蒙、張澹、李昉、劉兼、李穆、李九齡同修，宰相薛居正等監修。《玉海》引《中興書目》云：開寶六年四月戊申詔修《五代史》，七年閏十月甲子書成，凡百五十卷，目録二卷，爲紀六十一、志十二、傳七十七，多據累朝實録及范質《五代通録》爲稿本。其後，歐陽修別録《五代史記》七十五卷藏於家。修殁後，官爲刊印，學者始不專習《薛史》，然二書猶並行於世。至金章宗泰和七年，詔學官止用《歐陽史》，於是《薛史》遂微。元明以來，罕有援引其書者，傳本亦漸就湮殁，惟明内府有之，見於《文淵閣書目》，故《永樂大典》多載其文，然割裂淆亂，已非居正等篇第之舊。

恭逢聖朝右文稽古，網羅放佚，零縑斷簡，皆次第編摩，臣等謹就《永樂大典》各韵中所引《薛史》，甄録條繫，排纂先後，檢其篇第，尚得十之八九。又考宋人書之徵引《薛史》者，每條採録，以補其闕，遂得依原書卷數勒成一編。晦而復彰，散而復聚，殆實有神物呵護以待時而出者，遭逢之幸，洵非偶然也。

歐陽修文章遠出居正等上，其筆削體例亦特謹嚴，然自宋時論二史者，即互有所主。司馬光作《通鑑》，胡三省作《通鑑注》，皆專據《薛史》而不取《歐史》。沈括、洪邁、王應麟輩，爲一代博洽之士，其所著述，於薛、歐二史亦多兼採，而未嘗有所軒輊。

蓋修所作，皆刊削《舊史》之文，意主斷制，不肯以紀載叢碎自貶其體，故其詞極工，而於情事或不能詳備。至居正等奉詔撰述本在宋初，其時秉筆之臣尚多逮事五代，見聞較近，紀傳皆首尾完具，可以徵信，故異同所在，較核事迹，往往以此書爲長。雖其文體平弱不免敘次煩冗之病，而遺文瑣事反藉以獲傳，寔足爲考古者參稽之助。又《歐史》止述《司天》《職方》二考，而諸志俱闕，凡禮樂職官之制度、選舉刑法之沿革，上承唐典下開宋制者，一概無徵，亦不及《薛史》諸志爲有裨於文獻。蓋二書繁簡，各有體裁，學識兼資，難於偏廢。昔修與宋祁所撰《新唐書》，事增文省，足以括劉昫《舊書》，而昫書仰荷皇上表章，今仍得列於正史，況是書文雖不及歐陽而事迹較備，又何可使隱没不彰哉！

謹考次舊文，釐爲《梁書》二十四卷、《唐書》五十卷、《晉書》二十四卷、《漢書》十一卷、《周書》二十二卷、《世襲列傳》二卷、《僭僞列傳》三卷、《外國列傳》二卷、《志》十二卷，共一百五十卷，別爲目錄二卷，而搜羅排纂之意，則著於凡例，具列如左。乾隆四十年七月恭校上。

總纂官庶子臣陸錫熊

侍讀臣紀昀

纂修官編修臣邵晉涵

（録自百衲本《舊五代史》）

編定《舊五代史》凡例

一、《薛史》原書體例不可得見。今考其諸臣列傳，多云事見某書，或云某書有傳，知其於梁、唐、晋、漢、周斷代爲書，如陳壽《三國志》之體，故晁公武《讀書志》直稱爲詔修梁、唐、晋、漢、周書。今仍按代分編，以還其舊。

一、《薛史》本紀沿《舊唐書》帝紀之體，除授沿革，鉅纖畢書。惟分卷限制爲《永樂大典》所割裂，已不可考。詳核原文，有一年再紀元者，如上有同光元年春正月，下復書同光元年秋七月，知當於七月以後別爲一卷。蓋其體亦仿《舊唐書》，《通鑑》尚沿其例也。今釐定編次爲本紀六十一卷，與《玉海》所載卷數符合。

一、《薛史》本紀俱全，惟《梁太祖紀》原帙已闕，其散見各韻者，僅得六十八條。今據《册府元龜》諸書徵引《薛史》者，按條採掇，尚可薈萃。謹仿前人取《魏澹書》《高氏小史》補《北魏書》之例，按其年月，條繫件附，釐爲七卷。

一、五代諸臣，類多歷事數朝，首尾牽連，難於分析。歐陽脩《新史》以始終從一者入梁、唐、晉、漢、周臣傳，其兼涉數代者，則創立雜傳歸之，褒貶謹嚴，於史法最合。《薛史》僅分代立傳，而以專事一朝及更事數姓者參差錯列，賢否混淆，殊乖史體，此即其不及《歐史》之一端。因篇有論贊，總敘諸人，難以割裂更易，姑仍其舊，以備參考。得失所在，讀史者自能辨之。

一、后妃列傳，《永樂大典》中惟《周后妃傳》全帙具存，餘多殘闕。今採《五代會要》《通鑑》《契丹國志》《北夢瑣言》諸書以補其闕，用雙行分注，不使與本文相混也。

一、宗室列傳，《永樂大典》所載頗多脫闕。今並據《册府元龜》《通鑑》注諸書採補，其諸臣列傳中偶有闕文，亦仿此例。

一、諸臣列傳，其有史臣原論者，俱依論中次第排比；若原論已佚，則考其人之事蹟，以類分編。

一、《薛史》標目，如李茂貞等稱《世襲傳》，見於《永樂大典》原文；其楊行密等稱《僭偽傳》，則見於《通鑑考異》。今悉依仿編類，以還其舊。

一、《薛史》諸志，《永樂大典》內偶有殘闕。今俱採《太平御覽》所引《薛史》增補，仍節錄《五代會要》諸書分注於下，用備參考。

一、凡紀傳中所載遼代人名、官名，今悉從《遼史索倫語解》改正。

一、《永樂大典》所載《薛史》原文，多有字句脫

落、音義舛訛者。今據前代徵引《薛史》之書，如
《通鑑考異》《通鑑注》《太平御覽》《太平廣記》《册
府元龜》《玉海》《筆談》《容齋五筆》《青緗雜記》
《職官分紀》《錦繡萬花谷》《藝文類聚》《記纂淵海》
之類，皆爲參互校訂，庶臻詳備。

一、史家所紀事蹟，流傳互異，彼此各有舛互。今
據新舊《唐書》《東都事略》《宋史》《遼史》《續通鑑
長編》《五代春秋》《九國志》《十國春秋》及宋人説
部、文集與五代碑碣尚存者，詳爲考核，各加案語，以
資辨證。

一、陶岳《五代史補》、王禹偁《五代史闕文》，
本以補《薛史》之闕，雖事多瑣碎，要爲有裨史學，故
《通鑑》《歐陽史》亦多所取。今並仿裴松之《三國志
注》體例，附見于後。

一、《薛史》與《歐史》時有不合，如《唐閔帝
紀》，《薛史》作明宗第三子，而《歐史》作第五子，
考《五代會要》《通鑑》並同《薛史》。又《歐史·唐
家人傳》云：太祖有弟四人，曰克讓、克修、克恭、克
寧，皆不知其父母名號。據《薛史·宗室傳》，則克讓
爲仲弟，克寧爲季弟，克修爲從父弟、父曰德成，克恭
爲諸弟，非皆不知其父母名號。又《晋家人傳》止書出
帝立皇后馮氏，考《薛史》紀傳，馮氏未立之先，追册
張氏爲皇后，而《歐史》不載。又張萬進賜名守進，故
《薛史》本紀先書萬進，後書守進，《歐史》删去賜名
一事，故前後遂如兩人。其餘年月之先後，官爵之遷

授，每多互異。今悉爲辨證，詳加案語，以示折衷。

　　一、《歐史》改修，原據《薛史》爲本，其間有改易《薛史》之文而涉筆偶誤者。如章如愚《山堂考索》論《歐史》載梁遣人至京師，紀以爲朱友謙，傳以爲朱友諒；楊涉相梁，三仕三已，而歲月所具，紀載實異，至末年爲相，但書其罷，而了不知其所入歲月；唐明宗在位七年餘，而論贊以爲十年之類是也。有尚沿《薛史》之舊而未及刊改者。如吳縝《五代史纂誤》譏《歐史·杜曉傳》幅巾自廢不當云十餘年；《羅紹威傳》牙軍相繼不當云二百年之類是也。今並各加辨訂於本文之下，庶二史異同得失之故，讀者皆得以考見焉。

（録自影庫本《舊五代史》）

請照殿版各史例刊刻《舊五代史》奏章　紀昀等

　　謹奏：伏查《永樂大典》散片内所有薛居正等《五代史》一書，宋開寶中奉詔撰述，在歐陽脩《五代史》之前，文筆雖不及歐之嚴謹，而敘事頗爲詳核，其是非亦不詭于正，司馬光《通鑑》多採用之。當時稱爲舊《五代史》，與歐陽脩之本並行，自金章宗泰和間，始專以《歐史》列之學官，而《薛史》遂漸就湮没。兹者恭逢聖主，稽古右文，網羅遺佚，獲于零縑斷簡之中，蒐輯完備，實爲此書之萬幸。至此紀載該備，足資參考，于讀史者尤有裨益，自宜與劉昫《舊唐書》並傳，擬仍昔時之稱，標爲《舊五代史》，俾附二十三史之列，以垂久遠。謹將全書五十八本、校勘、發凡，一併裝訂，恭呈御覽，伏候訓示。前經臣王際華面奏，此書列之史册，洵足嘉惠藝林，請照殿版各史例刊刻，頒行海内，荷蒙聖恩俞鑒，恭候欽定發下，即交武英殿遵照辦理。再查諸史前俱有原進表文，此書原表久佚，謹另擬奏摺一通，隨書呈進，俟奉旨允准，即敬謹恭録，并奏摺同刊卷首，以符體式。再現在繕本，因係採葺成書，于每段下附注原書卷目，以便稽考。但各史俱無此

例，刊刻時擬將各注悉行删去，俾與諸史畫一。其有必
應核訂者，酌加案語，照各史例附考證于本卷之後，合
併聲明。謹奉奏。乾隆四十九年十月恭校上。

　　　　　　　　　　　　　總纂官臣紀昀
　　　　　　　　　　　　　　臣陸錫熊
　　　　　　　　　　　　　　臣孫士毅
　　　　　　　　　　　　　總校官臣陸費墀

　　　　　（録自文津閣本《舊五代史》）

《舊五代史》鈔本題跋　*彭元瑞*

　　《永樂大典》散篇緝成之書，以此爲最，以其注明《大典》卷數及採補書名、卷數，具知存闕章句，不没其實也。《四庫全書》本如此，後武英殿鑴本遂盡删之。曾屢爭之總裁，不見聽，於是薛氏真面目不可尋究矣。幸鈔存此本，不可廢也。庚戌春芸楣記。

（録自彭校本《舊五代史》）

孔荭谷校薛居正《五代史》跋　　章鈺

薛居正《五代史》從《永樂大典》輯出，後經武英殿刊時改動，已失邵二雲稿本面目，此熟在人口者也。壬子九月，羣碧樓收得邵本一帙，檢一百三十一卷、一百五十卷後觀款，知校勘出孔荭谷户部手。以官本對勘，知官本、稿本大別有三：

一、正文經官本改易也。如十卷"犬羊猾夏"改"邊裔狡逞"，九十五卷"腥膻"改"契丹"，九十八卷"虜母"改"國母"，一百七卷"契丹犯闕"改"去汴"，一百二十卷"東夷"改"高麗"，一百三十七卷"種落賤類"改"生長邊地"、"亂華"改"闖地"、"殺胡林"改"殺虎林"之類，不可枚舉。其尤關事實者，[1] 如一百三十八卷"黑水靺鞨"下原作"俗皆辮髮，性凶悍"，改爲"俗尚質樸，性猛悍"，此皆館臣避忌太過，奮筆妄改使然。

一、正文之互有出入也。稿本無而官本有者，如二十一卷《賀德倫傳》全缺，六十三卷缺贊，六十七卷《趙鳳》缺兩節，七十一卷《淳于晏傳》全缺，七十三卷《聶嶼傳》缺一節，七十七卷卷尾缺七十七字，八十七卷《晋宗室贊傳》全缺，九十三卷《尹玉羽傳》缺兩節，九十六卷《孔崇弼傳》缺三節，九十八卷《張礪傳》缺三節並缺贊，一百二十八卷《裴羽傳》全缺，此必邵氏一人搜採未盡，經館臣復檢《大典》補入。稿本有而官本無者，如九十二卷《崔居儉傳》、九十六卷《鄭元素傳》二篇。案《居儉傳》即歐陽公《五代史》記本文，邵氏所誤收；[2] 鄭傳則係官本脱漏，此爲薛氏全篇佚文，《大典》已燬，賴此而存，可謂至寶。至九十八卷《張礪傳》，稿本復據《册府元龜》補八十二字，官本脱去。[3] 案邵氏於《大典》所缺《薛史》，均採《元龜》補入，例見第一卷《梁太祖紀下》，官本取彼舍此，未喻其故。[4] 若九十一卷《安重威傳》、九十二卷《裴皞傳》，稿本下半均同《歐陽史》，官本則否，此又邵氏一時有未照處，經館臣復檢《大典》改正者也。

一、卷數、考證及所採各書經官本删削也。以稿本一百四十三卷注“《大典》卷一萬七千五十二三頁至四頁”諸條揣之，[5] 意邵氏初稿并記《大典》卷數、頁數，以便覆檢，定本方去頁數，此則删除之未盡者，官本則於卷數及《元龜》卷數全行不取。[6] 其考證異同語，稿本則隨文列入，官本另編考證爲卷，所收十之五六，其餘則出他手，非邵氏原文。邵氏略仿裴松之《三國志注》法，[7] 收史部、説部等至七八十種之多，附注正文下，以備參考。官本或採或删，不甚明其去取之故。楊凝式及馬希範傳兩注，則删去殆將萬字，若邵氏所採

《五代通録》《東都事略》《文苑英華》《古今事類》《楊文公談苑》《儒林公議》《石林燕語》《厚德録》《張方平集》《花蕊宫詞》，則全行删去，失邵氏本意。

南昌彭氏注《歐陽史》，[8]蒐採富有，爲史注佳本，實邵氏之引其端也。惟孔户部校此書時，尚非據邵氏原稿，故第一卷校語云"案語有脱"，凡兩見；二十五卷注"案新考舊"四字顯有脱文，孔校亦未校補。邵位西批四庫目，云見廠肆鈔本，有讀易樓印記。是孔校外尚有傳鈔，恨無從蹤跡也。孝先舉債收書，以巨金得於日下，攜歸津上，未三日即借余校録。竭兩月之力，始克竣事，研玩所得，[9]撮陳大概如此。孝先邇將有遼海之游，瀕行又出宋本兩《漢書》，[10]借江安傅沅叔、保山吳偶能及余分校。通懷樂善，視流通古書之約，抑又過之。附書於後，用銘嘉貺。是年臘八，長洲章鈺記。

（録自孔荭谷校本《舊五代史》，又章鈺另有過録題記）

[1]其尤關事實者："事實"，章鈺過録題記作"考證"。

[2]邵氏所誤收：句下章鈺過録題記有"官本删去是也"六字。

[3]官本脱去："脱去"，章鈺過録題記作"不取"。

[4]未喻其故：章鈺過録題記作"殊未畫一"。

[5]一百四十三卷："三"字原缺，據章鈺過録題記補。

[6]官本則於卷數及《元龜》卷數全行不取："不取"，章鈺過録題記作"刊去"。

[7]邵氏略仿裴松之《三國志注》法："注法"，章鈺過録題記

作"例"。

[8]南昌彭氏注《歐陽史》：章鈺過録題記作"彭文勤注歐陽《五代史記》"。

[9]"是孔校外尚有傳鈔"至"研玩所得"：章鈺過録題記作"是邵氏稿本此本外尚有傳鈔，恨未之見，以資訂補也。竭兩月之力，對讀卒業"。

[10]瀕行又出宋本兩《漢書》："行"，章鈺過録題記作"發"。"兩漢書"，章鈺過録題記作"班范書"。

孔荭谷校《舊五代史》跋　鄧邦述

　　余自耽典籍，即知大典本《薛五代史》稿本每條皆注所出，及武英殿刊行，始悉去之，惟聚珍版尚存真面，又惜其不易得也。夢想累年，未嘗一見。壬子之春，鬱華閣遺書盡出，其佳者大半爲完顏樸孫景賢所攫，餘則書友譚篤生錫慶與其友趙姓以賤價收之，度廠肆一近巷中，邀余往觀。余時已貧不能自存，然結習故在，入叢殘中抽得此册，喜不忍釋，因與之約留三月，不能，然後與他人，篤生竟嘅許我。荏苒未幾，篤生病將死矣，則語其家封存以待，勿失信也。余自津沽齎借，如約贖之。篤生在書估中號爲精覈，然獨於此書守皦日之盟，世之負然諾者，對之殆有媿矣。既歸，茗理立持去借校，觀其跋語，勘正之功，亦盡於是，而吾乃不得先一校讎，思之亦殊失笑，特記得此書之艱，與篤生之信、茗理之勤，爲藏書家一段故實，後千百年，必有能談之者。甲寅三月檢此，正闇永寶，記於六坡三穎之居。

　　書有孔荭谷圖記，又有黄小松司馬印，及其所得漢

印鈐册中亦不少。小松與葒谷同時，或爲小松故物，未
可知也。戊午端陽，羣碧主人再記。

（録自孔葒谷校本《舊五代史》）

重輯《舊五代史》原稿跋　　陸心源

　　薛居正《舊五代史》一百五十卷，原本久佚。乾隆中，四庫館臣從《永樂大典》輯出。主其事者，餘姚邵二雲學士晋涵也。此本每册有"晋涵之印"朱文方印、"邵氏二雲"朱文方印，蓋即學士家底本也。其與官本不同者，每條皆注出處；其出《大典》及《册府元龜》者，皆注明某卷；出于《通鑑考異》及《通鑑注》者，皆注明某紀。卷一《太祖紀》第一下有小注云："案《薛史》本紀，《永樂大典》所載俱全，獨《梁太祖紀》原帙已散，見于各韵者，僅得六十八條，參以《通鑑注》所徵引者，又得二十一條，本末不具，未能綴輯成篇。《册府元龜》閏位部所録朱梁事蹟，皆本之《薛史》，原書首尾頗詳，按條採綴，尚可彙萃。謹依前人取《魏澹書》《高氏小史》補《北魏書》闕篇之例，採《册府元龜》梁太祖事，編年按日，次第編排，以補其闕，庶幾略存《薛史》之舊。仍于條下注原書卷第，以備參考焉。"案，此條今載官本凡例中，而删節過半。此外案語亦比官本爲多，雖半已採入考證，而此較詳。自元建康路刊十三史，有《歐史》，無《薛史》，而

《薛史》遂微。文淵閣書目著録《五代史》十部，其六部注"十册闕"，其四部或注"十四"，或注"十五"，或本"十六缺"。孰爲《歐史》，孰爲《薛史》，究莫能辨。此外，范氏天一閣、左氏《百川書志》、錢氏絳雲樓、毛氏汲古閣、董氏延賞齋各目，皆無其書。惟萬曆中連江陳第《世善堂書目》有《五代史》一百五十卷。至嘉慶中，陳氏書始出，杭州趙谷林兼金購求無所得。同治中，余權閩嶭，徧訪藏書家，亦無知之者。想閩地多蟲，飽蠹魚之腹久矣。

（録自陸心源《儀顧堂續跋》卷六）

影庫本《舊五代史》跋 熊羅宿

薛居正等《舊五代史》，元、明來傳本久絶。乾隆中，四庫館從《永樂大典》録出，其有闕佚，旁摭他書緝補之，標明出處，間附考訂，分注當條之下，閣本、傳鈔本並如此。嗣以列在學官，館臣取此本重加案語，籤附書眉，足成定本，交武英殿刊布。當事者輒將出處删去，因而塗改正文，牽就聯屬，竄易字句，强作解事；又裁截分注，節鈔案語，通名考證，移置卷末。聚珍鏤木，一再印造。後之席刻、陳刻、武昌局刻暨海上諸影印，靡不因此。傳鈔本迄未繡梓，定本則闃其無聞焉。

余曩於鄉曲獲見一本，朱絲黄帙，字畫謹嚴，粘籤甲乙，燦焉具備，審是武英舊物，亟購藏之。取勘衆本，屬在增删竄竊，并有明徵。一以參詳，愈覺大訓天球，莫名寶貴。惟此本孤存天壤，上下百餘歲，朔南數千里，風霜兵燹，歷劫幾何，流轉播棄，終歸完璧，非在在處處有神物護持，胡能有濟？長此以往，浸假酒誥俄空，樂經泯絶，心竊疚焉。

夫中書秘而古文興，曲臺删而《周官》作，金貨私行，漆書賄合，歧之中又有歧，類如此矣。是故子夏之《易》，更別於張弧；《素問》之篇，反多於太僕。今館臣定著之不傳，亦博士本經之亡失，空穴來風，如塗塗附，國師善僞，安必杜、劉、賈、馬之餘，更無有張霸、豐坊、蘇愉、枚賾相續起而僞之乎？烏乎！五季晦盲否塞，其事迹縱無與經典之尊，徒以數十年爭民施奪，載在茲編，端緒棼如，即宋槧今存，仍艱董理，一誤再誤，何所持循？矧乃禍亂有由，率起於是非之相貿，十國紛更，誰司信讞，殷鑒不遠，來軫方遒，尤不能不核歸正墻，以懲前毖後耶！不揆綿薄，輒復掩卷旁皇，願書萬本，庶幾流布，無忘真面。方聞君子，倘幸其史闕之僅存，俾得有與於斯文之未喪，其於後死之義，或無愧焉。太歲辛酉夏四月，譯元熊羅宿謹識於京師之豐城南館。

（録自影庫本《舊五代史》附録）

影印内鈔《舊五代史》緣起　　熊羅宿

彭文勤公《知聖道齋讀書》跋云："《永樂大典》散篇輯成之書，以此爲最，以其注明《大典》卷數及採補書名、卷數，具知存闕章句，不没其實也。《四庫全書》本如此，後武英殿鐫本遂盡删之。曾屢争之總裁，不見聽，於是薛氏真面目不可尋究，後人引用多致誤矣。幸鈔存此本，不可廢也。"

今按殿刊本變亂原書，所在皆是。有任意删削者，卷六一《西方鄴傳》"鄴無如之何"句下删去"而明宗已及汴"六字，"還洛陽遇弑"句上删去"至汴西不得入"六字，卷九三《李專美傳》"雖行行捶楚"删作"雖行捶楚"，卷九六《李郁傳》後删去《鄭玄素傳》一篇，卷九八《張礪傳》末删去《册府元龜》所引八十餘字是也。有憑臆增附者，卷三《梁太祖紀》"浙西奏，道門威儀鄭章"句上添湊"封鎮東軍神祠爲崇福侯"十字，卷三八《明宗紀》"契丹遣使摩琳等來乞通和"等下添入"率其屬"三字，卷六七《趙鳳傳》"莊宗即位，拜中書舍人"句下横插"及入汴"云云八十字，卷七三《聶嶼傳》"珏懼，俾俱成名"句下增入

"漸爲拾遺"云云七十餘字是也。有顛倒竄易者，卷五《梁太祖紀》"己亥，以司門郎中羅廷規"云云改作"己亥，以羅周翰"云云，卷二四《李珽傳》"珽其夕爲亂兵所傷"改作"珽爲亂兵所傷其夕"，卷六一《安元信傳》"乃起謝元信"改作"元信乃起謝"，《安重霸傳》"重霸出秦州，以金帛賂羣羌"改作"重霸出秦州金帛，以賂羣羌"，卷六四《王晏球傳》"晏球隔門窺兵亂"，"兵亂"字互倒，卷九一《安彦威傳》"明宗愛之，及領諸鎮節鉞，彦威常爲牙將，以謹厚見信"改作"明宗愛之，累歷藩鎮，彦威常爲衙將，所至以謹厚見稱"，卷一四三《禮志》"太常定唐少帝爲昭宣光烈孝皇帝"改作"太常寺定議唐少帝謚"是也。又如卷三《梁太祖紀》"貽矩曰，殿下功德及人"，"殿"改"陛"；"自今後兩浙、福建、廣州、南安、邕、容等道使，到發許任一月"，"任"改"住"，"南安"改"安南"；卷一〇《梁末帝紀》"以都點檢諸司法物使"，"點檢"改"檢點"；卷一五《韓建傳》"路出南山"改"路出山南"；卷二七《莊宗紀》"遂入黎陽"，"入"改"攻"；卷三一《莊宗紀》"即具闕申送"，"闕"改"關"；卷三三《莊宗紀》"何怯由衷之説"，"怯"改"悇"；卷三七《明宗紀》"既任維城之列"，"任"改"在"，"列"改"例"，又"輪次轉對奏事"改"輪次轉奏封事"，"盧文進率户口歸明"，"明"改"順"；卷三九《明宗紀》"於秋苗上紉徵麴價"，"紉徵"改"徵納"；卷四二《明宗紀》"輸農器錢一文五分"，"文"改"錢"；卷五三《李存信傳》"公姑二矣"，"姑"改"始"；《李存賢傳》"所殘者存審耳"，"殘"改"存"；卷五五《蓋寓傳》"必佯佐其怒以責之"，"佯"改"併"；卷六〇《李襲吉傳》"盡反中年"，"反"改"及"；卷六三《張全義傳》"而不溺枉道"，"枉"改"左"；卷六六《康義誠傳》"以弓馬事秦王以自結"改作"以弓馬事秦王，冀自保全"；《宋令詢傳》"連殿大藩"，"殿"改"典"；卷六七《韋説傳》"接皇都弭難之初"，"接"改"藉"，"初"改"功"；卷八一《晉少帝紀》"河南府奏，飛蝗天下"，"河南府"改"開封府"；卷八八《史匡翰傳》"恐天下談者未有比"，"比"下添"類"字；卷八九《殷鵬傳》"所得除目"，"除"改"詞"；卷九〇《馬全節傳》"我爲廉察"，"爲"改"之"；《陸思鐸傳》"隨衆來降"，"隨衆"改"以例"；卷九四《高漢筠傳》"遂與連騎以還"改"漢筠促騎以還"；卷九八《安重榮傳》"聞昨奉宣頭"，"頭"改"諭"；卷二〇〇《漢隱帝紀》"以華州節度使郭從義奏"，"以"改"徙"；卷一八〇《李崧傳》"方權兵柄"，"權"改"握"；卷一一五《周世宗紀》"州府"改"府州"；卷一二三《高行周傳》"以北邊鄰契丹"，"鄰"改"陷"；卷一二九《齊藏珍傳》"不失再去矣"，"失"改"妨"；卷一三三《世襲傳》"老父起自諸都"改"父老起自諸都"；卷一四〇《曆志》"欽若上天"，"天"改"穹"，又"五之得朞之數"改"五行得期之數"，"百者數之節也”，“百”改“法”，“蓋尚慊其中”，“慊”改“嫌”，“使日月之軌”，“之”改“二”，“便言曆有九曜”改“便言曆者有九道”。此外以儉父之見，改爾雅之詞，據習俗所安，謂前文有誤，與夫戎王盡作契丹，編髮俱爲避易，武斷害理，未易更僕。

　　竊以爲五季徵文，《歐史》既不如《薛史》之真，是新、舊兩行，自必以舊書爲正。奈何幸蒐集於殘闕之餘，仍見厄於校刊之謬，豈非恨事！用特舉所藏武英殿原鈔正本，購機影印，務在纖悉不差，儼然法物，併將粘籤及批校各條，彙印附後，俾讀是書者得見文勤之所謂真面目焉。

　　　　　　　　（錄自影庫本《舊五代史》附錄）

嘉業堂刊本《舊五代史》跋　　劉承幹

　　《舊五代史》一百五十卷、目録二卷，宋薛居正等撰。原書久佚，乾隆四十年，詔開四庫館，從《永樂大典》中輯録。間有殘闕，復取他書所引補之。此爲邵學士晋涵原輯本。晋涵，字二雲，餘姚人。乾隆辛卯二甲進士。歸部銓選，以大學士劉文正薦，奉特旨改庶吉士，充四庫館纂修，旋授職編修，歷官至翰林院侍讀學士。陽湖洪穉存太史嘗稱其史學本於劉蕺山、黄梨洲兩先生。此書乃其一手所勘定也，逐條之下，注明採取書名、卷數，後來諸家所輯已佚諸經傳注，悉用其例。四十九年，武英殿刊板，盡删去之。彭文勤公屢争于總裁，不見聽，薛氏真面目遂不可識。余於甬東盧氏抱經樓得其原輯本，亟以千金購歸付梓，行格悉遵殿本，俾得兩本對勘。學士纂輯之勤，不遂湮没，殆有默相之者。司馬遷《史記》實繼《春秋》而作，謙不敢自居，曰："余所謂述故事，整齊其世傳，非所謂作。"今觀《薛史》比次舊聞，紀傳首尾亦復完具，正所謂述，且由此可以進窺《歐史》筆削之意。後人以敘次繁冗少之，抑未知述與作之不同也。學士從散佚之餘，傍搜博採，整比之使歸條理，以復原書之舊，仍每條注明所採書名、卷數，亦述者所有事也。若删之，則讀者無所徵信矣。兹得學士原輯本刻之，以廣其傳。彭文勤公所屢爭而不得者，一旦竟復舊觀，不獨讀者之幸，抑亦此書之幸也。乙丑仲春，吳興劉承幹謹跋。

（録自百衲本《舊五代史》）

百衲本《舊五代史》跋　張元濟

《宋史·太祖紀》："開寶六年四月戊申，詔修《五代史》。"《玉海》："是年四月二十五日，詔梁、後唐、晋、漢、周《五代史》，宜令參政薛居正監修，盧多遜、扈蒙、張澹、李穆、李昉等同修。至七年閏十月甲子，書成。凡百五十卷、目録二卷。其事凡記十四帝五十三年，爲紀六十一、志十二、傳七十七。"居正本傳則以監修《五代史》在開寶五年，王鳴盛已辨其誤。晁氏《讀書志》同修者尚有劉兼、李九齡二人，或刊本結銜如是也。其後歐陽脩以《薛史》繁猥失實，重加修定，藏於家。脩殁後，朝廷聞之，取以付國子監刊行。按《宋史·選舉志》，朱子議設諸經、子史、時務各科試士，諸史以《左傳》《國語》《史記》《兩漢》爲一科，《三國》、《晋書》、南北《史》爲一科，新舊《唐書》、《五代史》爲一科。唐書兼舉新舊，而五代史僅舉其一。維時《歐史》盛行，所指必非《薛史》。又《金史·選舉志》，學校以經史子課士，均指定當用之書。諸史則《史記》用裴駰注，《前漢書》用顏師古注，《後漢書》用李賢注，《三國志》用裴松之注，及唐太宗《晋書》、沈約《宋書》、蕭子顯《齊書》、姚思廉《梁書》《陳書》，魏收《後魏書》、李百藥《北齊書》、令狐德棻《周書》、魏徵《隋書》、新舊《唐書》、新舊《五代史》，皆國子監印之，授諸學校。至章宗泰和七年十一月癸酉，詔新定學令内削去薛居正《五代史》，止用歐陽脩所撰。按金泰和七年，當宋寧宗開禧三年，爲朱子殁後七年。竊意是時南朝先已擯廢《薛史》，北朝文化自知不逮，故起而從其後，自是其書遂微。元九路分刊十七史，明南北監兩刊二十一史，均不之及。《四庫總目》謂惟明内府有之，見於《文淵閣書目》。按《閣目》“字”字號第三櫥存五代史十部，有册數，無卷數，不注新舊，使悉爲《薛史》，不應通行之《歐史》反無一存。且《薛史》刊本絶少，亦不應流傳如是之夥；如謂兼而有之，更不應一無區別，頗疑《總目》所言誤也。以余所知，明萬曆間連江陳一齋有是書，所記卷數與《玉海》合，見《世善堂書目》。清初黄太沖亦有之，見《南雷文定》附録吳任臣書，全謝山謂其已燬於火。陳氏所藏，陸存齋謂嘉慶時散出，趙谷林以兼金求之，不可得，則亦必化爲劫灰矣。

然余微聞有人曾見金承安四年南京路轉運司刊本，故輯印之始，雖選用嘉業堂劉氏所刻《大典》有注本，仍刊報蒐訪，冀有所獲。未幾，果有來告者，謂昔爲歙人汪允宗所藏，民國四年三月售於某書估，且出其貨書記相畀。允宗，余故人也，方其在日，絶未道及。然余讀其所記，謂所藏爲大定刊本，與上文所云承安微有不合，然相距不遠，或一爲鳩工之始，一爲蕆事之期。題"五代書"，不作"五代史"，較今本不特篇第異同甚多，即文字亦什增三四，且同時記所沽書凡七種，書名、版本均甚詳，知所言爲不虛。乃展轉追尋，歷有年所，迷離惝恍，莫可究詰。今諸史均將竣事，不得已，惟有仍用劉氏大典本，以觀厥成。

大典本者，餘姚邵晉涵取《永樂大典》所引《薛史》掇拾成文；不足，以《册府元龜》所引補之，均各記其所從出卷數；又不足，則取宋人所著如《太平御覽》《五代會要》《通鑑考異》等書凡數十種，或入正文，或作附注，亦一一載其來歷。四庫館臣復加參訂，書成奏進，敕許頒行。最先刊者，爲武英殿本，主其事者盡削其所注原輯卷數，彭元瑞力爭不從，而《薛史》真面不可復見。且原文凡涉契丹之戎夷、蕃胡、寇賊、虜敵、僞僭、酋首、凶醜及犬羊、異類、腥羶、氈幕、編髮、左衽、犯闕、盜據、猾夏、亂華等字，無一不改，一再失真，尤涉誣衊，久已爲世詬病矣。同時有《四庫全書》寫本，近歲南昌熊氏據以景印，稍免於已上諸弊，然仍有所芟削。劉本得諸甬東抱經樓盧氏，疑亦當時傳錄之本。所列附注凡一千三百七十條，彼此對校，殿本少於劉本者凡五百三十八條，庫本少於劉本者凡四百七十一條。雖殿本增於劉本者有三十九條，庫本亦三條，而以此方彼，總不能不以劉本爲較備。且劉本卷七一有《鄭元素傳》，庫本闕；卷九六有《淳于晏傳》，殿本又闕；卷九八《張礪傳》，文字亦視殿、庫二本爲詳。凡此皆足證劉本之彼善於此也。囊聞長洲章式之同年嘗迻録孔葒谷校邵氏稿本，馳書乞假，留案頭者數月，悉心讎校，亦有異同。劉本有而孔本無者三百八十一條，有而不全者二十三條，孔本有而劉本無者六十五條。式之謂邵氏所輯不免偶誤，館臣有所增補改正，然亦未必能出於劉本之上。所惜者劉氏校勘稍疏，間有譌奪。全書既成，當續輯校記，並取各本所增注文，別爲補編，以臻完美。然余終望金南京路轉運司刊本尚在人間，有出而與願讀者相見之一日也。海鹽張元濟。

（録自百衲本《舊五代史》）

舊五代史　附録三

陳垣《舊五代史》文稿

《舊五代史》作業題[1]

[1]本文係輔仁大學"清代史學考證法"課程作業題，時在 20
世紀 30 年代前期。

　　《薛史》輯本末卷《郡縣志》引《太平御覽》二
條，見《御覽》何卷？尚有遺漏否？
　　《通鑑考異》及胡注天復三年兩引《薛史·地理
志》，是《薛史》不名《郡縣志》也。此外《考異》及
胡注尚有引《薛史·地理志》或《郡縣志》者否？試
備舉以對。

《舊五代史》札記[1]

[1]本文約作於 20 世紀 30 年代中期，標題爲編者所加。

　　原本《薛史》，宋初見採於《册府元龜》，明初見採於《永樂大典》。惟《册府》引書，例不舉書名；《大典》引書，則舉書名：故乾隆時輯《薛史》，捨《册府》而取《大典》。然由《大典》所採，可證《册府》所採孰爲《薛史》。今《大典》既亡，又可由《册府》所採，以校今本《薛史》，所謂相得益彰也。

　　　　　　　　　　　　　⎧《册府元龜》
　　原本《薛史》⎨
　　　　　　　　　　　　　⎩《永樂大典》——輯本《薛史》

以《册府》校《薛史》計畫[1]

[1]本文約作於 1936 年。

以《册府》校《薛史》，係一種試作。

最難者要知《薛史》此文，見於《册府》何部何門。

次難者要知《册府》此文，見於《薛史》何卷何傳。

欲袪此二難，須先編四種目録。

第一種《薛史人名目録》：將《薛史》人名按姓編列，分注其見於各卷頁數。

欲成此目録，又須先點《薛史》一遍，將人名標出，並將本紀年月，誌於書眉。

次將全部人名，不論有傳無傳，按卷録出，記其所見頁數，爲第一種目録底稿。

第二種《薛史年月目録》：將《薛史》紀、志中年與月逐卷録出，注其頁數。此種目録編成較易。

第三種《册府五代事跡目録》：將《册府》全部五代事跡，按紀年或人名，逐卷録出。

第四種《薛史册府目録》：將《薛史》紀傳按年按

月按傳，彙注《册府》有關本年本人事跡之卷數於其下。

第五步工作：四種目録既成，即可按第四種目録，將《册府》各條檢出，與《薛史》核對。有則互注二書卷數於眉端，無則將目録下所注《册府》卷數取銷。此種工作，需時甚久。

第六步工作：《册府》所有，不見於紀，或見於傳，不見於此傳，或見於彼傳。應按第三種目録將《册府》未見《薛史》各條，因其年月或人名，利用第一、第二兩種目録以檢《薛史》，有則互注書眉，無則於第三種目録下注"輯本缺"三字。此種工作，需時亦久。

第七步工作：《薛史》眉端既全部注有《册府》卷數，即可按眉端所注，再將《册府》各條檢出，逐字校讎，依《薛史》之卷頁行數，作成校記。

《舊五代史》輯本發覆[1]

[1]本文於 1937 年 10 月完成，收入《勵耘書屋叢刻（第二集）》，北京師範大學出版社 1981 年據民國二十三年（1934）刊本影印。後又收入《陳垣全集（第七册）》，安徽大學出版社 2009 年版。全文約兩萬餘字。按，原文爲竪排，今改橫排。故原文中表示行文位置的"右"字皆改爲"右（以上）"。

序

《舊五代史》輯本印行者有三本：一爲乾隆四十九年武英殿刊本。此本從《四庫全書》定本出，不注《永樂大典》卷數，遇廟諱則改字，如"玄"作"元"，"胤"作"允"，卷九十六删《南唐鄭玄素傳》，此其特徵也。南沙席氏、新會陳氏、武昌局、五洲同文局等各本，均由此出。老同文局本亦由此本重寫影印，其書口稱乾隆四年校刊者，估人之謬也。二爲民國十年豐城熊氏影印南昌彭氏藏本。此《四庫全書》初寫本也，每卷注《大典》卷數，廟諱缺筆而不改字，惟卷七十一脱《淳于晏傳》，此其特徵也。三爲民國十四年吳興劉氏刻甬東盧氏藏本。此本亦從四庫館原輯本出，大體與熊本同，其傳寫在殿本前，在熊本後，故《淳于晏傳》已補入，而《鄭玄素傳》未删，此其特徵也。最近涵芬樓百衲本即用劉本影印。

　　故老相傳，殿本《薛史》，曾經改竄。熊劉本出，余嘗以校殿本，字句果有異同，最著者熊劉本"戎王"二字，殿本悉改爲"契丹"或"契丹主"。又嘗以《册府元龜》校三本，異同之處尤多。其傳寫脱誤，廟諱改字，及率意改竄者，余別有校記。其最可注意者，爲"胡""虜""夷""狄"等字，莫不改易或删除也。是不獨殿本然，熊劉本亦莫不然。初以爲《册府》引《薛史》時所改竄，然《册府》例不改舊文；又以爲《册府》所引有《薛史》與《實録》之殊，然《册府》數門同引一事者，其詞句多同，即有不同，而"胡""虜""夷""狄"等字並不改避：知非關《册府》所引《實録》之殊也。更以《歐史》及《通鑑》諸書校之，往往有《歐史》《通鑑》與《册府》同，而與今輯本異者，知改竄實出自輯本。其改竄且不止一次，故有熊劉本與殿本之殊。凡所改三本皆同者，纂輯時所改者也。殿本與熊劉本異者，雕版時所改者也。殿本異而有挖補痕，或增删字句以就行款者，雕成後所改者也。第一次所改爲總纂及纂修官之事，占十之六；第二、第三次所改，爲總校及分校官之事，占十之四，然發縱指示者恐仍在總裁也。一百五十年來，學者承誦引據，以爲《薛史》真本如此，信奉不疑，而孰料其改竄至於如此。今特著其忌改之例，以發其覆。熊劉本與殿本同者不另著，著其異者。惜余所校未爲該備，其輯本有而《册府》無，及《册府》載而輯本删者，尚無從校之也，然即此已可例其餘矣。中華民國二十六年七月，新會陳垣識於北平南官坊口寓廬。

《舊五代史》輯本發覆卷一

忌虜第一

【卷三《梁太祖紀》】開平元年十月，先是帝欲親征河東，命朝臣赴洛都，至是緩其期。

《册府》卷一九七《朝會門》，作"帝欲親征北虜"。今改。劉本誤注《册府》卷一七九。

【十九梁《氏叔琮傳》】乃于軍中選壯士二人，深目虬鬚，貌如沙陀者，令就襄陵縣牧馬于道間。蕃寇見之不疑，二人因雜其行間，俄而伺隙各擒一人而來。

《册府》三六七《機略門》，"道間"作"道周"，"各擒一人"作"各擒一虜"。

【二一梁《霍存傳》】復與晉軍戰于馬牢川，始入爲前鋒，出則後拒，晉不敢逼。

《册府》三四六《佐命門》，作"虜不敢逼"。凡此所謂"虜"，皆指沙陀。

【五二唐《李嗣昭傳》】契丹三十萬奄至，嗣昭從莊宗擊之。敵騎圍之數十重，良久不解。嗣昭號泣赴之，引三百騎橫擊重圍，馳突出没者數十合，契丹退，翼莊宗而還。

《册府》三四七《佐命門》，作“嗣昭從莊宗擊虜於新城，阿保機在望都，莊宗深入，親與虜鬭，虜騎圍之數十重”。今删去數句，以避“虜”字。又“重圍”原作“虜圍”，“契丹退”原作“虜退”。此以後所謂“虜”，類指契丹。

【五六唐《符存審傳》】契丹犯燕薊，郭崇韜奏曰，汴寇未平，繼韜背叛，北邊捍禦，非存審不可。

《册府》三四七《佐命門》，作“北邊遮虜，非存審不可”。今改。此纂輯時所改者也。

【九五晋《皇甫遇傳》】父武，流寓太原，嘗爲遮塞軍使。

熊、劉本作“遮虜軍使”，當是《大典》引《薛史》原文。殿本改，有挖補痕，此雕成後所改者也。

【卷二五《唐武皇紀》】乾符六年，武皇以一軍南抵遮虜城。

此“遮虜”未改。

【六四唐《王晏球傳》】王都據定州，契丹遣托諾率騎千餘來援。晏球督屬軍士，令短兵擊賊。賊軍大敗于嘉山之下。俄而契丹首領特哩袞率勇騎五千至唐河，是時大雨，晏球出師逆戰，特哩袞復敗，追至易州，河水暴漲，所在陷没，俘獲二千騎而還。契丹遂弱。

《册府》三六〇《立功門》，作“契丹遣奚首領秃餒率虜千騎援都。晏球預督勵士卒以待之，及賊虜至，一戰敗於嘉山之下。俄而契丹首領惕隱率虜騎五千來援都，是時大雨，虜至唐河，晏球出師逆戰。與虜相遇，三戰，惕隱大敗，追至易州，河水暴漲，所在陷溺，獲虜二千騎而還。虜勢緣是援絶"。此文刪改甚多，皆爲避"虜"字。

【六七唐《盧程傳》】豆盧革言及漢高臨廣武事，矢及於胸，紿云中足。程曰，此劉季失策。

《册府》三三六《強很門》，九四四《佻薄門》，均作"紿云虜中吾足"。《史記》《漢書》高祖紀本作"漢王傷胸，乃捫足曰，虜中吾指"。此"虜"指項羽，今亦刪避。

【八二《晋少帝紀》】開運元年二月，博州刺史周儒以城降契丹。左武衛將軍蔡行遇率數百騎赴之，遇伏兵于葭葦中。行遇爲賊所執，鋒鏑重傷，不能乘馬，坐畚中舁至幕帳。

《册府》四四四《陷没門》，作"以城降虜"；又"幕帳"作"虜帳"。

【八四《晋少帝紀》末】行實自燕迴，得延壽書，且言久陷邊庭，願歸中國。

謂趙行實趙延壽也。《册府》九九八《姦詐門》，作"久陷虜庭"。《歐史·契丹傳》節此文，亦作"陷虜思歸"。

【八八晋《景延廣傳》】初高祖在位時，宣借楊光遠騎兵數百，延廣請下詔遣還，光遠由此忿延廣，怨朝廷，遣使汎海搆釁。

《册府》四四六《生事門》、九三五《搆患門》，均作"汎海搆虜"。"搆虜"謂勾結契丹，今改"搆釁"，失其義。又"遣還"，原作"追還"，今誤。

【又】少帝大駭，親率六師，進駐澶淵，延廣爲上將。

《册府》九三五《搆患門》，"澶淵"下尚有"虜攻張從恩於鄴下，又分衆濟汶陽黃河北津以趣榮丘，爲我騎將皇甫遇李守真挫其鋒，虜尋退，次攻澶淵"等數句。今删。

【八八晋《張希崇傳》】天成初，契丹平州節度使盧文進南歸，契丹主以希崇繼其任，遣腹心總邊騎三百以監之。希崇莅事數歲，契丹主漸加寵信。一日登郡樓，私自計曰，昔班仲升西戍，不敢擅還，以承詔故也，我今入關，斷在胸臆，何恬于不測之地而自滯耶。部曲皆泣下沾衣，且曰，明公欲全部曲南去，善則善矣，如敵衆何？希崇曰，俟明日首領至牙帳，則先擒之。契丹無統領，其黨必散。且平州去王帳千餘里，待報至徵兵，旬旬方及此，則我等已入漢界深矣。

《册府》四〇五《識略門》、八七九《計策門》，"邊騎"均作"虜騎"；"不測之地"均作"不測之虜"；"契丹無統領"均作"虜無統攝"；"王帳"均作"虜帳"，《歐史》《通鑑》亦作"虜帳"。惟"契丹主漸加寵信"，《册府》四〇五作"虜主"，八七九作"虜中"。"如敵衆何"，四〇五作"虜衆"，八七九作"虜卒"。《册府》二卷不同者，非一引《薛史》一採《實録》之殊，即傳寫有異也。

【八八晉《王庭允傳》】先是契丹欲以王處直之子威爲定州節度使，處直則庭允之叔祖也。處直爲養子都所篡時，威北走契丹，契丹納之。至是契丹遣使諭高祖，云欲使王威襲先人土地。

《册府》九九九《請求門》，作“威北走虜廷，虜納之，至是虜遣使”云云。今改。“王庭允”，《册府》作“王廷裔”，避宋諱；熊、劉本回改爲“王庭胤”，缺末筆；殿本改作“允”。

【八九晉《桑維翰傳》】維翰疏，契丹强盛，中華之精甲利兵，悉歸盧帳。

《册府》九九四《備禦門》，作“悉歸虜北”。

【九八晉《趙德鈞傳》】又于閻溝築壘，以戍兵守之，因名良鄉縣，以備寇鈔。又於幽州東築三河城，北接蘇州，頗爲形勝之要。

《册府》四一〇《壁壘門》，“以備寇鈔”，作“自是稍息虜寇”。又“三河城”句下，原有“以遏虜寇。三河接薊州，有漕運之利。初聚工興築，虜騎遮我糧舡，云此我疆界，安得設板築。德鈞以禮責之，出師將擊，虜乃退去。故城守堅完，到今爲形勝之要”云云，凡五十餘字。今悉删去。

【一一四《周世宗紀》】顯德元年二月，帝曰，劉崇幸我大喪，聞我新立，自謂良便，必發狂謀，謂天下可取，謂神器可圖，此際必來。

《册府》五七《英斷門》，“狂謀”下有“誑惑人心，勾誘北虜”二句。今删。

【一一五《周世宗紀》】顯德二年十一月，諭淮南州縣詔，幸數朝之多事，與北境以交通，厚啟兵端，誘爲邊患。

《册府》二三一《征討門》，作“與北虜而交通”，又作“厚啟戎心”。熊、劉本“北虜”改“北境”，與殿本同，此纂輯時所改者也。“戎心”，熊、劉本仍原文，殿本改“兵端”，此雕版時所改者也。

【一一九《周世宗紀》】顯德六年五月，王師數萬，不亡一矢，邊界城邑，皆望風而下。

《册府》四四《神武門》，一一八《親征門》，均作“虜界城邑，皆迎刃而下”。

【一二五周《馮暉傳》】乃上章自陳，且言未老可用，而制書見遺。詔報云，非制書忽忘，實以朔方重地，蕃部窺邊，非卿雄名，何以彈壓。

《册府》三二三《機略門》，作“雜虜窺邊”。

【一二七周《盧文紀傳》】兵革之後，宗社甫寧，以寇内侵，强臣在境。

《册府》三三五《不稱門》、三三六《識闇門》，均作“虜寇内侵”。

【一三七《契丹傳》】天祐十三年八月，安巴堅率諸部號稱百萬，自麟勝陷振武，長驅雲朔，北邊大擾。莊宗赴援于代，其衆方退。

《册府》九八七《征討門》，作“阿保機率諸部”；又作“莊宗赴援於代北，虜衆方退”。今删改。熊、劉本"虜衆"作"敵衆",纂輯時改"敵衆",雕版時又改"其衆"也。

"虜"改"敵"

【三五《唐明宗紀》】天祐十四年四月,周德威閒使告急。諸將咸言敵勢不能持久,野無所掠,食盡自還,然後踵而擊之可也。帝奏曰,德威盡忠於國家,孤城被攻,危亡在即,不宜更待敵衰。

《册府》四五《謀略門》,"敵勢"作"虜勢","敵衰"作"虜衰"。《通鑑》同。

【五九唐《閻寶傳》】天祐十九年正月,契丹三十萬來援鎮州,前鋒至新樂,衆心憂之。寶見莊宗,指陳方略,軍情乃定。敵退,加檢校侍中。

《册府》三八七《褒異門》,"敵退"作"虜退"。

【八二《晉少帝紀》】開運元年正月,太原奏,與契丹戰于秀容,斬首三千級,生擒五百人,獲敵將一十七人,賊軍散入鴉鳴谷。

《册府》一一八《親征門》,作"與契丹偉王戰於秀容。獲其虜將一十七,奪得偉王金槍鐵甲及旗幡等,潰散賊軍入鴉鳴谷"。今删"偉王"等句,改"虜將"爲"敵將"。

【八三《晉少帝紀》】開運二年正月,王師與契丹相拒于相州北,安陽河上。知州符彦倫曰,此敵將走矣。乃出甲士五百于城北,張弓弩以待之,契丹果引去。

《冊府》四二八《料敵門》，"此敵"作"此虜"，"契丹果引去"作"虜果引去"。

【八四《晉少帝紀》】開運三年八月，李守貞奏，大軍至望都縣，相次至長城北，遇敵千餘騎，轉鬭四十里，斬蕃將嘉哩相公。

《冊府》九八七《征討門》，作"遇虜寇千餘騎"，又作"解里相公"。

【九四晉《李瓊傳》】時高祖從行至涿州，與敵相遇，高祖陷於圍中。瓊顧諸軍已退，密牽高祖鐵衣，指東而遁，至劉李河，爲敵所襲。

《冊府》一七二《求舊門》，兩"敵"字均作"虜"。

【九五晉《郭璘傳》】開運中移領易州。契丹攻其郡，璘率勵士眾，同其甘苦，敵不能克。

《冊府》四〇〇《固守門》、四二五《死事門》，均作"虜不能克"。

【一〇六漢《李彥從傳》】鎮州逐敵之際，請兵于朝廷。

《冊府》四一四《赴援門》，作"鎮州逐虜之際"。

【一〇六漢《張鵬傳》】晉開運中，契丹迫澶州，鵬爲前鋒監押，奮身擊敵。

《冊府》三九六《勇敢門》，作"奮身擊虜"。

【一〇九漢《杜重威傳》】會大風狂猛，軍情憤激，符彥卿、張彥澤等引軍四出，敵眾大潰。

《冊府》四五三《怯懦門》，作"虜眾大潰"。

"虜騎"改"敵騎"

【二十梁《張存敬傳》】存敬引騎軍先犯敵將，諸軍翼之，敵騎大敗。

《册府》三四六《佐命門》、三九六《勇敢門》、四一四《赴援門》，均作"先犯虜騎，虜騎大敗"。

【二二梁《王檀傳》】乾化元年正月，王景仁與晋人戰于柏鄉。王師敗績，河朔大震，景仁與衆爲敵騎所追。

《册府》四一四《赴援門》，作"景仁餘衆爲虜騎所追"。此"虜騎"均指沙陀。

【三五《唐明宗紀》】天祐十四年八月，距幽州兩舍，敵騎復當谷口而陣。

《册府》二十《功業門》，"敵騎"作"虜騎"。此以後之"虜騎"，皆指契丹。

【九五晋《皇甫遇傳》】審琦已至安陽河，謂首將張從恩曰，皇甫遇等未至，必爲敵騎所圍，若不急救，則成擒矣。從恩曰，敵甚盛，無以枝梧，將軍獨往何益。審琦曰，成敗命也。遂率鐵騎北渡赴之。契丹見塵起，謂救軍併至，乃引去。

謂安審琦也。《册府》三七四《忠門》、三九六《勇敢門》，"敵騎"均作"虜騎"，"契丹見塵起"均作"虜見塵起"。惟"敵甚盛"，三七四作"虜原至衆"，三九六作"虜勢甚熾"。

【一〇八漢《龍敏傳》】夜冒敵騎，循山入大岇。

雖鐵障亦可衝踏，況敵騎乎。

《册府》四七七《謀畫門》，兩“敵騎”均作“虜騎”。《通鑑》同。

【一〇九漢《杜重威傳》】每敵騎數十，驅漢人千萬過城下，如入無人之境。

《册府》四五三《怯懦門》，“敵騎”作“虜騎”。《歐史》作“胡騎”。

【一一五《周世宗紀》】顯德二年三月，築壘于李晏口，以兵戍守。功未畢，契丹衆尋至，彦超等擊退之。及壘成，頗扼要害。自是敵騎雖至，不敢涉河。

謂王彦超也。《册府》九九四《備禦門》，作“功未畢而虜至”，又作“虜騎雖至，終不敢涉河”。

【一二七周《盧文紀傳》】敵騎倏往忽來，無利則去。

《册府》三三八《識闇門》，作“虜騎倏往忽來”。《通鑑》作“胡兵倏來忽往”。

“虜”改“契丹”

【五三唐《李存璋傳》】契丹逼雲州，存璋拒守。城中有古鐵車，乃鎔爲兵仗，以給軍士。敵退，以功加檢校太傅，大同軍節度使。

《册府》三四七《佐命門》，作“虜逼雲州”，“敵退”作“虜退”。四〇〇《固守門》，作“賊攻雲州”，“敵退”作“賊遂退”。

【七十唐《張敬達傳》】時以契丹率族帳自黑榆

林至，云借漢界水草。敬達每聚兵塞下，以遏其衝，契丹不敢南牧。

《册府》四二九《守邊門》，作"契丹率族帳自黑榆林撁制泊移至没越泊，云借漢界水草"；又作"虜竟不敢南牧"。今將兩地名删去，並改"虜"爲"契丹"。"撁制泊"，《通鑑注》引作"捺剌泊"。

【八八晋《景延廣傳》】天福八年十二月，契丹乃南牧。

《册府》四五四《豪横門》，作"北虜南攻"；九三五《搆患門》，作"虜乃南牧"。

【又】契丹既至城下，使人宣言曰一，景延廣喚我來相殺，何不急戰？及契丹退，延廣猶閉柵自固。士大夫曰，昔與契丹絶好，言何勇也；今契丹至若是，氣何憊也。

《册府》四五三《怯懦門》、九三五《搆患門》，"契丹"均作"虜"。"及契丹退"，《册府》四五三作"及虜退"，九三五作"虜既還"。

【八八晋《王庭允傳》】契丹深怒其見拒，使人復報曰，爾自諸侯爲天子，有何階級耶？高祖畏其滋蔓，則厚賂力拒其命，契丹怒稍息。

《册府》九九九《請求門》，作"王威深怒其見拒"。熊、劉本"王威"作"戎王"，殿本改"契丹"。又"契丹怒稍息"，《册府》作"虜忿稍息"。

【八九晋《桑維翰傳》】因思維翰在相時，累貢謀書，請與契丹和，慮契丹到京，窮究其事。

《通鑑考異》三十"殺桑維翰"條引《薛史》，作"請與虜和，慮戎主到京"。今改。熊、劉本"戎主"作"戎王"。

【九五晉《皇甫遇傳》】二年契丹南寇，從至澶州，戰于鄆州北津，契丹衆大敗。

開運二年也。《册府》三六〇《立功門》、三八七《褒異門》，"契丹"均作"虜"。

【又】三年，契丹率衆屯邯鄲，遇與安審琦、慕容彦超等禦之。遇將渡漳河，契丹前鋒大至。

《册府》三七四《忠門》、三九六《勇敢門》，均作"虜長率衆屯邯鄲，虜前鋒大至"。

【又】四年，契丹復至，從杜重威營滹水。重威送款于契丹，遇不預其議。及降，心不平之。時契丹欲遣遇先入汴，遇辭之。

《册府》三七四《忠門》，作"虜復至"，又作"時耶律氏欲遣遇先入汴"。今改。熊、劉本"耶律氏"作"戎王"。

【九五晉《王清傳》】九年春，契丹南牧，圍其城，清與張從恩守之。少帝飛蠟詔勉諭，錫之第宅。契丹退，以干城功，繼遷軍額。

天福九年也。《册府》三六〇《立功門》、四〇〇《固守門》，"契丹退"均作"虜退"。

【又】十一月，從杜重威收瀛州。聞契丹大至，重威率諸軍沿滹水而西，將保常山，及至中渡橋，契丹已屯于北岸。

《册府》四二五《死事門》，作"虜已屯於北岸"。

【又】清一擊獲其橋，契丹爲之小却。重威猶豫不進，密已貳于國矣。彦筠退走，清列陣北岸，嚴戒部曲。日暮，酣戰不息，契丹以生軍繼至，我軍無寸刃以益之。

謂宋彦筠也。《册府》四二五《死事門》，"契丹"均作"虜"。

【九五晋《梁漢璋傳》】詔以漢璋充北面馬軍都排陣使，遣收淤口關，與契丹騎五千相遇于浮陽之北界，苦戰竟日。

《册府》四二五《死事門》，作"與虜騎五千相遇"。

【一〇〇《漢高祖紀》】天福十二年，八月壬午朔，鎮州駐屯護聖左廂都指揮使白再筠等，逐契丹所命節度滿達勒，復其城。

《册府》九八七《征討門》，作"鎮州先屯騎將白再榮奏，逐出虜將麻答，復其城"。今改，又誤"榮"爲"筠"，熊、劉本不誤。

【一〇三《漢隱帝紀》】乾祐三年正月，故深州刺史史萬山贈太傅。先是契丹入邊，萬山城守。一日契丹數千騎迫州東門，萬山父子率兵百餘人襲之，僞退十餘里，而伏兵發，萬山死之。

《册府》四二五《死事門》，作"乾祐三年春，虜大入寇，萬山城守有功，虜退。一日虜數十騎侵州東門，萬山父子以虜不多，乃率牙兵百餘人襲虜，虜僞退十餘里而兵發，萬山死之"。凡六"虜"字，二改"契丹"，餘皆刪去，致文義不明。又"數十騎"誤"數千騎"。

【一〇六漢《劉在明傳》】高祖踐阼，授幽州道行營都部署。時契丹守中山，在明出師經略，契丹乃棄城而去。

《册府》三六〇《立功門》、三八七《褒異門》，"契丹"均作"虜"。

【一〇九漢《杜重威傳》】契丹主自古北口迴軍，追躡王師。重威等狼狽而旋，至陽城，爲契丹所困。

《册府》四五三《怯懦門》，"契丹"均作"虜"。

【一二五周《王饒傳》】漢祖建義于晉陽，尋克復諸夏，惟常山郡爲契丹所據。時饒在其郡，乃與李筠、白再榮之儔，承間竊發，盡逐其黨。

《册府》三八七《褒異門》，作"常山郡爲虜所據"。

【一二六周《馮道傳》】契丹遣使加徽號于晉祖，晉祖亦獻徽號于契丹，謂道曰，此行非卿不可。

《册府》三二九《奉使門》，"契丹"均作"虜"。據《通鑑考異》，此爲《薛史》因《周世宗實錄·馮道傳》之文。

【又】道在常山，見有中國士女爲契丹所俘者，出橐裝以贖之。

《册府》八六四《仁門》，"契丹"作"虜"。

【一二七周《盧文紀傳》】三年夏，晉祖引契丹拒命。

清泰三年也。《册府》三三六《識閶門》，作"晋祖引虜拒命"。

【一三一周《賈緯傳》】契丹入京師，隨契丹至真定，後與公卿還朝。

《册府》四八一《輕躁門》，作"虜陷京師，隨虜至真定，諸將逐麻答後，與公卿還朝"。今"虜"改"契丹"，並删"逐麻答"句。

【一三五《僭僞·劉崇傳》】及周世宗嗣位，崇復乞師于契丹，以圖入寇。契丹遣將楊兗合勢大舉，來迫潞州。

《册府》二三四《兵敗門》，作"崇乞師於虜，與虜將楊兗合勢大舉，來迫潞州"。今添改。"楊兗"疑應作"惕兗"，但《歐史》《通鑑》均作"楊袞"。

"北虜"改"契丹"

【七十唐《李嚴傳》】嚴曰，子言契丹之强盛，孰若僞梁？曰比梁差劣也。嚴曰，吾國視契丹如蚤虱耳。

《册府》六六〇《敏辯門》，作"子言虜之强盛，孰若僞梁？又曰吾國視北虜如蚤虱耳"。六五二《宣國威門》引此略殊，亦作"視北虜如蚤虱"。

【七三唐《段凝傳》】契丹寇幽州，命宣徽使李紹宏監護諸軍以禦契丹。凝與董璋戍瓦橋關，凝巧事紹宏，嘗乘閒奏凝蓋世奇才，可以大任。

《册府》九三八《姦佞門》，作“以禦北虜”；又“巧事紹宏”下復有“紹宏”二字。今脱。

【八八晉《景延廣傳》】遂罷兵權，出爲洛都留守，兼侍中。由是鬱鬱不得志，亦意契丹强盛，國家不濟，身將危矣。

《册府》四五四《奢侈門》，作“亦意北虜强盛”。

【八九晉《桑維翰傳》】高祖建義太原，首豫其謀，復遣爲書求援于契丹，果應之。俄以趙德鈞發使聘契丹，高祖懼其改謀，命維翰詣幕帳，述其始終利害之義，其約乃定。

《册府》六五五《智識門》，作“求援於北虜，虜果應之。俄以趙德鈞發使聘虜”。又“幕帳”作“虜帳”，“其約乃定”作“虜心乃定”。今悉改。

【九十晉《安元信傳》】俄聞契丹有約赴難，元信入説朗曰，張敬達雖圍太原，而兵尚未合，代郡當雁門之衝，敵至其何以禦。

謂張朗也。《册府》七九六《先見門》，作“北虜有約赴難”，又作“虜至其何以禦”。

【九五晉《翟璋傳》】高祖建義，割新州屬契丹。時契丹大軍歸國，遣璋于管内配率犒宴之資，須及十萬緡。山後地貧，民不堪命。始契丹以軟語撫璋，璋謂必得南歸，及委璋平叛矣，圍雲州，皆有功，故留之不遣。

《册府》四四四《陷没門》，作“割新州屬北虜”；又作“戎王以軟語撫璋”。熊、劉本仍作“戎王”，殿本改。

【一〇一《漢隱帝紀》】初契丹犯京師，侯益、趙贊皆受其命，節制岐蒲。

《册府》四三五《獻捷門》，作"北虜犯京師，侯益、趙贊皆受虜命"。

【一〇八漢《李崧傳》】先是長興三年冬，契丹入雲中。

《册府》一七二《求舊門》，作"北虜寇雲中"。

"虜主"改"契丹主"

【八九晉《趙瑩傳》】及契丹陷京城，契丹主遷少帝于北塞。

《册府》九五三《傷感門》，作"虜陷京城，虜主遷少帝於北塞"。

【九五晉《郭璘傳》】契丹主嘗謂左右曰，吾不畏一天下，乃爲此人所抑挫。重威降，契丹使通事耿崇美誘其民衆，璘不能制。

謂杜重威也。《册府》四二五《死事門》，作"虜主嘗謂左右，虜使通事耿崇美"。

【九九《漢高祖紀》】開運元年正月，契丹南下。契丹主以大軍直抵澶州，遣蕃將偉王率兵入雁門。《册府》八《創業門》，作"虜主以大軍直抵澶州"。

【一〇七漢《史宏肇傳》】會王守恩以上黨求附，契丹主命大將耿崇美率衆登太行，欲取上黨。

《册府》三四七《佐命門》、四一四《赴援門》，

“契丹主”均作“虜主”。

【又】家僮詣宏肇上變，言曰契丹主之入汴也，趙延壽遣福殷齎玉枕陰遺淮南。

謂何福殷也。《册府》四四八《殘酷門》，“契丹主”作“虜主”。

【一〇八漢《龍敏傳》】敏奏曰，臣有一計，請以援兵從東丹王李贊華取幽州，路趨西樓，契丹主必有北顧之患。

《册府》四七七《謀畫門》，“契丹主”作“虜主”。

【一〇九漢《杜重威傳》】契丹主連年伐晋，重威但閉壁自守，部内城邑，相繼破陷。

《册府》四五三《怯懦門》，作“虜主連年入寇”。

【一〇九漢《李守貞傳》】開運元年春，敵衆犯澶魏，少帝幸澶州，契丹主遣滿達勒以奇兵由鄆州馬家口濟河。開運二年春，契丹主以全軍南下。

《册府》三六〇《立功門》，“敵衆”作“虜衆”，“契丹主”作“虜主”。熊、劉本“虜衆”改“契丹”，兩“虜主”亦改“契丹”，殿本改“契丹主”。

【一二五周《王繼宏傳》】爲奉國指揮使，從契丹主至相州，遂令以本軍戍守。契丹主留高唐英爲相州節度使，唐英善待繼宏。

《册府》九四三《不誼門》，“指揮使”下有“虜陷中原”句，今删。又兩“契丹主”原均作“虜主”。

《舊五代史》輯本發覆卷二

忌戎第二

【卷五九唐《張溫傳》】同光初，契丹陷嫣儒檀順平薊六州，武州獨全。

《册府》卷三六〇《立功門》、四二九《守邊門》，"契丹"均作"北戎"。

【八三《晉少帝紀》】開運二年三月，杜威召諸將議曰，北主自來，實爲勍敵，若不血戰，吾輩何以求免。

杜威即杜重威。熊、劉本"北主"作"戎首"。"戎"字，熊、劉本不盡避也。卷五《梁太祖紀》，開平三年十一月戊戌制，外戎内夏。殿本亦不盡避。

【八八晉《張希崇傳》】先是靈州戍兵歲運糧，經五百里，有剽攘之患。

《册府》五〇三《屯田門》，作"先是州界與戎人交處，每歲以戍兵運糧"。今删改。"運糧"，熊、劉本誤"軍糧"。

【八九晉《桑維翰傳》】維翰疏契丹未可與爭，契丹皆騎士，利在坦途，中國用徒兵，喜於隘險。

《册府》九九四《備禦門》，作"戎人皆騎士"。熊、劉本仍原文，殿本改。

【又】維翰使親黨受寵于少帝者，密致自薦曰，陛下欲制北方，以安天下，非維翰不可。

熊、劉本作“欲制北戎”，當是《大典》引《薛史》原文。殿本改。《通鑑》作“欲禦北狄”。

【九四晋《何建傳》】契丹入汴，其主遣人齎詔以賜建，建憤然。

熊、劉本作“戎王遣人齎詔以賜建”。

【九七晋《盧文進傳》】文進引契丹寇新州，自是北師數至。

熊、劉本作“戎師數至”。

【九八晋《趙德鈞傳》】末帝不悦，謂左右曰，趙德鈞父子堅要鎮州，苟能逐退蕃兵，要代予位，亦所甘心。

唐末帝也。《册府》四四六《觀望門》，作“苟能逐退蕃戎”。熊、劉本仍原文，殿本改。《通鑑》作“苟能却胡寇”。

【九八晋《趙延壽傳》】延壽乃導誘蕃軍，蠶食河朔。

熊、劉本作“導誘蕃戎”。

【一〇〇《漢高祖紀》】天福十二年五月，既而烏裕召蕃漢臣寮于鎮州牙署，矯其主遺詔，命烏裕嗣位。

烏裕，永康王兀欲也。熊、劉本改“鄂約”，殿本改“烏裕”。熊本作“矯戎王遺詔，命鄂約嗣位”；劉本脫“矯”字；殿本“戎王”改“其主”。

【一一〇《周太祖紀》】乾祐三年三月，時漢帝以北兵爲患，委帝以河朔之任。

熊、劉本“北兵”作“北戎”。

【一二四周《史彥超傳》】及朝廷遣樞密使王峻總兵爲援，敵兵宵遁。

《册府》四〇〇《固守門》，作“寇戎宵遁”。熊本仍原文，劉本作“戎寇”，殿本改“敵兵”。惟卷九《梁末帝紀》“貞明四年十二月詔，寇戎未滅”；卷十八《梁敬翔傳》“攘逐寇戎”。“寇戎”字未盡改。

【一二五周《馮暉傳》】桑維翰輔政，欲圖大舉，以制北方。

《册府》三二三《機略門》，作“以制北戎”。熊、劉本仍原文，殿本改。

【一二五周《孫方諫傳》】定州西北二百里有狼山，山上有堡，邊人賴之，以避剽掠之患。

《册府》九二二《妖妄門》，作“以避戎虜之患”。《通鑑》作“以避胡寇”。

【一二六周《馮道傳》】是歲三月隨契丹北行，與晉室公卿俱抵常山。俄而北主卒，永康王代統其衆。

開運四年三月也。《册府》八六四《仁門》，作“隨虜北行”。又“北主”，熊、劉本作“戎王”，殿本改。

【又】馮道長樂老自敍云，契丹據汴京，爲北主所制。

《册府》七七〇《自述門》，作“爲戎二主所制”。二主謂耶律德光、永康王兀欲也。熊、劉本作“戎主”，殿本改"北主"。

【一三四《僭僞·李景傳》】又嘗遣使私賂契丹，俾爲中國之患。

熊、劉本作"私賂北戎"，殿本改。大抵纂輯時"戎"字不盡避，故熊、劉本每與殿本異。

"戎王"改"契丹"

【四八《唐末帝紀》】清泰三年閏十一月，契丹立石敬瑭爲大晋皇帝。

此葉"契丹"，字凡六見，熊、劉本均作"戎王"，仍《大典》引《薛史》之文也。殿本悉改爲"契丹"。然卷四一《唐明宗紀》"長興元年四月戊午册，遐荒旋斃於戎王"。此戎王未改。

【八三《晋少帝紀》】開運二年正月，契丹在邯鄲聞之，即時北遁。三月，契丹率五萬餘騎，來勢極盛。

熊、劉本"契丹"均作"戎王"。

【八四《晋少帝紀》】開運三年九月，是月契丹瀛州刺史，詐爲書與樂壽將軍王巒，願以本城歸順，且言契丹已歸本國，若聞南夏有變，地遠阻水，雖欲奔命，無能及也。

【又】瀛州守將劉延祚受契丹之命，詐輸誠款，以誘我軍。

《册府》九九八《姦詐門》，作"戎王已歸本國"，"劉延祚受戎王之命"。熊、劉本仍原文，殿本改。《册府》又作“監軍王巒”“北遠阻水”。

【八五《晋少帝紀》】開運三年十一月，行次武强，聞契丹入寇。十二月，帝奉表于契丹主曰，孫臣某言。

按，是時耶律德光年四十五，石重貴年三十三。熊、劉本作“聞戎王入寇”，又作“帝奉表于戎主”。

【八八晋《景延廣傳》】朝廷遣使告哀契丹，無表致書，去臣稱孫。契丹怒，遣使來讓。延廣乃奏令契丹迴國使喬榮告契丹曰，先帝則北朝所立，今上則中國自策，爲鄰爲孫則可，無臣之理。由是與契丹立敵，干戈日尋。

《册府》四四六《生事門》、九三五《搆患門》，均作“告哀北虜，虜怒，與虜立敵”。今改。“迴國使”，“國”字誤，《册府》四四六作“迴圖使”，九三五作“圖運使”。“告契丹曰”，四四六作“告戎王”，九三五作“告耶律氏”。今殿本改“告契丹”，熊、劉本仍作“告戎王”。《册府》二卷不同者，一引《薛史》，一採《實録》也。

【八八晋《李彦韜傳》】及少帝北遷，契丹遷彦韜從行。

熊、劉本作“戎王遣彦韜從行”；殿本改“戎王”爲“契丹”，並誤“遣”爲“遷”。

【八九晋《桑維翰傳》】及契丹至中渡橋。契丹遣使遺太后書。少帝已受契丹撫慰之命。

熊、劉本“契丹”皆作“戎王”。

【九八晉《張彥澤傳》】彥澤爲契丹所啗，密已變矣，乃通款于契丹，請爲前導。

熊、劉本作“通款於戎王”，殿本改，有挖補痕。然下文“戎王知其衆怒，遂令棄市”，此“戎王”未改。

【一二四周《史懿傳》】契丹入中原。時四方征鎮爲契丹所召者，靡不麏至，惟懿堅壁拒命。

熊、劉本作“爲戎王所召者”。

【一二五周《王守恩傳》】潞州節度使張從恩懼契丹之盛，將朝于契丹。

《册府》四五五《貪黷門》，作“將朝于戎王”。熊、劉本仍原文，殿本改。

【一二五周《孫方諫傳》】潛通于契丹。契丹之入中原也，以方諫爲定州節度使。

熊、劉本作“戎王之入中原也”。

“戎王”改“契丹主”

【七十唐《張敬達傳》】末帝聞其歿也，愴慟久之。契丹主告其部曲，及漢之降者曰，爲臣當如此人。

《册府》四四四《陷没門》，作“戎王戒其部曲”；三七四《忠門》，作“虜主戒其部曲”。今改。熊、劉本仍作“戎王”。

【七五《晉高祖紀》】清泰三年，九月辛丑，是夜帝出北門見契丹主，契丹主執帝手曰，恨會面之晚，因論父子之義。

按，是時耶律德光年三十五，石敬瑭年四十五。熊、劉本作"是夜帝出北門與戎王相見，戎王執帝手曰"。殿本兩"戎王"改"契丹主"，溢二字，故刪"與"字、"相"字，有挖補痕，此雕成後所改者也。

【又】清泰三年十一月，契丹主會帝於營中，曰我三千里赴義，事須必成。乃命築壇于晉陽城南，冊帝爲大晉皇帝，契丹主解衣冠授焉。

熊、劉本作"戎王會帝於營，謂帝曰"云云，又作"戎王自解衣冠授焉"。殿本兩"戎王"改"契丹主"，故上句刪"謂帝"二字，添"中"字，下句刪"自"字，有挖補痕。

【又《紀》末】是日帝言於契丹主，願以雁門已北及幽州之地爲壽，仍約歲輸帛三十萬，契丹主許之。

熊、劉本作"是日帝言於戎王，願以雁門已北及幽州之地爲戎王壽，仍約歲輸帛三十萬，戎王許之"。殿本兩"戎王"改"契丹主"，故刪一"戎王"，有挖補痕。

【七六《晉高祖紀》】開運元年閏十一月，契丹主舉酒謂帝曰，予遠來赴義，大事已成。

熊、劉本作"戎王舉酒言於帝曰"。殿本改"戎王"爲"契丹主"，故刪"於"字。

【八五《晉少帝紀》末】渡遼水至黃龍府，即契丹主所命安置之地也。

熊、劉本作"此即戎王所命安置之地也"。殿本改"戎王"爲"契丹主"，故刪"此"字，有挖補痕。

【八九晋《桑維翰傳》】即以衣帶加頸報契丹主，維翰自經而死。契丹主曰，我本無心害維翰。

熊、劉本作"即以衣帶加頸報戎王，云維翰自經而死。戎王報曰，我本無心害維翰"。殿本改"戎王"爲"契丹主"，故删"云"字，及下"報"字。"云"字删，文義欠明晰。

【九十晋《楊彦詢傳》】高祖慮契丹怒安重榮之殺行人也，移兵犯境，復命彦詢使焉。仍恐重榮要之，由滄州路以入。契丹主果怒重榮，彦詢具言非高祖本意。

《册府》六五二《達王命門》，作"由滄州路以入蕃，戎王果怒重榮"。熊、劉本仍原文。殿本改"戎王"爲"契丹主"，故删"蕃"字。

【九八晋《張彦澤傳》】勳往訴其冤，時契丹主已怒彦澤剽掠京城，遂令鎖之。

謂高勳也。熊、劉本作"勳訴冤於戎王，時戎王已怒彦澤剽掠京城"。殿本改，有挖補痕。同卷《趙延壽傳》，熊、劉本"戎王"凡十二見，文津閣寫本同，蓋原輯本如此。殿本一改"契丹"，餘改"契丹主"。

【一一二《周太祖紀》末】晋高祖受命，特製寶一座。開運末，契丹犯闕，少帝遣其子延煦齎送于契丹主。訝其非真，少帝上表具訴其事。及契丹北歸，齎以入蕃。

熊、劉本作"北戎犯闕，少帝遣其子延煦送於戎王，戎王訝其非真"，又作"戎王北歸"。《文獻通考》

百十五《璽印門》載此文，與熊、劉本同，惟"戎王"作"戎主"。今殿本改"北戎"爲"契丹"，又改"戎王"爲"契丹主"，删一"戎王"，添一"齎"字，而不知下文有"齎"字也。

【一二六周《馮道傳》】契丹入汴，道自襄鄧召入。契丹主從容問曰，天下百姓如何可救。

熊、劉本作"戎王因從容問曰"。殿本改"戎王"爲"契丹主"，遂删"因"字。總之，熊、劉本不避"戎王"；其避"戎王"者，皆殿本付雕時或雕成後所改者也。

忌胡第三

【卷五三唐《李漢韶傳》】會契丹侵北鄙，表令漢韶率師進討，既而大破契丹，以功加檢校右僕射。

《册府》卷三六〇《立功門》、三八七《褒異門》，均作"大破胡寇"。

【五三唐《李存賢傳》】時契丹强盛，城門之外，烽塵交警，一日數戰。存賢性忠謹周慎，晝夜戒嚴，不遑寢食。

《册府》四三一《勤戎事門》，作"城門之外，鞠爲胡貉，援軍自瓦橋關萬衆防衛，與胡騎一日數戰。存賢曉夕警備，廢寢與食"。今删改，避"胡貉""胡騎"等字也。

【六一唐《安重霸傳》】重霸善悦人，好賂遺，時人目之爲俊。

　　《册府》九三九《譏誚門》，作“好賂遣君側，人目之爲傀胡”。

　　【九五晉《皇甫遇傳》】杜知敏已爲所獲，遇謂彦超曰，知敏蒼黄之中，以馬授我，義也，安可使陷于賊中。遂與彦超躍馬取知敏而還，敵騎壯之。

　　謂慕容彦超也。《册府》三七四《忠門》，作“杜知敏已爲虜所獲，安可使陷戎賊中”；三九六《勇敢門》，作“杜知敏已爲寇獲，安可使陷於寇中”。“敵騎壯之”，兩卷均作“胡騎”。

　　【九七晉《范延光傳》】延光國之姦臣，若不羈縻，必北出塞，南入吳。

　　熊、劉本作“必北走胡”。殿本改，有挖補痕。《歐史》亦作“北走胡”。

　　【九七晉《楊光遠傳》】因奏延光不家汴洛，出舍外藩，非南走淮夷，則北走契丹。

　　謂范延光也。《册府》一七九《姑息門》，作“南走淮，北走越”，惟四四九《專殺門》，四五五《貪黷門》，均作“北走胡虜”。

　　【一〇二《漢隱帝紀》】乾祐二年正月制，北挫諸蕃，斷其臂而折其脊。

　　《册府》九五《赦宥門》，作“北挫群胡”。

　　【一一五《周世宗紀》】顯德二年三月辛未，以李晏口爲静安軍。其軍南距冀州百里，北距深州三十里，夾胡盧河爲壘。先是貝冀之境，密邇北疆，居常敵騎涉河而南，馳突往來，洞無阻礙，北鄙之地，民不安居。帝乃按圖定策，遣許州節度使王彦超，曹州節度使韓通等領兵他徙。

《册府》九九四《備禦門》，作"辛未，改李晏口爲静安軍。先是河朔生靈，自晋漢已來，常爲契丹所困，每胡兵入寇，洞無藩籬。帝甚憫之，而言事者以爲梁冀之閒有胡盧河，東西横亘數百里，然其堤岸非峻，不能扼胡騎之奔突。帝乃按圓定策"云云。今"胡兵""胡騎"悉删改。"密邇北疆"，熊、劉本作"戎疆"。

【一一九《周世宗紀》】顯德六年五月乙酉，是日先鋒都指揮使張藏英，破契丹數百騎于瓦橋關北，攻下固安縣。

《册府》四三五《獻捷門》，作"己酉，先鋒都指揮使張藏英上言，敗胡騎數百於瓦橋關北，兼攻下固安縣"。今改，"己酉"並誤作"乙酉"。

【一二五周《馮暉傳》】初張希崇鎮靈州，以久在蕃疆，頗究邊事。數年之間，侵盗並息。

《册府》三九七《懷撫門》，作"久在北蕃，頗究邊事，能駕御河西胡虜。數年之閒，侵盗並息"。今删"胡虜"句；"北蕃"，熊、劉本仍原文，殿本改"蕃疆"。

【一三〇周《慕容彦超傳》】彦超即漢高祖之同産弟也，嘗冒姓閻氏，體黑麻面，故謂之閻崑崙。

《册府》八三五《醜陋門》，作"體黑胡面"。《歐史》作"黑色胡髯"。又安重榮小字鐵胡，名犯周世宗諱，周人稱爲"安鐵胡"。《册府》九五一《咎徵門》，載安重榮爲鎮州節度使，"清泰中，董溫琪爲鎮帥，於城門各鑄二鐵人，虬髯拱立，以抱其關，衆謂之鐵胡。重榮未舉兵前，束門忽隕一鐵人頭，不知其故，重榮心惡之"云云。此事亦載《歐史》，疑是《薛史》原文，被輯本刪去。附識於此。

【一三七《契丹傳》】十六日次於樂城縣殺虎林之側，時德光已得寒熱疾數日矣，命部人齎酒脯禱於得疾之地。

開運四年四月十六日也。熊、劉本"殺虎林"作"殺胡林"，"命部人"作"命胡人"。殿本改。《歐史》《通鑑》均作"殺胡林"。

忌夷狄第四

【卷八九晉《桑維翰傳》】維翰疏，國家若與契丹相持，則必屯兵邊上。少則懼強敵之衆，固須堅壁以自全；多則患飛輓之勞，必須逐寇而速返。

《册府》卷九九四《備禦門》，作"少則懼夷狄之衆"。今"夷狄"改"強敵"。

【八九晉《趙瑩傳》】瑩初被疾，遣人祈告于契丹主，願歸骨於南朝，使羈魂幸復鄉里。契丹主閔而許之。及卒，遣其子易從家人數輩護喪而還，仍遣大將送至京師。周太祖感歎久之。

《册府》九四○《患難門》，兩"契丹主"均作"虜主"；又作"太祖閔瑩死於異域，而知夷狄亦不能違物性，歸其喪柩，感歎久之"。今刪"夷狄"等三句。

【九五晉《吳巒傳》】及契丹還塞，彥殉出城迎謁，尋爲所擄。時巒在城中，謂其衆曰，豈有禮義之人而臣于異姓乎。

謂沙彥珣也。《册府》七一一四《武功門》，作"豈有禮義之人而臣於夷狄乎"。《通鑑》引《薛史》亦作"夷狄"。

【九八晉《安重榮傳》】重榮嘗與北來蕃使並轡而行，指飛鳥射之，應弦而落。由是名振北方。

《册府》八四六《善射門》，作"名振北狄"。

【一二〇《周恭帝紀》】顯德六年七月，尚輦奉御金彥英，本高麗人也，奉使高麗，稱臣于其王，故及于罪。

《册府》六六四《辱命門》，作"本東夷人，奉使高麗，稱臣于夷王"。熊、劉本仍原文；殿本改，有挖補痕。

【一二三周《安叔千傳》】契丹入汴，百僚迎見于赤岡，契丹主登高岡駐馬，而撫諭漢官。叔千出班獨立，契丹主曰，爾是安沒字否？俄授鎮國軍節度使。漢初遇代歸京，自以嘗附幕庭，居常愧惕。

《册府》九二三《不忠門》，"契丹入汴"，作"獫戎犯闕"；"契丹主"作"虜主"；"幕庭"作"虜庭"；"出班獨立"作"出班夷言"，熊、劉本改"出班效國語"，殿本改"出班獨立"，皆爲避"夷"字也。《歐史》仍作"出班夷言"，《通鑑》改"出班胡語"。

【一二五《馮暉傳》】及暉到鎮，大張宴席，酒肴豐備，部衆告醉。

《册府》三九七《懷撫門》，作“及暉到鎮，蕃部集慶，暉大張宴席”。今删“蕃部”句。又“部衆告醉”，原作“群夷告醉”，熊、劉本仍原文，殿本改。

【一三七《契丹傳》】左右咸勸武皇可乘閒擄之，武皇曰，逆賊未殄，不可失信于部落。

《册府》九八〇《通好門》，作“不可失信於夷狄”。《通鑑》同。

忌犬戎第五

【卷六《梁太祖紀》】乾化元年六月丁巳詔，密通人使，潛結沙陀。

《册府》卷二一五《招懷門》，作“潛結犬戎”。

【十《梁末帝紀》】龍德元年五月丙戌制，北有邊裔狡逞之師。

熊、劉本作“北有犬戎猾夏之師”，當是《大典》引《薛史》原文；殿本改，有挖補痕。此“犬戎”指沙陀。

【一三三《世襲·馬希範傳》注引《五代史補》云】丁思覲以希範受契丹册命，深恥之，因謂希範曰，今朝廷失守，正忠臣義士奮發之時，使馳檄四方，引軍直趨京師，誅仇敵，天子反正，然後凱還，則齊桓晋文不足數矣。

《五代史補三》原作“誅犬戎”，熊、劉本作“驅契丹", 蓋纂輯時改 "驅契丹", 付雕時又改 "誅仇敵"
也。此 "犬戎" 指契丹。"丁思僅",《歐史》作 "丁思
覬"。

《舊五代史》輯本發覆卷三

忌蕃忌酉第六

【卷二三梁《王景仁傳》】 時鎮定作逆，朋附
沙陀。

《册府》卷四四三《敗衄門》，作 "鎮州作逆，朋
附蕃醜"。熊、劉本仍原文，殿本改。

【五七唐《郭崇韜傳》】 新破汴寇，威振北地。

《册府》三〇九及三四七，兩《佐命門》均作 "威
振北蕃"。

【八五《晉少帝紀》末】 並令隨帳上陘，陘即契
丹避暑之地也。

熊、劉本作 "陘即蕃王避暑之地也"，殿本改。惟
卷七五《晉高祖紀》末，"何福輕騎求援北蕃，蕃主自
將諸部赴之"。"蕃" 字不盡避。

【一三四《僭僞·王延義傳》注引《五代史補》
徐寅事】 時梁祖與太原武皇爲讎敵，武皇眇一目，而又
出自沙陀部落，寅欲曲媚梁祖，故詞及之，云一眼匈
奴，望英威而膽落。

《五代史補二》原作 "一眼蕃人"。

【二九《唐莊宗紀》】天祐十九年正月，李嗣昭躍馬奮擊。敵衆大潰，俘斬數千，追擊至易州。

《册府》九八七《征討門》，作“賊騎大潰，俘斬數千人，獲其酋長數十，追擊至於易州”。今删“酋長”句。

【三二《唐莊宗紀》】同光二年九月庚戌，有司自契丹至者，言女真、回鶻、黃頭室韋合勢侵契丹。

《册府》九九五《交侵門》，作“有自契丹部降者上言”；又“合勢侵契丹”下，有“召北部酋長禦捍”句。今删。

【三五《唐明宗紀》】天祐十四年八月，因挺身入于敵陣，以北語論之曰，爾輩非吾敵，吾當與天皇較力耳。舞撾奮擊，萬衆披靡，俄挾其隊帥而還。

熊、劉本作“以邊語論之”，“隊帥”作“酋帥”。《册府》二十《功業門》亦作“酋帥”。殿本改。

【九十晋《趙在禮傳》】及契丹入汴，自鎮赴闕。時契丹首領奚王伊喇等在洛下，在禮望塵致敬，首領等倨受其禮，加之凌辱，邀索貨財，在禮不勝其憤。行至鄭州，泊于逆旅，聞同州劉繼勳爲契丹所鑠，大驚。

《册府》九五三《困辱門》，“入汴”作“亂華”，“伊喇”作“拽剌”，又作“蕃酋等倨受其禮，劉繼勳爲虜所鑠”。今改。

【九八晋《蕭翰傳》】蕭翰者，契丹諸部之長也。

熊本作“契丹諸部之酋長也”，殿本删“酋”字，劉本誤“奠長”。六六《安重誨傳》“其先本北部豪長”，《通

《鑑》貞明二年注引作“北部酋豪”。

忌僞忌賊第七

【卷八五《晋少帝紀》】皇子延煦、延寶自帳中迴，得敵詔慰撫，帝表謝之。又契丹主下詔，應晋朝臣寮，一切仍舊。

熊、劉本“敵詔”及“契丹主下詔”，均作“僞詔”，仍《大典》引《薛史》之文也。殿本增“契丹主”三字，而行款不變，此纂輯時所改者也。“僞賊”之忌，專指契丹，契丹以外之“僞賊”不避。

【九七《晋盧文進傳》】文進遂奔契丹，命爲幽州兵馬留後。

熊、劉本“命”上有“僞”字，殿本删。

【九八《晋張彦澤傳》】彦澤與閤門使高勳不協。

《册府》四四八《殘酷門》，“閤門使”上有“僞”字。熊、劉本仍原文，殿本删。

【九八《晋崔廷勳傳》】幼陷北庭，歷仕至雲州節度使，官至侍中。

兩“至”字義複。熊、劉本作“幼陷契丹，歷僞命雲州節度使，官至侍中”。

【九九《漢高祖紀》】天福十二年二月，契丹因授暉陝州兵馬留後，暉等不受命。三月，丹州都指揮使高彦殉殺契丹所命刺史，據城歸命。

謂趙暉也。熊、劉本作“暉等不受僞命，高彦珣殺僞命刺史”。殿本前句删“僞”字，後句改爲“契丹所命”。

【又】四月，契丹主先遣相州節度使高唐英率兵討之，未幾，契丹主至城下，是月四日攻拔之，遂屠其城。

謂相州城也。《册府》七五九《忠門》，作“虜主先遣僞命相州節度使高唐英率兵討之，未幾虜主至城下”。熊、劉本“僞命”仍原文，殿本删。而同卷之“僞制”“僞命”亦有未删者。

【一〇〇《漢高祖紀》】天福十二年五月，契丹所署汴州節度使蕭翰，迎郇國公李從益至東京，請從益知南朝軍國事。

《册府》八《創業門》，作“僞汴州節度使蕭翰”。

【一二五周《趙暉傳》】及聞漢祖建義于并門，乃與部將王晏、侯章，戮力叶謀。逐契丹所命官屬。

《册府》三六〇《立功門》、七六六《攀附門》，均作“戮契丹僞命官屬”。

【一二六周《馮道傳》】契丹先留道與李崧、和凝及文武官等在常山，是歲閏七月二十九日，契丹有詔追崧，令選朝士十人赴木葉山行事，北帥滿達勒召道等至帳所。

開運四年閏七月也。《册府》九四〇《患難門》，作“虜先留馮道”，又作“虜有僞詔追崧”，今删改。熊、劉本“僞”字不删。又“北帥滿達勒”，《册府》作“虜帥解里”。滿達勒本名“麻答”，解里例改“嘉哩”，今以“解里”爲“麻答”，蓋採《通鑑注》宋白之説也。

【一三七《契丹傳》】五日宣制，降晉少帝爲負義侯。二月朔日，德光服漢法服，坐崇元殿，受蕃漢朝賀，宣制大赦天下，改晉國爲大遼國。

開運四年正月五日也。熊、劉本兩"宣制"均作"僞制"。

【三五《唐明宗紀》】天祐十四年四月，帝謂諸將曰，敵騎以馬上爲生，不須營壘。

《册府》四五《謀略門》，作"賊騎以馬上爲生"。

【八二《晉少帝紀》】開運元年二月，先鋒指揮使石公霸與契丹過于戚城之北，爲契丹所圍。高行周、符彥卿方息于林下，聞賊至，駭愕，督軍而進。

《册府》一一八《親征門》、一三六《慰勞門》、三九六《勇敢門》，均作"石公霸遇賊數萬騎於戚城之北，爲賊所圍"。今"賊"均改"契丹"，而下文之"賊至，駭愕"，亦未盡改也。

【八三《晉少帝紀》】開運二年正月，杜威告事勢危急。帝曰，北敵未平，固難安寢，當悉衆一戰，以救朔方生靈。

熊本作"此賊未平"，劉本作"北賊未平"，殿本改"北敵"。

【又】開運二年三月，時敵將趙延壽部曲來降，言契丹主昨至古北口。庚申，敵騎如墻而來，我步軍爲方陣以禦之，選勁騎擊敵，鬭二十餘合，南行十餘里，賊勢稍却。

　　熊、劉本"敵將"作"賊將"，"敵騎"作"賊騎"，"擊敵"作"擊賊"。殿本改，而下文之"賊勢稍却"，亦未盡改也。

　　【八四《晋少帝紀》】開運三年九月，張彥澤奏，破蕃人于定州界，斬首二十餘級。

　　熊、劉本作"破蕃賊于定州界"。

　　【一二四周《史彥超傳》】會劉崇與契丹入寇，攻圍州城月餘。彥超與何徵協力固拒，累挫敵鋒。

　　《册府》三八七《褒異門》、四〇〇《固守門》，均作"累挫賊鋒"。熊、劉本仍原文，殿本改。又"何徵"，《册府》作"何徽"，今誤。卷一一三《周太祖紀》、一一四《周世宗紀》，均作"何徽"。

忌犯闕第八

　　【卷九三《晋趙熙傳》】及契丹入汴，遣使於晋州。

　　熊、劉本作"契丹犯闕，僞旨遣使於晋州"，仍《大典》引《薛史》之文也。殿本改"犯闕"爲"入汴"，並删"僞旨"二字。"犯闕"之忌止限於契丹，黃巢"犯闕"不避。卷八八晋《李彥韜傳》"契丹犯闕，遷少帝於開封府"，契丹"犯闕"亦未盡改。

　　【九四晋《潘環傳》】契丹入汴，署劉晞爲西京留守。

　　熊、劉本作"戎王犯闕，僞署劉晞爲西京留守"。殿本删"僞"字，行款不變，此纂輯時所删者也。"契丹”二字有挖補痕，此雕成後所改者也。

【九四晉《方太傳》、一二五周《高允權傳》】契
丹入汴。

熊、劉本均作“契丹犯闕”。

【九六晉《王瑜傳》】時契丹入中原前月餘。

熊、劉本作“時契丹來犯闕前月餘”，殿本改。按，
“來”疑當作“未”。

【九九《漢高祖紀》】天福十二年四月，會契丹
入汴，暉收集徒黨，先入磁州，無所侵犯。

謂梁暉也。《册府》七五九《忠門》，作“會契丹
犯闕”。

【一〇六漢《白再榮傳》】晉末契丹入汴，明年
契丹主北去，再榮從部帳至真定。其年閏七月晦，李
筠、何福晉相率殺北帥滿達勒，據甲仗庫。

開運四年閏七月也。《册府》四四六《觀望門》、
四五五《貪黷門》，均作“契丹犯闕，明年虜主北去，
再榮從虜帳至真定。其年閏七月晦，李筠、何福進相率
殺虜帥麻答”。今改。熊、劉本“犯闕”仍原文，“虜
帥”改“契丹帥”；“虜帳”，熊本删“虜”字，劉本改
“部帳”。

【一〇七漢《王章傳》】是時契丹去汴之後，國
家新造，物力未充。

《册府》三二九《任職門》、四八三《材略門》，均
作“契丹犯闕之後”。熊、劉本仍原文，殿本改。

【一一〇《周太祖紀》】開運末，契丹入汴，晉

帝北遷。

《册府》八《創業門》，作"契丹犯闕"。熊、劉本仍原文，殿本改。

【一一五《周世宗紀》】顯德二年五月，先是晉末契丹入晉，秦州節度使何建，以秦、成、階三州入蜀。

《册府》二十《功業門》、一二三《征討門》，均作"晉末契丹犯闕"。

忌漢第九

【卷一〇〇《漢高祖紀》】天福十二年閏七月，禁造契丹樣鞍轡器械服裝。

《册府》卷一六〇《革弊門》，作"天福十二年，左街將軍許敬遷奏，臣伏見天下鞍轡器械，並取契丹樣裝飾，以爲美好，安有中國之人反效戎虜之俗，請下明詔毀棄，須依漢境舊儀。勅曰，近年中華兆人浮薄，不依漢禮，却慕胡風，果致狂戎來侵諸夏，應有契丹樣鞍轡器械服裝等，並令逐處禁斷"。今删，因"漢境舊儀""漢禮"等字刺目也。不刺目之"漢"字，如"唐漢""蕃漢"，當然不避。

【一一〇《周太祖紀》】漢乾祐三年，集三軍將校諭之曰，予從微至著，輔佐國家，先皇登遐，親受顧託。

《册府》八《創業門》，作"予從微至著，披肝露膽，置立漢家宗社，先皇登遐，親受顧託"。今删"披肝露膽”二句，改爲“輔佐國家”，因“漢家宗社”四字刺目也。

【一二五周《王繼宏傳》】會契丹主死，漢祖趨洛，唐英遣使歸款，漢祖大悦。

謂高唐英也。《册府》九四三《不誼門》，作“會虜主死，唐英遣使歸漢”，今改。歸漢何以諱？乾隆三十二年五月初七日諭曰：據明瑞奏到李時升呈出永昌府檄緬甸文稿，中有數應歸漢一語，實屬舛謬。夫對遠人頌述朝廷，或稱天朝，或稱中國，乃一定之理。況我國家中外一統，即蠻荒亦無不知大清聲教，何忽撰此歸漢不經之語，妄行宣示，悖誕已極云云。歸漢之諱或以此。

【九八晋《張礪傳》】礪爲戎王翰林學士，開運末，與契丹居南松門之内。因密言曰，此人用法如此，豈能久處京師。

殿本無此文。熊、劉本引自《册府》七九六《先見門》，原作“與虜居南松門之内”；又作“此胡用法如此，豈能久處漢地”。熊、劉本不避“戎王”，然“漢地”二句，不敢不易。殿本全删去，劉本脱“門”字。

雜忌第十

敗衄　北朝　獫狁　引契丹　窮廬之長　腥膻　左袵　蕃寇　亂華　殊俗　戎虜盜國　湩酪賤類　編髮

【卷三九《唐明宗紀》】天成三年八月，幽州趙德鈞奏，于府西邀殺契丹敗黨數千人，生擒首領特哩袞及其屬凡五十餘人。是時官軍襲殺契丹，屬秋雨繼降，泥濘莫進，人饑馬乏，散投村落，所在村民持白挺毆殺之。脫者數十，餘無噍類。

《册府》卷四三五《獻捷門》、九八七《征討門》，"生擒首領惕隱等五十餘人下，有接殺皆盡，契丹強盛，僅三十年，雄據北戎，諸蕃鼠伏，屢爲邊患，漢兵常憚之"等七十餘字，今悉删去，不欲多言契丹敗衄也。

【七七《晋高祖紀》】天福三年十月，契丹命使以寶册上帝徽號。

《册府》十七《尊號門》，作"北朝命使以寶册上帝徽號"。據《通鑑考異》，此爲《薛史》因《晋高祖實録》之文。

【八十《晋高祖紀》】史臣曰，圖事之初，強鄰來援，契丹自兹而孔熾。

熊、劉本"強鄰來援"作"召戎爲援"，"契丹"作"獫狁"，仍《大典》引《薛史》之文也。殿本改。

【八九晋《馮玉傳》】張彦澤陷京城，軍士爭湊其第，家財巨萬，一夕罄空。翌日，玉假蓋而出，猶繞指以諂彦澤，且請引送玉璽于契丹主，將利其復用。

《册府》三三九《邪佞門》，作"張彦澤引契丹陷京城"，又作"送玉璽於虜主"。今删引"契丹"三字，改"虜主"爲"契丹主"。引"契丹"何以諱？與"召戎爲援"之諱同。

【九二晋《王權傳》】天福中命權使于契丹，權以前世累爲將相，未嘗有奉使而稱陪臣者，謂人曰：
"我雖不才，年已耄矣，豈能遠使于契丹乎？"

《册府》四六〇《正直門》、八七七《剛門》，均作
"未嘗有稱臣於戎虜者，豈能稽顙於窮廬之長乎"。《歐
史》作"安能稽穎於穹廬"。《通鑑》作"安能向穹廬
屈膝"。

【九五晋《沈贇傳》】贇登城呼曰，侍中父子誤
計，陷于契丹，忍以氈幕之衆，殘害父母之邦，不自羞
慙，反有德色。沈寶寧爲國家死，必不效汝所爲也。

侍中父子謂趙延壽。《册府》四二五《死事門》，
作"侍中父子誤計，陷於腥膻，忍以犬羊之衆，殘害父
母之邦"。《歐史》同。《通鑑》"腥膻"改"虜庭"。
"贇"，《册府》《歐史》《通鑑》皆作"斌"；卷三十三
《唐莊宗紀》，八十三《晋少帝紀》亦作"斌"。

【九六晋《王瑜傳》】父欽祚，刺舉義州。瑜歸
寧至郡，會契丹據有中夏，何建以秦州歸蜀，瑜説欽祚
曰，若不西走，當是契丹矣。

《册府》九四二《禍敗門》，作"會北戎盜據區
夏"，又作"若不西走，當爲左衽矣"。熊、劉本作
"當屬契丹"。

【一二四周《史彥超傳》】契丹營于忻代之間，
遙應賊勢。詔天雄軍節度使符彥卿率諸將屯忻州以拒
之。彥卿襲契丹于忻口，彥超以先鋒軍追蕃兵。

《册府》一四〇《旌表門》、四四四《陷没門》，
"蕃兵"均作"蕃寇"。熊、劉本仍原文，殿本改。

【一二五周《趙暉傳》】開運末，以部兵屯于陝，屬契丹入汴，慨然有憤激之意。

《册府》七六六《攀附門》，"契丹入汴"作"北戎亂華"。

【一二六周《馮道傳》】將達西樓，契丹主欲郊迎，其臣曰，天子無迎宰相之禮，因止焉。其名動遠俗也如此。

《册府》三二九《奉使門》，作"虜長欲自出迎道，虜之群僚曰"云云。今删改，"遠俗"作"殊俗"。熊、劉本仍原文，殿本改。

【一二七周《蘇禹珪傳》】開運末，契丹入汴，漢祖即位于晉陽。

《册府》三〇九《佐命門》，作"開運末，戎虜盜國"。

【一三七《契丹傳》】莊宗曰，今吾以數萬之衆，安集山東，王德明厮養小人，安巴堅生長邊地。

《册府》九八七《征討門》，作"張文禮厮僕小人，非吾所敵。阿保機渾酪賤類，唯利是求"。此段删改甚多，張文禮即王德明，"渾酪賤類"改"生長邊地"。

【又】同光中，安巴堅深著闘地之志，欲收兵大皋。

《册府》六六〇《敏辯門》，作"阿保機深貯亂華之志"。

【一三八《黑水靺鞨傳》】其俗尚質朴，性猛悍。

《册府》九五九《土風門》，作"俗皆編髮，性凶悍"。《五代會要》同。熊、劉本仍原文，殿本改。論曰："有清起自黑水，明季典籍，類多指斥之詞，館臣有所忌諱，宜也。五代去清八百年，其所謂虜，在梁則指沙陀，在唐晉漢周則指契丹，與清何涉，何所庸其忌諱。雍正十一年四月曾諭内閣曰：朕覽本朝人刊寫書籍，凡遇胡虜夷狄等字，每作空白，或改易形聲，如以夷爲彝，以虜爲鹵之類，殊不可解。揣其意蓋爲本朝忌諱，避之以明其敬慎。不知此固背理犯義不敬之甚者也。嗣後臨文作字，及刊刻書籍，如仍蹈前轍，將此等字空白及更換者，照大不敬律治罪。乾隆四十二年十一月諭旨略同。館臣自應遵守。今《薛史》輯本之改竄，更甚於空白改寫，其敬慎耶，其不敬之甚者耶！抑以爲空白改寫，終留痕跡，不若逕將史文刪改滅跡，可以免詔書之詰責耶！然亦安知後之人不能發其覆，豈非所謂欲蓋彌彰也。且輯佚之體，與撰述殊科。如李延壽之《南》《北史》，歐陽修之《新五代史》，自爲一書，則索虜島夷，隨意易之可也。今乃輯佚，何能輕易其詞？此義館臣豈不知，然而仍效昔人改竄中祕書之故智，欲以一手掩盡天下目者，其視清朝之心實與明季諸人無異也。不過一則陽斥之，一則陰指之而已。嗚呼！四庫館之開，清之據中國百三十年矣，士大夫之心理仍若此，此其故亦耐人尋思哉。"

附：《薛史》輯本避諱例

《薛史》輯本忌諱改竄，余已發其覆。輯本之避廟諱，亦有可得言者。大抵熊、劉本用缺筆法，殿本用改字法。易言之，即纂輯時用缺筆法，雕版時用改字法也。然熊、劉本亦有改字，殿本且有添改史文者，殊失輯佚之體。往余有《薛史》輯本避諱例，茲附刊如後。

【卷三《梁太祖紀》】開平元年四月，制東都宮殿門名額，正殿爲崇元殿，東殿爲元德殿。

《册府》卷一九六《建都門》，作“東殿爲玄德殿”。今三本皆作“元德殿”，熊、劉本並誤注《册府》卷一八六。

【七七《晋高祖紀》】天福三年十月，改東京諸門名額，北二門酸棗門、封邱門以元化、宣陽爲名。

《册府》十四《都邑門》，“元化”作“玄化”。熊、劉本仍原文，“玄”缺末筆。

【八〇《晋高祖紀》】天福七年閏三月，詔改鄴都北門爲元德門。

《册府》十四《都邑門》，“元德”作“玄德”。熊、劉本仍原文，殿本改，有挖補痕。

【三《梁太祖紀》】開平元年九月，浙西奏，道門威儀鄭章，宜賜號貞一大師，仍名元章。

《册府》一九四《崇釋老門》，作“仍名玄章”。今三本皆作“元章”。

【八九晋《趙瑩傳》】字元輝。

《册府》八九三《夢徵門》，作“字玄暉”。《歐傳》亦作“玄暉”。今三本皆作“元輝”。

【一四四《樂志》】天福四年十二月，禮官奏，正旦皇帝舉酒，請奏元同之樂。

《册府》五七〇《作樂門》，作"玄同之樂"。《五代會要》七同。今三本皆作"元同"，是熊、劉本亦有改字也。

右（以上）"玄"改"元"。

【三《梁太祖紀》】開平元年四月令，庶順昊穹之意。

《册府》一八二《名諱門》，作"庶順玄穹之意"。熊本仍原文，劉本、殿本改"昊穹"，熊、劉本並誤注《册府》卷二八二。

【三八《唐明宗紀》】天成二年正月制，荷上穹之睠祐。

《册府》三《名諱門》，作"荷玄穹之睠佑"。熊、劉本仍原文。

右（以上）"玄穹"改"昊穹"或"上穹"。

【三十《唐莊宗紀》】同光元年十二月，亳州太清宮道士上言，聖祖殿前古檜，萎瘁已久，再生一枝。又一四一《五行志》"太清宮道士上言，聖祖殿前枯檜，年久再生一枝"。

《册府》二五《符瑞門》，作"太清宮道士奏，聖祖玄元皇帝殿前枯檜再生枝"。《五代會要》十二同。熊、劉本《莊宗紀》仍原文，《五行志》刪"聖祖"二字。殿本《紀》《志》均刪"玄元皇帝"四字，遂改"枯檜"爲"古檜"，並添"萎瘁已久"及"年久"等字以足之，而不知其詞費也。

【三九《唐明宗紀》】天成三年正月，舊制遇二月十五日爲聖祖降聖節，應休假三日。

《册府》五四《尚黄老門》，作“二月十五日玄元皇帝降聖節，休假三日”。《五代會要》十二同。熊、劉本仍原文，殿本“玄元皇帝”改“聖祖”，遂添“爲”字、“應”字以足之，而不知詞與義俱失也。

【一四二《禮志》】天成二年詔，至若聖祖老君，事隔千祀。

《册府》三一《奉先門》注，作“至若玄元皇帝，事隔千祀”。熊、劉本仍原文。

右（以上）“玄元皇帝”改“聖祖”。

【二七《唐莊宗紀》】龍紀元年，從武皇校獵于三垂岡，岡上有明皇原廟在焉。

《册府》一四八《知子門》，作“玄宗原廟在焉”。熊、劉本仍原文。

【七七《晋高祖紀》】天福三年二月，中書上言，唐太宗二名並諱，明皇二名亦同。

《册府》三一《奉先門》，“明皇”作“玄宗”。熊、劉本仍原文。

【一三四《僭僞·李昇傳》】昇自云唐明皇第六子永王璘之裔，唐天寶末，安禄山連陷兩京，明皇幸蜀。

《册府》二一九《姓系門》，“明皇”均作“玄宗”。熊、劉本仍原文。

右（以上）“玄宗”改“明皇”。

【一四二《禮志》】晋天福二年二月，太常博士段頭等議廟制，凡數引鄭氏注。

《册府》五九四《奏議門》，均作"鄭玄注"。熊、劉本仍原文。

【一〇五漢《湘陰公贊傳》】有鳥紺趾黑尾。

《册府》九五一《咎徵門》，作"紺趾玄尾"。熊、劉本仍原文，殿本改，有挖補痕。

【一四四《樂志》】一曰金錞，以和鼓，銅鑄爲之，其色黑。

《册府》五七〇《作樂門》，作"其色玄"。熊、劉本仍原文，殿本改，有挖補痕。

右（以上）"鄭玄"改"鄭氏"，"玄色"改"黑色"。

【七七《晋高祖紀》天福三年七月注，引《五代會要》】唐貞觀十六年，太宗文皇帝所刻之璽，白玉爲螭首。

《五代會要》十三作"刻之玄璽"。今删"玄"字，添"所"字。劉本同，熊本無此注。《册府》六一《立制度門》，作"太宗刻受命玄璽"。

【十五梁《馮行襲傳》】刺史吕煜。

《册府》八七九《計策門》，作"刺史吕烽"。《歐史·行襲傳》亦作"吕燁"。熊本作"曄"缺末筆，劉本與殿本改"吕煜"。

右（以上）删"玄"字，"燁"改"煜"。

【一《梁太祖紀》】唐大順元年九月，帝廷責諸將敗軍之罪，斬李讜、李重允以徇。

《册府》二八七《勳業門》，作“李重裔”。熊、劉本作“李重胤”，“胤”缺末筆。

【十九梁《李重允傳》】

《册府》三六〇《立功門》、三八六《褒異門》、四三九《違命門》，均作“李重裔”。熊、劉本作“李重胤”。熊本注云“重胤原本作重裔”，蓋《薛史》沿避諱舊例，今改畫一；劉本注同，脫“胤”字。

【五八唐《趙光允傳》】

《册府》七八三《兄弟齊名門》、九〇九《憂懼門》，均作“趙光裔”。熊、劉本作“趙光胤”，注云，《薛史》原本避宋諱，稱“光胤”爲“光裔”，今改正。

右（以上）“裔”，熊、劉本回改“胤”，殿本改“允”。

【四八《唐末帝紀》】清泰三年三月，以翰林學士禮部侍郎馬裔孫爲中書侍郎，同平章事。

《册府》七四《命相門》，作“馬胤孫”。《歐紀》亦作“馬胤孫”。今三本皆作“馬裔孫”。

【一二七周《馬裔孫傳》】

《歐傳》作“馬胤孫”。《册府》三三五《不稱門》、八二一《崇釋教門》、八九三《夢徵門》、九三九《譏誚門》，均作“馬胤孫”；三三六《識闇門》、八四一《文章門》，作“馬裔孫”。今三本亦作“馬裔孫”。

【一二九周《王重裔傳》】

《册府》三七四《忠門》，作“王重裔”；三八七

《襃異門》，作"王重胤"。今三本亦作"王重裔"。不知其本名作"胤"耶？卷七六《晉紀》"馬允孫釋放"，七八《晉紀》"馬允孫致仕"，一一一《周紀》"王重允卒"，殿本何爲作"允"？以不回改爲是耶，李重胤、趙光胤二傳，又何爲回改？甚矣畫一之難也。

右（以上）"裔"未回改"胤"，亦未改"允"。

【一一四《周世宗紀》】顯德元年三月，以鐵騎第一軍都指揮使趙宏殷爲龍捷右廂都指揮使。

《册府》二一八《明賞門》，"趙"下注宣祖廟諱。《殿本考證》亦云"原本注宣祖廟諱四字"，今據《宋史》改作"宏殷"。熊、劉本案語同，但"宏"作"弘"，缺末筆。

【六《梁太祖紀》】乾化元年十二月，又命將作少監姜宏道爲朗州旌節官使副。

《册府》四一三《命使門》，作"姜弘道"。今三本皆作"宏道"。

【九二晉《姚顗傳》】祖宏慶，蘇州刺史。

《册府》八五三《姻好門》，作"祖弘度"。"慶""度"未知孰是，然原本必作"弘"。今三本皆作"宏"，是熊、劉本亦有改字也。

右（以上）"弘"改"宏"。

【一二四周《史懿傳》】本名犯太祖廟諱，故改焉。

《册府》八二五《名字門》與此同。劉本與《殿本考證》云："案本名二句，疑爲後人竄入，考懿名匡懿，避宋太祖御名，故去匡字；《薛史》成于開寶六年，不應豫稱爲太祖，或係宋人讀是書者附注于後，遂混入正文也。"熊本籤注同，並云"無別本可考，姑存其舊"云云。館臣誤認周太祖爲宋太祖也。懿本名威，此蓋《薛史》仍《周實録》之文。卷八三《晋紀》開運元年十一月，"以澶州節度使史威爲貝州節度使"。八四《晋紀》開運三年正月，"以前貝州節度使史威爲涇州節度使"。一〇〇《漢紀》天福十二年七月，"涇州節度使史威加檢校太尉"。一一四《周紀》顯德元年三月，"前涇州節度使史匡懿卒"。避周諱改"匡懿"，《薛史》又避宋諱。空"匡"字。館臣知其一不知其二，遂疑爲宋人讀是書者附注，又謂無別本可考，而不知《册府》引有此文也。

【一二九周《曹英傳》】舊名犯今上御名，故改焉。

《册府》八二五《名字門》，亦作"舊名犯太祖廟諱"。英亦本名威也。熊、劉本仍原文，歐本改爲"犯今上御名"。館臣蓋始終知宋有太祖，而忘周亦有太祖也。本傳屢言太祖，皆謂郭威，此《薛史》仍《周實録》之文，何得改爲"今上"？並正其誤於此。《通鑑》顯德元年注引《薛史》，曹威爲奉國軍主，即此人。

右（以上）誤解、誤改前代諱。

《舊五代史》輯本引書卷數多誤例[1]

　　四庫全書本《舊五代史》，號稱從《永樂大典》諸書輯出，初次定稿每條均注有所引《永樂大典》及《册府元龜》卷數，後來定本及武英殿刻本所引《大典》《册府》書名卷數盡行删去，讀者以爲憾，不知辦書者當時實有隱衷也。隱衷爲何？即所注引書卷數多誤，而《四庫》成書，期限迫促，無法覆檢，索性盡删之也。

　　近年熊氏羅宿、劉氏嘉業堂先後將《舊五代史》輯本初次定稿印出，涵芬樓百衲本《廿四史》復用劉本影印，此三本均注有引書卷數，《大典》八百十六條，《册府》三百條，學者善之。今《永樂大典》原書不全，而《目録》六十卷尚有連筠簃刻本；又《册府元龜》全書具在，試將熊、劉兩本所注引書卷數細爲覆靃，錯誤者竟達十之一二，開卷第一條引《大典》即誤：

　　卷一《梁太祖紀》本名溫條，引《大典》八六八七，據《大典目録》係騰字及滕字韻，與名溫何涉。

又卷一誕孩條，引《大典》一六〇一九，係旱字韻，與孩何涉。

又卷一星隕條，引《大典》三二七一，係軍字韻，與星何涉。

又卷一飛矢條，引《大典》二〇七一二，係易字韻，與矢何涉。

以上皆在第一卷，知其所引卷數有誤，而一時不知爲何誤者。有知其誤而並知爲何誤，可以改正者：

卷四《梁太祖紀》，四次引《大典》二六三〇，據目録係萊字韻，誤。應作二六三一，災字韻。

又卷四燃燈條，引《大典》六六六六，係江字韻，誤。應作八六六六，燈字韻。

又卷四昇壇條，引《大典》四三七六，係檀字韻，誤。應作四三七五，壇字韻。

又卷四奔鳳翔條，引《大典》三五一三，係坤字韻，誤。應作三五一六，奔字韻。

又卷五祠嵩岳條，卷六分禱靈跡條，均引《大典》一五二一，係齊字韻，誤。應作二五二一，齋字韻。

《大典》五代漢高祖事跡有五卷，從一六一九八至一六二零二，大抵採自《舊五代史》。今輯本《漢高祖紀》併作二卷，自九九至一百，三次注出處，皆引《大典》一六〇九八。據《大典目録》一六〇九八係漢字韻漢宣帝事跡，與五代漢高祖何涉，亦可見當日館臣之粗略也。

《大典》凡二萬二千八百餘卷，書型特大，覆檢一次誠不易。《册府》不過千卷，且有刻本，覆檢不算甚難，但今輯本所注《册府》卷數亦多錯誤：

卷三《梁太祖紀》避諱條，引《册府》二八二，係《承襲門》，誤。應作一八二，《名諱門》。

又卷三制定殿門條，引《册府》一八六，係《勳業門》，誤。應作一九六，《建都門》。

又卷三搜訪賢良條，引《册府》二一〇，係《旌表》等門，誤。應作二一三，《求賢門》。

又卷三詔書給復賦租條，引《册府》一九四，係《崇儒》等門，誤。應作一九五，《恤征役門》。

《册府》以朱梁爲閏位，《閏位部》自一八二卷起，凡一八二卷以前，皆屬《帝王部》，與梁無涉，今輯本《梁本紀》引《册府》有在一八二卷之前者，如：

卷三《梁太祖紀》進百官衣條，引《册府》一六七，乃《帝王部·招懷門》，誤。應作一九七，《閏位部·納貢獻門》。

又卷三高季昌進瑞橘條，引《册府》一六九，乃《帝王部·納貢獻門》，誤。應作一九七，《閏位部·納貢獻門》。

又卷三赦逃亡條，引《册府》九五，乃《帝王部·赦宥門》，誤。應作一九五，《閏位部·仁愛門》。

又卷三廣南管內獲白鹿條，引《册府》一六九，乃《帝王部·納貢獻門》，誤。應作二〇二，《閏位部·祥瑞門》。

　　凡此皆可以常識斷其誤，而並知爲何誤者也。而當時輯書諸臣全不注意及此，迨至發見錯誤時，又未能一一覆覈，乃盡舉而刪之，所謂因噎廢食也。以上緒論，以下分六例説明之。

一　引《大典》卷數誤例

　　輯本引《大典》卷數誤而又知爲何誤者，除上述各條外，尚有下列諸條。

　　卷一七《成汭傳》，巨蛇繞身條，引《大典》五九四〇，係車字韻，誤。應作五九五〇，蛇字韻。

　　卷二〇《寇彦卿傳》，兩次引《大典》一九三〇，係寇字韻，《莊子·列禦寇》篇，誤。應作一九三三一，寇字韻，姓氏。

　　卷二五《唐武皇紀》，引《大典》一八一五五，係將字韻，宋將，誤。應作一八一二五，將字韻，唐將。

　　卷四六《唐末帝紀》，引《大典》一七七四，係書字韻，誤。應作七一七四，唐字韻，唐廢帝。

　　卷四九《夏皇后傳》，引《大典》一三五五二，《曹皇后魏皇后孔皇后傳》，引《大典》一三五五五，均係制字韻，誤。應作一三三五二，謚字韻，皇后謚。

　　卷五五《康君立傳》，引《大典》一八一一八，係將字韻，唐將，誤。應作一八一二八，將字韻，後唐將。

　　卷五九《丁會傳》，引《大典》一八一八九，係將字韻，元將，誤。應作一八一二九，將字韻，後唐將。

卷六五《李建及石君立高行珪傳》，卷六六《康義誠傳》，均引《大典》一八〇二九，係將字韻，鄭衛燕楚將，誤。應作一八一二九，後唐將。

卷六八《封舜卿傳》，請御前香條，引《大典》六〇三四，係陽字韻，誤。應作六六三四，香字韻。

卷七〇《元行欽姚洪傳》，均引《大典》一八一八九，係將字韻，元將，誤。應作一八一二九，後唐將。

卷八八《李從璋傳》，引《大典》一八一二〇，係將字韻，唐將，誤。應作一八一三〇，後晉將。

卷八九《殷鵬傳》，引《大典》二二〇六，係盧字韻，誤。應作三二〇六，殷字韻。

卷九〇《安重阮傳》，引《大典》一八三三一，係葬字韻，誤。應作一八一三一，將字韻，後晉將。

卷九四《祕瓊傳》，引《大典》一二八六六，係宋字韻，誤。應作一三八六六，祕字韻。

卷九五《皇甫遇傳》，引《大典》一八〇三一，係將字韻，吳越魏趙將，誤。應作一八一三一，後晉將。

卷九五《翟璋傳》，引《大典》二二三四〇，係責字韻，誤。應作二二二四〇，翟字韻。

卷九八《安徒進傳》，空名宣勅條，引《大典》二〇四七〇，係尺字韻，誤。應作二〇四七五，勅字韻。

卷九九、卷一〇〇《漢高祖紀》，三次引《大典》一六〇九八，係漢字韻，漢宣帝，誤。應作一六一九八，五代漢高祖。

卷一二三《安審暉安審信安叔千傳》，均引《大典》一八一四四，係將字韻，宋將，誤。應作一八一三二，後周將。

卷一二六《馮道傳》，三次引《大典》一七九三〇，係相字韻，宋相，誤。應作一七九一〇，五代相。

卷一二七《和凝傳》，引《大典》五七一〇，係渦字韻，誤。應作五七一八，和字韻。

卷一二八《王朴傳》，引《大典》一八一二三，係將字韻，唐將，誤。應作一八一三二，後周將。

卷一二八《司徒詡傳》，引《大典》二一二八，係夒字韻，誤。應作二一六八，徒字韻，司徒。

卷一三七《契丹傳》，引《大典》四五五八，係天字韻，誤。應作四三五八，丹字韻，契丹。

二　引《册府》卷數誤例

輯本引《册府》卷數誤，而又知爲何誤可以改正者，除緒論所述各條外，亦尚有下列諸條，惟輯本自《梁書太祖紀》後，引《册府》者無幾，未能盡《册府》之用也。

卷四《梁太祖紀》，帝御金祥殿條，引《册府》一九〇，係《姿表》等門，誤。應作一九七，《朝會》及《納貢獻門》。

卷四李崇封萊國公條及立二王三恪條，均引《册府》二一二，係《招諫》等門，誤。應作二一一，《繼絕門》。

卷四詔裴迪復爲右僕射條，卷五念王重榮舊功下詔褒獎條，亦引《冊府》二一二，《詔諫》等門，誤，應作二一一，《求舊門》。

卷四李存勗誘結北蕃條，引《冊府》一一七，係《親征門》，誤。應作二一七，《交侵門》。

卷四賜僧法通等紫衣條，亦引《冊府》一一七，《親征門》，誤。應作一九四，《崇釋老門》。

卷四以繁臺爲講武臺條，引《冊府》一九五，係《惠民》等門，誤。應作一九六，《建都門》。

卷四獵畋於含耀門外條，引《冊府》二〇九，係《欽□》等門，誤。應作二〇五，《畋遊門》。

卷四車駕發西都及駕巡朝邑條，均引《冊府》二〇二，係《祥瑞門》，誤。應作二〇五，《巡幸門》。

卷五《梁太祖紀》，勅改乾文院爲文思院條，引《冊府》一九九，係《命相》等門，誤。應作一九六，《建都門》。

卷五帝御朝元殿條，引《冊府》二〇五，係《巡幸》等門，誤。應作一九七，《朝會門》。

卷五追贈常參官先世條，引《冊府》二五〇，係《攻伐門》，誤。應作二一〇，《延賞門》。

卷五衡王友諒進瑞麥條，引《冊府》二二〇，係《形貌》等門，誤。應作二〇二，《祥瑞門》。

卷五禁造假犀玉真珠條，引《冊府》一九七，係《朝會》等門，誤。應作一九一，《政令門》。

卷六《梁太祖紀》，帝御朝元殿及畋於伊水條，引《冊府》一七九，係《姑息門》，誤。應作一九七，《朝會門》，及二〇五，《畋遊門》。

卷六至榆林觀稼條，引《冊府》二二〇，係《形貌》等門，誤。應作二〇五，《巡幸門》。

卷七《梁太祖紀》，丁亥復至貝州條，引《冊府》二〇二，係《祥瑞門》，誤。應作二〇五，《巡幸門》。

卷七辛未宴於食殿條，引《冊府》一七九，係《姑息門》，誤。應作一九七，《宴會門》。

卷七制加博王友文爲特進檢校太保條，引《冊府》二六六，係《儀貌》等門，誤。應作二六九，《委任門》。

卷五一《李存乂傳》，歷鄜州刺史條，引《冊府》二〇五，係《巡幸》《畋遊》等門，誤。應作二八一，《領鎮門》，歷鄜州節度使。

卷五一《李重吉傳》，詔贈太尉條，引《冊府》二七五，《褒寵門》，誤。應作二七七，《褒寵門》。

卷一三一《扈載傳》，文價爲一時之冠條，引《冊府》八四二，係《知人門》，誤。應作八四一，《文章門》。

又《扈載傳》附劉袞年二十八而卒條，引《冊府》九三〇，係《傲慢》《不恭》等門，誤。應作九三一，《短命門》。

卷一三四《王延鈞傳》，仍稱藩於朝廷條，引《冊府》二二二，係《勳伐門》，誤。應作二三二，《稱藩門》。

卷一三六《王建傳》，改元天漢又改元光天，子衍嗣條，引《册府》一一九，係《選將門》，誤。應作二一九，《姓系》及《年號門》。

卷一三六《孟知祥傳》，應順元年稱帝，改元明德條，引《册府》二二九，係《求納》《聽諫》等門，誤。應作二一九，《姓系》及《年號門》。

三 引《大典》卷數誤不知爲何誤例

輯本引《大典》卷數有知其誤而不知爲何誤者，緒論已言之，此等錯誤，多在《大典》各韻姓氏之中，但《大典》姓氏每占數卷或數十卷，僅據《目録》未見原書不能確定其在何卷也。

卷一三《蔣殷傳》，引《大典》一〇八三一，據《目録》係補字韻，誤。或應作一一八三一，蔣字韻。但《大典》蔣字韻姓氏有六卷，自一一八三〇至一一八三五，不知在何卷。

卷二四《杜荀鶴傳》，引《大典》一五七三〇，係論字韻，誤。或應作一四七三〇，杜字韻。但《大典》杜字韻姓氏有九卷，自一四七二五至一四七三三，不知在何卷。

卷五六《周德威傳》，引《大典》九九九七，係占字韻，誤。或應作八九九七，周字韻。但《大典》周字韻姓氏有廿七卷，自八九九〇至九〇一六，不知在何卷。

卷五八《趙光逢傳》，引《大典》一八九九一，係令字韻，誤。或應作一六九九一，趙字韻。但《大典》趙字韻姓氏有四十卷，自一六九八五至一七〇二四，不知在何卷。

卷五九《王瓚傳》，引《大典》六六八〇，係江字韻，鎮江府，誤。或應作六八六〇，王字韻。但《大典》王字韻姓氏有一〇二卷，自六八一六至六九一七，不知在何卷。

卷九一《王建立傳》，引《大典》六五三〇，係長字韻，誤。或應作六八八〇，王字韻。

卷九五《王清傳》，引《大典》六三五一，係張字韻，誤。或應作六八五一，王字韻。

卷五九《張溫傳》，引《大典》六六六〇，係江字韻，詩文，誤。或應作六三六〇，張字韻。但《大典》張字韻姓氏有六十五卷，自六三三一至六三九五，不知在何卷。

卷六五《張廷裕傳》，卷一二九《張彥超傳》，均引《大典》五三六〇，係朝字韻，誤。或應作六三六〇，張字韻。

卷七〇《張敬達傳》，引《大典》六六五一，係江字韻，江名，誤。或應作六三五一，張字韻。

卷六九《孫岳傳》，引《大典》三五九一，係榛字韻，誤。或應作三五七一，孫字韻。但《大典》孫字韻姓氏有廿五卷，自三五五四至三五七八，不知在何卷。

卷七四《楊彥溫傳》，兩引《大典》六三五一，係張字韻，誤。或應作六〇五一，楊字韻。但《大典》楊字韻姓氏有廿九卷，自六〇四一至六〇六九，不知在何卷。

卷九〇《李承約李德琬傳》，均引《大典》二〇四二〇，係稷字韻，誤。或應作一〇四二〇，李字韻。但《大典》李字韻姓氏有九十卷，自一〇三五六至一〇四四五，不知在何卷。

卷九四《李瓊傳》，引《大典》一〇三四〇，係里字韻，誤。或應作一〇三九〇，李字韻。

卷九二《吳承範傳》，引《大典》三三二一，係春字韻，誤。或應作二三二一，吳字韻。但《大典》吳字韻姓氏有十八卷，自二三一九至二三三六，不知在何卷。

卷九四《劉處讓傳》，引《大典》九九〇九，係嚴字韻，誤。或應作九〇九九，劉字韻。但《大典》劉字韻姓氏有五十九卷，自九〇七三至九一三一，不知在何卷。

卷一二八《段希堯傳》，引《大典》一六三一〇，係判字韻，誤。或應作一六三七〇，段字韻。但《大典》段字韻姓氏有三卷，自一六三六九至一六三七一，不知在何卷。

卷一三八《占城傳》，引《大典》八四三九，係平字韻，太平府，誤。據《目録》八一一六城字韻，有占城國。

卷一四七《刑法志》，引《大典》八二九〇，係兵字韻，元兵，誤。據《目錄》七七六七刑字韻，有五代刑。

四 熊、劉兩本異而皆誤例

熊、劉兩本，均抄自輯本初次定稿，而兩本所注《大典》卷數，時有異同。有熊、劉兩本異而皆誤者：

卷二《梁太祖紀》，帝夢白龍條，熊本引《大典》一五二○七，係歲字韻，誤。劉本作一五二七○，係尉字韻，太尉，亦誤。

卷五九《李紹文傳》，熊本引《大典》一○一八九，係史字韻，誤。劉本作一○一九八，係齒字韻，亦誤。

卷六一《孫璋傳》，熊本兩次引《大典》三四六一，係渾字韻，誤。劉本作三萬四千四百六十三，萬字衍，三四六三係溫字韻，誤；又一次作三四六二，係昆字韻，亦誤。

卷九一《張從訓傳》，熊本引《大典》五三六○，係朝字韻，誤。劉本作五三七○，堯字韻，亦誤。

卷九六《孟承誨傳》，熊本引《大典》一一一一三，係水字韻，劉本作一一一一二，亦水字韻，均與孟無涉。

卷一二七《蘇禹珪傳》，熊本引《大典》三三九二，係文字韻，誤。劉本作三三九三，文字韻，亦誤。

卷一三八《牂柯蠻傳》，熊本引《大典》五一五○，係元字韻，改元。劉本作五一○五，係專字韻，均與牂柯無涉。

五　熊、劉兩本異不知誰誤例

又有熊、劉兩本異而不知其孰誤者，熊本係用原抄本影印，劉本則由抄本重寫一次付刻，在未得《大典》原書對勘前，吾人寧信熊本所引爲少誤也。

卷一八《李振傳》，熊本引《大典》一〇三八六，係李字韻，劉本作一〇三八〇，亦李字韻，未知孰誤。

卷二一《李唐賓傳》，熊本引《大典》一〇三八八，係李字韻，劉本作一〇三六〇，亦李字韻，未知孰誤。

卷六七《李愚傳》，熊本引《大典》一〇三八九，係李字韻；劉本作一〇三九八，亦李字韻，未知孰誤。

卷六九《胡裝傳》，熊本引《大典》二二四二，係胡字韻；劉本作二二四三，亦胡字韻，未知孰誤。

卷一三四《李昇傳》，熊本引《大典》一〇三九一，係李字韻；劉本作一〇三九〇，亦李字韻，未知孰誤。

六　熊本不誤劉本誤例

應有熊本誤而劉本不誤者，但尚未發見。至於熊本不誤而劉本誤者，其數不少，此則後來刻書者之責，而非當日輯書諸臣之責也。

卷四《梁太祖紀》，白龍見條，熊本引《大典》五二〇，係龍字韻。劉本作五六〇，係庸字韻，中庸，誤。

卷七《梁太祖紀》，告諭百姓備淫雨條，熊本引《大典》二六三二，係災字韻，弭災。劉本作一六三二，係虞字韻，姓氏，誤。

又卷七帝泛九曲池條，熊本引《大典》一〇五二，係池字韻，池名。劉本作一五〇二，係圻字、崎字韻，誤。

卷一五《馮行襲傳》，熊本引《大典》四〇三，係馮字韻。劉本誤作四萬三。

卷一五《孫德昭傳》，熊本引《大典》一八一二六，係將字韻，後梁將。劉本作一八一四六，係將字韻，宋將，誤。

卷一七《成汭傳》，勤於惠養條，熊本引《大典》一一八二七，係養字韻。劉本作一一八一七，係若字韻，誤。又汭赧然而屈條，熊本引《大典》二一一二八，係屈字韻，劉本二萬誤作云萬。

卷一九《朱友恭傳》，熊本引《大典》二〇三一，係朱字韻。劉本誤作二十三十一。

卷二四《張儇傳》，熊本引《大典》六三五〇，係張字韻。劉本作六三二〇，係漳字韻，誤。

卷五〇《李嗣肱傳》，熊本引《大典》一八一二八，係將字韻，後唐將。劉本作一八一二六，係將字韻，後梁將，誤。

卷五三《李漢韶傳》，熊本引《大典》一八一二八，係將字韻，後唐將。劉本作一八〇二八，係將字韻，列國晋將，誤。

卷五六《符存審傳》，熊本引《大典》一八一二八，係將字韻，後唐將。劉本作一八二一八，係象字韻，誤。

卷六七《豆盧革傳》，熊本引《大典》二二一四，係盧字韻，姓氏。劉本作三二一四，係雲字韻，誤。

卷七一《藥縱之傳》，熊本引《大典》二一六一七，係藥字韻，姓氏。劉本作二一六七〇，係樂字韻，晋樂，誤。

卷七三《李鄴傳》，熊本兩次引《大典》一〇三八九，係李字韻。劉本删第二次。

卷七七《晋高祖紀》，熊本引《大典》一五六四三，係晋字韻，五代後晋高祖。劉本作一五六四二，係晋字韻，東晋總論，誤。

卷一〇七《閻晋卿傳》，熊本引《大典》一八一三二，係將字韻，五代後漢將。劉本作一八一三一，係將字韻，五代後晋將，誤。

卷一二七《景範傳》，熊本引《大典》一七九一一，係相字韻，後周相。劉本作一七九一〇，係相字韻，後梁相，誤。

卷一二八《楊凝式傳》，熊本引《大典》六〇五二，係楊字韻。劉本作六五一二，係莊字韻，誤。

卷一二九《趙鳳傳》，熊本引《大典》一六九九一，係趙字韻。劉本作一五九九一，係韻字韻，詩，誤。

卷一三二《李彝興傳》，熊本引《大典》一八一三三，係將字韻，後周將。劉本作一八一三○，係將字韻，後唐將，誤。

卷一四五《樂志》，熊本引《大典》二一六七八，係樂字韻，五代樂。劉本缺出處。

又卷三《梁太祖紀》，宰臣請每月初入閤條，熊本引《册府》一九七，係《朝會門》。劉本作一七九，係《姑息門》，誤。

卷一二《朱全昱傳》，授宋州節度使條，熊本引《册府》二八一，係《領鎮門》。劉本作二七七，係《褒寵門》，誤。

卷一二《朱友文傳》，嗜酒怠於爲政條，熊本引《册府》二九八，係《躭溺門》。劉本作二九六，係《追封門》，誤。

卷五一《李從榮傳》，充天下兵馬大元帥條，熊本引《册府》二九六，係《將兵門》。劉本作二九九，係《專恣》等門，誤。

卷七一《馬縞傳》，于事多遺忘條，熊本引《册府》九五四，係《寡學門》。劉本作九五五十四，誤。

卷一三四《王審知傳》末，《王延鈞附傳》前，熊本仍重注一次《册府》二一九，《姓系門》，劉本删之。

書經三寫，烏焉成馬，劉本引書卷數之錯誤，比熊本特多，本無足怪，惟吾人今日之所以能校出者，亦因其注有出處，倘並此而無之，則吾人又何由知其誤，故與其去之，毋寧留之。當時參預輯書者有彭元瑞，彭元瑞《知聖道齋讀書跋》云"《永樂大典》散篇輯成之書，以《舊五代史》爲最，以其注明《大典》卷數及採補書名卷數，不没其實也。後武英殿鑴本盡删之，曾屢爭之，總裁不見聽"云云，總裁蓋懼主者發其覆耳，然留之終勝於去之也。

標點《五代史》問題[1]

[1]此文初作於 1960 年 9 月，曾四易其稿，於 1963 年 11 月交中華書局編輯部。

《舊五代史》輯本，今通行者有三種本子：一、武英殿本；二、熊氏羅宿影印本；三、劉氏嘉業堂刻本。熊本及劉刻底本爲初次定稿，殿本爲後來定稿。劉本雕板時又曾照殿本增補。三種本子之中，標點應用何種本子，有下列諸問題。

一　引書卷數問題

《舊五代史》輯本每條原引《永樂大典》及《册府元龜》卷數，殿本雕板時因其多誤而盡去之，讀者以爲撼。今熊、劉本引書卷數具在，但劉本比熊本多誤，故標點本引書卷數應依據熊本，明知其誤者改之，知其誤不知爲何誤者仍之。

二　附注問題

《舊五代史》輯本注有兩種：一、初次定稿之注，即熊、劉本注；二、後來定稿之注，即殿本注。此種注皆係修書時諸臣案語，或因字句異同，或因事有詳略，引他書作注。

熊本及劉刻底本之注多被殿本删去，如一卷熊、劉本有注四十餘段，殿本只删存二段。

又殿本注有爲熊本及劉刻底本所無者，劉本雕板時已照殿本補入，如二卷殿本有注四段爲熊本所無，劉本則已由殿本補入。間有漏者，亦在卷末補遺，如四卷末《五代會要》一條是，故三本之中，劉本注較備。

三　卷末考證問題

殿本《舊五代史》，每卷末均有考證若干條，此種考證，亦係修書時諸臣案語。

熊本每卷有浮籤案語，無考證，殿本爲與各史體例一律，在案語中抽出一部分作爲考證。

劉刻底本亦無考證，雕板時乃將殿本考證照抄一通，附刻各卷之末，其中多與注重出未及删芟，如一卷庚午、朱瑄等條是，標點本應將與注重出之考證清除之。或留考證删注，如八九卷《劉昫傳》及九七卷胡漢筠等條是。至於考證與注互有詳略不便删併者，應仍其舊，如八六卷《晋后妃傳》是。

四　劉本多誤問題

劉本注雖較備，但錯誤特多，如：

八二卷《晋少帝紀》注，引《東都事略·陶穀傳》一段，殿本已移前八一卷，劉本雕板時將八一卷之注補入，而未將八二卷之注刪除，遂致兩注重出。

八五卷《晉少帝紀》注，引《遼史》以楊承信爲平盧軍節度使一段，劉本亦在本卷內重出。

九三卷《尹玉羽傳》，劉本第一段注與正文重出者三行，未及削去。

一三○卷《王峻傳》殿本有注一段引《通鑑》，劉本錯簡在一二八卷《邊蔚傳》，又在考證末補之。

一三三卷《馬希範傳》注，採《五代史補》十四段，劉本中多闕字，未及填補，凡皆可見劉本刻書時之草率，然涵芬樓百衲本二十四史終採劉本，亦因其較備。如果標點用劉刻爲底本，而以熊本、殿本及《册府》等校正之，亦較爲方便。

五　譯名問題

《遼》《金》《元史》譯名，經乾隆時改譯，最爲紛亂，《舊五代史》輯本亦有之，且熊、劉本與殿本所改，又不盡一致，如三九卷禿餒，熊、劉本作塔納，殿本作託諾；四一卷突欲，熊、劉本作托允，殿本作托雲；九八卷兀欲，熊、劉本作鄂約，殿本作烏裕等，應一律恢復《薛史》原名。

六　補輯問題

《册府》所載五代時史料尚多，詔、勅、制、奏之文，輯本缺載者尤衆，有人主張補輯，但此等史料既未明著爲《薛史》原文，或爲修史時有意刊落，似不必復

補。且標點與補輯不同，凡可以不動者即應不動，庶可
保存四庫館輯本《薛史》之舊。至於補輯，乃另一
回事。

陳垣《舊五代史》文稿